Jürgen Heckel

**sich
das Leben nehmen**

Ein Buch muss die Axt sein
für das gefrorene Meer in uns
Franz Kafka

Jürgen Heckel

sich
das Leben nehmen

Alkoholismus
aus der Sicht eines Alkoholikers

Inhalt

Fragmente eines Krankheitsbildes

Alkohol und Gesellschaft

Ausstieg und Einstieg – Wege aus der Abhängigkeit

Aufgabe und Annahme: Kapitulation

Jürgen Heckel diskutiert mit seinen Leserinnen und Lesern
im Internet (www.juergenheckel.de)
oder per Mail (juergen.heckel@gmx.de)

Meinen Freunden Ed, Gustl und Sepp in Dankbarkeit

Wenn ich mir ein Bein breche, vertraue ich auf den Fachmann. Er weiß besser als ich, was es zu tun gibt. Für meinen Alkoholismus suche ich mir Therapeuten in der ursprünglichen, griechischen Bedeutung des Wortes: jemand, der ein Freund ist, ein Getreuer, ein erfahrener Kamerad, der versteht, wie ich empfinde, der weiß, wo es mir wehtut, der mir in Leid und Glück zur Seite steht und mir uneigennützig sowohl Zu- als auch Widerspruch gibt.

Ich meide Therapeuten, die eine Antwort für mich bereit halten.

Ich habe in den Selbsthilfegruppen »Therapeutes« mit Krankheits- und Genesungserfahrung zuhauf gefunden. Es sind Menschen, in deren Nähe ich mich ausgesprochen wohl fühle, selbst dann, wenn sie mich mit unangenehmen Rückmeldungen konfrontieren. Und ich fühle mich von ihnen auch dann verstanden, wenn sie meine Meinung nicht teilen. Worüber sie sprechen, ist kein Wissen aus Büchern, sie haben es erlebt. Und sie tun, was sie sagen, und sie sagen, was sie tun. Und sie helfen mir, indem sie sich selbst helfen.

Ich bin keineswegs so weit, aber ich habe im Laufe der Jahre in den Gruppen Menschen reifen sehen, wie ich es nie für möglich gehalten habe. Mit der Zeit werden sie immer nüchterner und stellen sich nicht nur den Realitäten des Lebens, sie meistern ihr Leben. Und wenn ich mir die äußerst schwierige Ausgangslage vor Augen halte, dann erlaube ich mir folgende Beurteilung: in einer bewundernswerten Form.

Jürgen Heckel

Einstieg und Abstieg
Flucht in die Abhängigkeit

Abstieg

Wie viele Menschen würden noch entdecken,
dass es sich lohnt zu leben,
wenn wir einmal nicht mehr sterben müssten?

Elias Canetti

Im Schleim der Kriechtiere

So gegen 4 Uhr erwachte er, und sofort musste er würgen, tropfenweise gelbe Flüssigkeit. Es roch entsetzlich. Er starrte auf das Laken, das seit Monaten nicht mehr gewechselt worden war, weil Ursula sich standhaft weigerte, es zu tun.
Ich muss aufhören! Ja, ich hör auf. Heute noch höre ich auf, sollte ich es heute nicht schaffen, dann spätestens morgen, nächste Woche aber bestimmt. Danach ist aber sofort Schluss. Bis Silvester warte ich auf keinen Fall.
Fahles Licht fiel in das Zimmer.
Ist das Mondlicht oder die Morgendämmerung? Es ist seltsam still. Fährt noch keine Straßenbahn? Oder ist Sonntag? Dann öffnen die Kneipen später. War ich gestern allein oder war Ursula dabei? Bin ich wieder irgendwo rausgeflogen? Ich muss scharf nachdenken. Wie spät mag es sein? Ist es gar nicht Sonntag? Dann muss ich in die Arbeit.
Erschöpft fiel er zurück in den Schlaf und bald peinigten ihn alkoholische Träume.
Erst schlurfte und wankte, dann stolperte er eine endlose Straße entlang. Irgendwo muss doch eine Kneipe sein. Nirgends Licht, niemand

vor der Haustür, keine Leute auf den Straßen, Häuser ohne Fenster und Türen. Eine Gedichtzeile fiel ihm ein: Steine feinden, Fenster grinst Verrat.

Die Straße nahm und nahm kein Ende, nur ganz weit in der Ferne, am Horizont, winkten Leuchtreklamen, er lief, er rannte, und plötzlich endete die endlos lange Straße trichterförmig in einer Sackgasse. Dort standen drei Häuser. Mühsam entzifferte er die Leuchtreklame. Auf dem ersten Haus stand »Station 1 Krankenhaus«, über dem Eingang: »Beeil dich Freund. Die Zeit ist knapp. Sie tropft aus unserem Leben.« Beim zweiten las er: »Station 2 Irrenhaus«. Über dem Eingang: »Nimm Haldol, fühl dich wohl«, es erinnerte ihn an seinen letzten Psychiatrieaufenthalt. Am letzten Haus leuchtete in roten Buchstaben: »Leichenhaus«, die Inschrift: »Lasst alle Hoffnung fahren, die ihr hier eintretet.« Er trat auf eine Falltür und fiel und fiel und schrie und schrie.

Er wachte auf. Was war da? Drei Häuser in einer langen Straße? Krankenhaus, Irrenhaus, Leichenhaus? Alles Quatsch, das habe ich geträumt. Oder doch nicht. Werde ich verrückt? Bin ich es schon?

Langsam wurde es heller im Raum. Und mit dem Morgenlicht kam der Entzug und mit dem Entzug kam der Entziehungsschmerz und mit dem Entziehungsschmerz der große Flattermann, das Mandolinenfieber, er zitterte erbärmlich.

Schaffe ich es noch bis zur Tankstelle? Nein, ich schaffe es nicht. Ich springe, es ist aus und vorbei, ich komm ja nicht einmal mehr hoch. Ich bring mich um. Aber wie? Und womit? Zug oder Brücke, dazu fehlt mir der Mut, Tabletten schon gar nicht, die Träume peinigen entsetzlich. Volllaufen lassen und dann erfrieren geht auch nicht. Es ist Tauwetter. Totsaufen hat bislang schon nicht geklappt.

Ich muss überlegen, wo ich gestern war. Wie viel habe ich ausgegeben? Ist noch Geld übrig? Ich benötige dringend einen Schluck. Den letzten. Sonst geht gar nichts.

Aus Angst, nicht einschlafen zu können, hatte er am Abend – sicherheitshalber – noch drei Flaschen Bier mit nach Hause genommen. Eine hatte er auch noch geöffnet, war dann aber sofort eingeschlafen, die Flasche war umgekippt, ausgelaufen, leer. Verdammt! Er fischte unter Qualen die restlichen zwei hervor, die unters Bett gerollt waren.

Wo ist der Flaschenöffner? Ach was, dieses Scheißbier, ich brauche
Schnaps.
Leise schlich er aus der Wohnung und eilte zielstrebig in Richtung
Stehausschank. Er brauchte nicht nur den Alkohol, er brauchte auch
den Ort: die Rituale in der Kneipe, den Biergeruch, das Klappern der
Gläser, die Verbrüderungen beim gemeinsamen Trinken, das allmähli-
che Nachlassen innerer Spannungen. In der Kneipe fühlte er sich wohl
und nur dort, nur dort war das Gefühl, klein und verletzlich zu sein,
wie weggeblasen. Seine ungebrochene Überzeugung: Wo immer das
Leben groß und frei ist, wird getrunken. Dieser Glaubenssatz und das
körperliche Verlangen nach Alkohol gestatteten ihm auch an diesem
Tag keine Wahlmöglichkeiten. Er war keinesfalls am Ende. Es musste
noch viel passieren, bis etwas passierte.

Tiefpunkt

Wie ein Kletterer in einer Felswand hatte ich mich in meinem
Leben verstiegen. Ich saß fest, war bewegungsunfähig. Klettere ich
weiter nach oben, stürze ich ab, klettere ich zurück, dann falle ich
auch. Mit Alkohol konnte ich nicht leben, aber ohne ging es auch
nicht. Alle Fluchtwege waren versperrt, der Absturz war nur noch
eine Frage der Zeit.
Die scheinbar lebensrettende Wirkung des Fluchtmittels Alkohol
bestand darin, dass seine Wirkung über meine wahre Lage hinweg-
täuschte, denn der Suchtstoff täuschte eine Balance vor, die nicht
existierte. Von dem Zeitpunkt an, wo die Leiden größer waren als
der »Gewinn«, verlief mein Leben wie in einem Trichter, verengte
sich, war regelgeleitet, von meiner Suchtstruktur bestimmt. Alle
Rufe in der Not waren verhallt, es gab kein Entrinnen mehr. So
wie ein Korn in einer Mühle geriet ich unaufhaltsam in ein Mahl-
werk: durchgerüttelt, zerquetscht, ausgespuckt, freier Fall.
Der Tiefpunkt im Leben eines Süchtigen ist sowohl ein tief greifender Ich-Zusammenbruch als auch ein urplötzlicher Zusammenbruch seines Lebensumfeldes, vergleichbar mit einem totalen

Bankrott im Geschäftsleben. Der Lebensfaden ist abgerissen, die Identität zerfallen, der Betroffene in seinem Umfeld zum Aussätzigen geworden. Es ist zwölf Uhr Mittag, »High Noon«.

Dieser Totalschaden bot jedoch – entgegen meinen Befürchtungen – viele positive Überraschungen.

Ein Leben lang habe ich mich vor Veränderungen gefürchtet, wollte immer alles im Griff haben, nie ein Risiko eingehen, immer auf Nummer sicher gehen. Nun hatte sich herausgestellt, dass kein Risiko einzugehen sich als das größte erwies. Das Erstaunliche jedoch war, dass ich gerade dort, wo ich den Abgrund und ein Tal voller Schmerzen vermutete, spürte, dass ich im Leben angekommen war. Zweifelsohne war es ein schmerzhafter Prozess, andererseits aber überwog dabei – zu meinem großen Erstaunen – die Erleichterung. Mich ergriff sogar eine beschwingte Leichtigkeit: Das verlogene Spiel ist aus! Endgültig aus, denn weit und breit war kein Schlupfloch auszumachen, das mir die Rückkehr ins alte Leben eröffnet hätte.

Ich fühlte mich wie ein einsamer Wanderer, der unter Mühen endlich das Meer erreicht und nichts sieht als die unendliche Weite des Wassers und das Blau des Horizonts. Die unerträglichen Spannungen waren wie weggeblasen und zum ersten Mal in meinem Leben fühlte ich mich frei, ein nie gekanntes, ein nie erlebtes, ein wunderbares Gefühl. Dass dieser totale Bankrott zugleich einen erschreckenden Bewusstwerdungsprozess nach sich zog, blieb mir in der Anfangseuphorie noch verschlossen.

Dieser plötzlich, meist unerwartet eintretende Fall wird in der Alkoholforschung als Tiefpunkt bezeichnet. Ich habe Einwände gegen den Begriff Tiefpunkt. Er suggeriert, dass jemand ganz unten sein muss, bevor eine Umkehr möglich ist. Das widerspricht meinen Erfahrungen. Doch weil sich dieser Begriff eingebürgert hat und in Diskussionen nicht auf ihn verzichtet werden kann, bleibe ich bei ihm. Ich fasse den Tiefpunkt als eine schwere Niederlage auf, die gleichzeitig eine reelle Chance für einen Neubeginn in sich trägt. Wird diese Möglichkeit zum Neuanfang erkannt und konsequent genutzt, dann wird der Tiefpunkt zum Ausgangspunkt eines Wachstumsprozesses.

Auslöser ist keineswegs immer eine deutlich sichtbare Katastrophe. Häufig ist es ein emotionales Schlüsselereignis, ein unvorhergesehener Anstoß, der die Chance zu umfassender Veränderung herbeiführt. Manchmal genügt schon ein kleines Zeichen, eine seltsame Begebenheit, ein folgenreicher Filmriss, eine schmerzhafte Trennung, eine ärztliche Diagnose, der Verlust des Arbeitsplatzes. Eine kleiner Anstoß kann in einem komplexen Suchtsystem einen Rieseneffekt hervorrufen.

Ich kenne jemanden, der in seiner Saufzeit zuschlug, wo er nur konnte. Eines Tages erhob er die Hand gegen seine Frau, schlug zu. Von nun an wusste er, dass er so nicht mehr weiterleben wollte. Das war sein Tiefpunkt.

Ein anderes, häufig auftretendes Zeichen, das einen urplötzlichen Wandel herbeiführt: Ein Mann kommt nach Hause, betrunken wie jeden Abend, und will sein kleines Kind überschwänglich in den Arm nehmen. Das Kind sagt: »Papi, du stinkst schon wieder so komisch.« Das Geschehen hat auf einmal Signalwirkung.

Bei mir kam das Signal von meinem Körper. Seine Verweigerung war stärker als mein Drang zum Trinken. Ich hätte weiter getrunken, wenn ich gekonnt hätte. Doch plötzlich war da etwas in mir, geschah etwas mit mir, was ich nicht einordnen konnte. Auch siebzehn Jahre danach kann ich es nicht präzise beschreiben.

Bescherte mir der Tiefpunkt einen Augenblick der Wahrheit? Fiel plötzlich ein Licht in mein Unbewusstes? Waren mir auf einmal Einsichten in das Leben zugänglich und verfügbar, die ich eigentlich schon immer besessen, aber schlicht verdrängt hatte? Reichte ein einziger lichter Moment aus, um zu wissen, dass ich genug gelitten hatte und dass es an der Zeit war, mich zu ändern? Wurde mir in meiner Niederlage für einige Sekunden meine wirkliche Existenz bewusst? War ich unversehens, ohne dass sich irgendetwas dazwischenschob, auf allen Ebenen mit mir selbst in Kontakt? Vielleicht das erste Mal in meinem Leben?

Ich weiß es nicht. Eines jedoch wusste ich sicher: Mir war klar, dass ich mich – jetzt, gleich, nicht erst morgen – zu entscheiden hatte: entweder elend krepieren oder dem Tod von der Schaufel springen und mir die totale Niederlage nach dem dreißigjährigen Krieg gegen mich selbst eingestehen. Tief in meinem Innersten spürte ich, dass ich lieber sterben würde, als so weiterzuleben wie bisher.

Ich brauchte noch viele, viele Tage, um ganz zu begreifen, dass nun, nach meiner Grenzerfahrung mit meinem Delir, für mich nicht nur die Trinkerei zu Ende war, sondern auch der erste Abschnitt meines Lebens. Ich hatte begriffen: entweder Fortsetzung der Sucht mit tödlichem Ausgang oder ein Neuanfang. Überdeutlich sagte es mir eine Mitpatientin in der Psychiatrie: »Du hast nur eine Chance, lieber Freund, nimm dir das Leben. Entweder nimm dir das Leben, indem du dich zu Tode säufst, oder nimm dir das Leben in all seiner Fülle. Eine andere Möglichkeit hast du nicht.« Ich war verblüfft, sie hatte Recht.

Die Umgebung nimmt den Tiefpunkt bei einem Süchtigen nur sehr selten wahr. Der Tiefpunkt im Leben eines Alkoholikers ist ein Ereignis im Innenleben des Betroffenen. Weder der Betroffene selbst noch sein direktes Umfeld kann erkennen, wie schlecht es um ihn steht. Das Ende kann auch dann schon nahe sein, wenn die Welt nach außen hin noch halbwegs in Ordnung ist. In einer Selbsthilfegruppe berichtete eine Alkoholikerin:

»Ich fühlte mich als etwas Besonderes, als etwas Besseres. Rein äußerlich war noch alles da: Auto, Haus, Mann, Kinder, nur ich war nicht mehr da. Ich lag zwar noch nicht in der Gosse, aber sie war schon in mir. Außer Haus lief ich nur noch mit Sonnenbrille herum. Keiner durfte mir in die Augen schauen, niemand sollte erkennen, da ist nichts mehr drin.«

Es kommt darauf an, möglichst rechtzeitig aus der Suchtstruktur, aus dem Karussell der unbewältigten Konflikte auszusteigen, was nach meinen Beobachtungen Frauen oft früher gelingt als Männern. Die allgemeine Gesundheitsregel, je früher eine Krankheit erkannt wird, desto größer ist der Behandlungserfolg, kann auf die Alkoholkrankheit leider nicht übertragen werden. Solange der scheinbare Nutzen der Droge überwiegt, ist an Umkehr kaum zu denken.

Ich fürchte, es sind meist nur Augenblicke, günstige Gelegenheiten, zeitlich begrenzt, in denen der Mut zum Absprung da ist. Ich bin sicher, dass eine Person mehrmals einen Tiefpunkt durchleben kann, ohne dass eine tiefgreifende Veränderung erfolgt. Auf keinen Fall ist der Tiefpunkt ein Augenblick, in dem Veränderung unvermeidlich ist. Er führt nur einen günstigen Augenblick für Veränderung herbei. Ich bin sicher, dass ich diese Kreuzwegstelle zwei oder drei Mal in meiner dreißigjährigen Trinkerzeit verpasst habe. Es dauerte nicht nur Jahre, sondern Jahrzehnte, bis sich eine neue Chance einstellte. Sehr viel hat nicht gefehlt und ich hätte es mit dem Leben bezahlt.

Musste ich dem Tod erst ganz nahe sein,
bevor ich erkennen konnte, wie wertvoll das Leben ist?
Ich glaube nicht, dass es irgendeine Möglichkeit gibt, den Tiefpunkt bewusst herbeizuführen oder mit Hilfe von Therapeuten aktiv anzustreben.

Aus meinen Erfahrungen habe ich die Gewissheit erlangt, dass die Idee der vorsätzlichen Veränderung bei mir nicht funktioniert. Was auch immer ich mir vorgenommen hatte, meine Suchtstruktur antwortete mit einer Gegenkraft, die mich von der Veränderung abhielt. Solange ich nur meine Symptome bekämpfte, wurde es noch schlimmer.

Liebte ich das Leben nicht genug? Konnte erst die unmittelbare Nähe des Todes Gefühle für das Leben wachrütteln? Schärfte erst diese Grenzerfahrung Geist und Bewusstsein? Wurden in mir seelische Kräfte geweckt, die vorher nicht wirksam werden konnten? Wurden Energien frei gesetzt, die mir bislang nicht verfügbar waren? Hatte ich durch den Tiefpunkt das Innere meiner Identität erreicht? Haben die Freunde in der Selbsthilfegruppe Recht, wenn sie behaupten, dass Veränderungen von selbst stattfinden, wenn man tiefer in sich hineingeht? Wenn ich mich annehmen kann, akzeptiere, was und wie ich bin. Beginnt dann das Wachstum? Woher kam diese plötzliche Bereitschaft, Verantwortung für mein Leben zu übernehmen?

Fragen über Fragen, die ich letztlich nicht beantworten kann.[1] Und noch etwas war neu: Plötzlich konnte ich loslassen, mich fallen lassen, um Hilfe bitten. Für mich eine extrem tiefe Erfahrung.

Nicht der Tiefpunkt ist gefährlich,
gefährlich ist das Scheitern seiner Bewältigung

»Wo aber Gefahr wächst, wächst das Rettende auch!« Dieser Satz wird gern und oft zitiert. Bei aller Bewunderung Hölderlins, diese Automatik existiert nicht. Auch der Spruch »Wo die Not am größten ist, ist die Rettung am nächsten« ist ein dialektischer Purzelbaum. Ich wiederhole mich bewusst: Ein automatischer Wendepunkt ist der Tiefpunkt nicht, der Tiefpunkt birgt lediglich die Chance für einen Neuanfang. Sonst könnte man ja sagen, ruiniere dein Leben, sauf dich zugrunde, bis du den Tiefpunkt erreichst, und dann schaffst du den Neuanfang. Nicht wenige haben genau das versucht. Wer sich einen Erfahrungsaustausch mit diesen Menschen wünscht, wird vergeblich nach ihnen suchen, denn sie leben nicht mehr.

Es kann passieren, dass wir einen Tiefpunkt unter dem Tiefpunkt erreichen, von dem aus es kein Entrinnen in ein zweites Leben gibt. Ich vermute, es existiert für jeden Menschen eine Grenze der Belastbarkeit, die nicht überschritten werden darf. Aus diesem Grund habe ich ernsthafte Schwierigkeiten mit der weit verbreiteten These, man müsse Alkoholiker erst ganz unten aufschlagen lassen, bevor sie zur »Einsicht« kommen können.

Nicht der Tiefpunkt an sich ist gefährlich. Gefährlich ist es, wenn ich aus dem Tiefpunkt so wieder herauskomme, wie ich hineingekommen bin.

Unser dualistisches Denken verführt uns zu dem Irrtum, dass Neinsagen zu einer Sache gleichzusetzen ist mit einem Ja für die andere. Das ist eine völlig unrealistische Vorstellung. Die Entscheidung gegen den Tod geht nicht einher mit der Entscheidung für das Leben. Diese Automatik existiert nicht. Ich bin vom Alkohol befreit, wenn ich nicht trinke, aber ich bin deswegen noch lange nicht frei. In der Anfangsphase meiner Trockenheit fühlte ich mich nicht nur frei, ich schwebte. Jahrelang hatte ich keinen Vogel mehr gehört, keine Blume mehr beachtet, keine Gerüche mehr wahrgenommen. Doch schon sehr schnell verflüchtigte sich die Euphorie, die anfänglich empfundene Erleichterung wurde zur Selbstverständlichkeit, die Realität stellte sich ein, das Leben kündigte sich an. Überfallartig sah ich mich pochenden Angstzuständen ausgesetzt, einem bohrenden Gefühl der Unzulänglichkeit, spürte eine entsetzliche Leere in meinem Inneren. Eben noch im Trockenrausch nur so durchs Leben geflogen, fühlte ich mich mit einem Mal wie Ikarus, ein stürzender, entleerter, ausgebrannter Mensch. Und weit und breit war kein folgenloses Betäubungsmittel in Sicht. Ich hatte mich mit der schwierigsten Aufgabe eines Alkoholikers auseinander zu setzen: mich in der Normalität einzurichten und meinen Alkoholismus als Herausforderung des Lebens anzunehmen.

Mehr als nur einmal am Tag litt ich unter dem abrupten Wechsel von Euphorie und Depression. Eben noch himmelhoch jauchzend, plötzlich zu Tode betrübt, niedergeschlagen, egozentrisch, intolerant, reizbar, ungeduldig, perfektionssüchtig, rechthaberisch, stimmungslabil, kurzum: alkoholisch. Trockensein nach dem Tiefpunkt erlebte ich nicht nur als große Chance, als Glücksmoment, sondern gleichzeitig war es auch ein erschreckender Bewusstwerdungsprozess. Nun, wo das zweite, neue, ganz andere Leben begann, sah ich mich den Anforderungen gegenüber, denen ich ein Leben lang ausgewichen bin: Neues zu riskieren, anderes zu wagen, das Leben leben und lieben zu lernen. Doch für diese Aufgabe war ich nicht vorbereitet, Kenntnisse dafür hatte ich keine erworben. Meine einzige Lernerfahrung: mit Alkohol funktioniert es nicht.

Wenn ein Bruch so tief ist wie der bei Alkoholikern, kann eine Biografie auseinander fallen, kann die Kontinuität eines Menschenlebens verloren gehen, vor allem dann, wenn wir verdrängen, was uns beschwert, wenn wir verdrängen, wofür wir uns schämen. Ich schäme mich für vieles, was ich damals getan, anderen angetan, geredet und vor allem zerredet habe, aber ich schäme mich noch sehr viel mehr für das, was ich nicht gesagt, nicht getan, nicht versucht habe. Auch dafür fühle ich mich verantwortlich.

Das Wissen, welche Eigenschaften ich für den Veränderungsprozess benötige, hatte ich von meinen Therapeuten: Zähigkeit, Flexibilität, Geduld und Frustrationstoleranz. Doch woher sollte ich nehmen, was mir ein Leben lang gefehlt hat? Wenn ich mir unsere Ausgangslage vergegenwärtige, frage ich mich, weshalb wir Alkoholiker uns über die vielen Rückfälle wundern. Es schaffen nur so wenige, weil es eine verdammt schwierige Aufgabe ist, einen Neuanfang zu wagen. Dies gilt nicht nur für Suchtkranke, sondern für alle Menschen.

Ich möchte den Tiefpunkt weder dramatisieren noch verklären, sondern gleichermaßen auf Risiken und Chancen hinweisen. Ich bin dankbar dafür, dass ich die Chance, die mein Tiefpunkt enthielt, nutzen konnte und meine Sucht annehmen kann: als eine äußerst heimtückische, ansteckende, tödliche Krankheit, aber auch als große Lebenschance, als tiefe menschliche Grunderfahrung, die es mir erleichtert, ein neues, anderes und besseres Leben zu beginnen. Vielleicht sind es sogar Grenzerfahrungen, die anderen Menschen vorenthalten bleiben. Meine Trockenheit empfinde ich nach so vielen Jahren immer noch als Geschenk, aber es ist auch harte Arbeit gewesen.

Mein Tiefpunkt ist ein Glückstag in meinem Leben, und um nicht erneut bei dieser Erinnerung zum Höhenflug abzuheben, denke ich an diesem Tag, bei aller Zufriedenheit und Freude, immer auch an diejenigen, die noch trinken, die noch leiden. Ein Tiefpunkt könnte sie aufwecken. Ich wünsche ihnen von Herzen, dass auch sie einen Tiefpunkt als Chance nutzen und über genügend Ressourcen verfügen, um ihr Leben so umzugestalten, dass es ihnen danach deutlich besser gefällt als je zuvor. Das lebendige sinnerfüllte Leben ist die Alternative zur Sucht.

Ich feiere jedes Jahr den 13. Juni 1986, als ob ich an diesem Tag neu geboren wäre. Genau genommen, und wir Alkoholiker müssen genau und pingelig sein, wenn es um unsere Krankheit geht, stimmt das so nicht. Meine zweite Geburt dauert wesentlich länger als die erste, sie dauert noch an. Der Tag, an dem ich das letzte Glas getrunken habe, das einzige Glas in meinem Leben, das mir nicht geschadet hat, ist genau genommen kein Geburtstag. In Wirklichkeit feiere ich ein Abschiedsritual: das Ende des alten Lebens und den Beginn des neuen.

Mein Tiefpunkt ist für mich ein Gründungsereignis, ein Tag, an dem es mir gelang, meine Sucht als Durchgangsstadium in ein neues, besseres Leben zu begreifen. Die lebensrettende Tatsache, dass ich aus dem Tiefpunkt nicht wieder so herausgekommen bin, wie ich hineingekommen war, möchte ich für alle Zeiten ankern. Aus einem einfachen Grund hole ich mir diesen Tag immer wieder in Erinnerung: Ich möchte es nicht noch einmal erleben.

1 Hat Paul Watzlawick es zutreffend beschrieben? »Liegt die Vermutung nahe, dass die so genannten mystischen Durchbrucherlebnisse Augenblicke sind, in denen wir – aus welchem
Grund auch immer – aus der Selbstbezüglichkeit unseres Weltbilds heraustreten und es
blitzartig ›von außen‹ und damit in seiner Relativität und seiner Möglichkeit des Andersseins sehen. Nur wer dies erlebt hat, weiß, dass das Ergebnis nicht eine Zersetzung und
Auflösung der Wirklichkeit ist, sondern ein Gefühl der Befreiung und existenziellen Sicherheit vermittelt, das z. B. Graf Dürkheim als die Große Erfahrung beschreibt.« (Die Möglichkeit des Andersseins, S. 74)

Vom Umgang mit Alkohol

Wenn du dich mit mir unterhalten willst,
dann definiere deine Begriffe
Voltaire

Genusstrinker – Alkoholmissbraucher – Alkoholiker

Die für eine Diskussion erforderliche Begriffsklärung wird erschwert durch die Doppelfunktion des Alkohols. So wie das Zwitterprodukt Buch, das immer beides zugleich ist, Marktware und Kulturgut, so hat auch der Alkohol eine Doppelfunktion.

Für viele Menschen ist er ein unverzichtbarer Animateur und aus dem Alltagsleben nicht mehr wegzudenken: Alkohol als Genussmittel und als Stimmungsverstärker. Andererseits handelt es sich zweifelsohne um eine gefährliche Droge. Ist der Alkohol auf der einen Seite bei maßvollem Umgang eine Bereicherung des Lebens, so ist gerade dieses Genussmittel für eine bestimmte Anzahl von Menschen die Hölle auf Erden. Diese grundlegenden Unterschiede werden immer wieder unzulässig miteinander vermengt. Zusätzlich erschwert wird diese Gemengelage noch durch die Tatsache, dass eine beträchtliche Grauzone existiert zwischen noch »normalen« Trinkern und medizinisch manifester Trunksucht.

Damit uns klar ist, wovon wir überhaupt reden, ist es notwendig, Begriffsklärungen und Abgrenzungen vorzunehmen.

Genusstrinker

Alkohol wird als Geschmacksverstärker und Stimmungsveränderer eingesetzt. Derjenige, der Alkohol trinkt, weiß dabei, wann es Zeit ist aufzuhören, und tut es in der Regel auch. Gelegentlich verunglückt er auch einmal und bezahlt dafür am Morgen danach mit einem angeschlagenen Kopf.

Alkoholmissbraucher

Es gibt viele Fälle, in denen Menschen Zuflucht beim Alkohol suchen. Sie konsumieren regelmäßig erhebliche Mengen mit dem Ziel, eine narkotische Befreiung von Kummer, Verdruss, Langeweile, körperlichem Schmerz, unangenehmen Gefühlen zu erreichen oder um sich Glücksgefühle zu verschaffen, ohne jedoch vom Alkohol abhängig zu sein. Sie gelten in unserer Gesellschaft als notorische Trinker oder, wie gespottet wird, als Gelegenheitstrinker, sie trinken zu allen Gelegenheiten. Der Rausch dient als Fluchtort vor der wirklichen oder vermeintlichen Misere des Lebens, als bequemer Ausstieg aus dem öden Alltagstrott. Doch wenn sie wollen oder wenn es ihnen abverlangt wird, können sie aufhören. Sie sind keine Alkoholiker.

Die Verwechslung tritt deshalb so häufig auf, weil die Gründe für dieses exzessive Saufen – Kummer, Schmerz, Einsamkeit, Ärger in der Ehe, genauso aber auch Freude über die Geburt eines Kindes oder über den Sieg einer Fußballmannschaft – auch von nahezu allen Süchtigen als Entschuldigung oder als Begründung für das Trinken angeführt werden. Regelmäßigem Alkoholmissbrauch mit den – keinesfalls zu unterschätzenden – entsprechenden körperlichen, seelischen und sozialen Folgeschäden muss keine körperliche Alkoholabhängigkeit zugrunde liegen.

Alkoholiker

Alkoholiker dagegen sind Menschen mit einem nicht stillbaren Verlangen nach Alkohol. Sie haben mit Genusstrinkern und Alkoholmissbrauchern nur den Konsum, den Suchtstoff und viele Äußerlichkeiten gemeinsam, die die Unterscheidung verwischen und erschweren. Der Rausch ist bei Alkoholikern keine bewusst kalkulierte Grenzüberschreitung, wie Außenstehende verständlicherweise häufig vermuten, sondern krankhafte Gier, die nur wir Süchtigen kennen. Es ist eine Tendenz, die nicht zu stoppen ist.

Mir ging es stets um maximale Alkoholzufuhr in minimaler Zeit. Ich trank nicht nur deutlich mehr als andere Menschen, ich trank anders, trank zwanghaft und zerstörerisch. Der entscheidende Unterschied zu den Alkoholmissbrauchern: Ich trank immer weiter, auch wenn der Zustand des Wohlfühlens und Vergessens schon längst erreicht war. Ich trank, um betrunken zu werden.

Bedauerlicherweise wird in der Umgangssprache der Begriff Alkoholiker für jede Form übertriebenen Trinkens benutzt. Ich plädiere eindringlich dafür, den Begriff Alkoholismus nur im Zusammenhang mit Alkoholabhängigkeit zu verwenden. Alkoholismus ist eine Abhängigkeitskrankheit, die mit chronischem Alkoholmissbrauch einhergeht, darüber hinaus jedoch viele andere Merkmale aufweist. Die schrankenlose Gier nach Alkohol ist Symptom einer tiefer liegenden Fehlsteuerung, ist die sichtbare Spitze des Eisberges. Das Wesentliche der Abhängigkeitskrankheit liegt darunter.

Ich verwende den Begriff Alkoholkranker ausschließlich für Menschen, die mindestens folgende Merkmale aufweisen:

1. Ein nicht stillbares Bedürfnis nach Alkohol.
2. Der Alkoholiker trinkt, obwohl er es nicht möchte. Er ist dem Alkohol gegenüber machtlos. Ein Hauptmerkmal der Alkoholkrankheit ist der Kontrollverlust, die Unfähigkeit zur Enthaltsamkeit.
3. Die Krankheit erfasst den ganzen Menschen: Körper, Geist und Seele. Die Sucht reguliert das Gefühlsleben des Süchtigen, und er beginnt die Realität zu verzerren, zu ignorieren, zu leugnen. Zwanghafte Verhaltensweisen greifen ineinander wie die Zahnräder einer Maschine.
4. In Bezug auf seine Lebensgestaltung hat ein Alkoholiker keine Wahlmöglichkeiten mehr. Sein Leben ist von seiner Suchtstruktur bestimmt. Bezeichnend ist das beharrliche Verfolgen selbstzerstörerischer oder hochriskanter Verhaltensweisen: familiäre Trennungen, Finanzzusammenbrüche, Verlust des Arbeitsplatzes,

Gefährdung des eigenen Lebens. Ein Alkoholiker kann sein Leben nicht mehr meistern. Weil es eine Abhängigkeitskrankheit ist, gibt es keine Schuld. Die Betroffenen haben Anspruch auf Mitgefühl und Behandlung.

Jeden kann es treffen

Ich bin kein Antialkoholiker, ich kenne keinen Hass auf die alkoholische Gesellschaft und bin weit davon entfernt, »Abstinenz« zu predigen. Meine Entscheidung, nichts Alkoholisches zu trinken, gilt nur für mich. Ich warne ausdrücklich vor einer Dämonisierung der Sucht, weder dramatisieren noch verharmlosen ist hilfreich. Doch drei Tatsachen dürfen wir nicht tabuisieren:

- Niemand kann wissen, ob er die Disposition für die Krankheit Alkoholismus in sich trägt.
- Niemand kann sicher sein, ob er sich die Krankheit nicht auch herbeitrinken kann.
- Darüber hinaus müssen wir mit der Erkenntnis leben, dass Früherkennung nicht möglich ist. Alkoholismus im Anfangsstadium lässt sich nicht fühlen, schmecken, riechen, sehen oder hören.

Diese heimtückische, mit dem Tod endende Krankheit bleibt über einen sehr langen Zeitraum für uns verborgen. Niemand kann erklären, warum ein junger Mensch Alkoholiker wird, obwohl er unter vergleichbaren Bedingungen aufwächst wie viele andere, die nicht abhängig werden. Es gibt bei Alkoholikern Dicke und Dünne, Kluge und weniger Kluge, Gutmütige und Reizbare, Erfolgreiche und Gescheiterte, Optimisten und Pessimisten. Es lässt sich keine Typologie finden. Die Anzahl der Faktoren, die die Balance zwischen Gesundheit und Krankheit beeinflussen, ist unüberschaubar. Es gibt Risikofaktoren, die die Krankheit begünstigen, und protektive Faktoren, die dem Krankheitsausbruch entgegenwirken. Sie bestimmen, ob das empfindliche Gleichgewicht auf die eine oder andere Seite kippt.

Solange diese drei Fragen ungeklärt sind, solange ist Alkohol nicht für eine große Mehrheit der Bevölkerung ein Genussmittel und nur für eine bedauernswerte Minderheit eine Droge, sondern Alkohol ist bei allen Menschen immer beides zugleich, Droge und Genussmittel. Nicht jeder, der trinkt, wird Alkoholiker, aber jeden kann es treffen. Wer mit dem Stoff sorglos umgeht, spielt Russisches Roulette.

Kann ich herausfinden, ob ich Alkoholiker bin?

Unzählige Alkoholiker sind schon, auch ich gehörte dazu, begeistert vom Psychiater oder Psychoanalytiker heimgekommen und fühlten sich von einer schweren Last befreit. Ein Wissenschaftler, ja, ein studierter Fachmann hatte ihnen bescheinigt, dass sie gar keine Alkoholiker sind oder dass das, wenn überhaupt, ein Sekundärproblem sei, bei dem man – irgendwann – sehr viel tiefer hinschauen müsste. Die Ursache für das übermäßige Trinken läge ziemlich sicher ganz woanders, wahrscheinlich eine frühkindliche Traumatisierung, oder vielleicht handele es sich um ein Endomorphin-Mangelsyndrom oder um eine Ablehnung sympathikotoner Reizzustände. Die Krankschreibungen zieren dann wohl klingende Fachausdrücke: Vegetative Dystonie, endogene Depressionen, orthostatische Dysregulation. Lauter edle Krankheiten.

Doch all diese Diagnosen beruhen auf fragwürdigen Komplexitätsreduzierungen, die Ursache des übermäßigen Trinkens wird stets im jeweiligen Fachgebiet des Experten entdeckt. Das ist mir in meiner Trinkerzeit schon aufgefallen, aber es war mir nicht nur egal, sondern höchst willkommen. In meinen Ohren klang das wunderbar. Ich war ja nicht auf der Suche nach Lösungen, sondern nach Ausreden. Meinem Arbeitgeber gegenüber war ich geschützt und darüber hinaus hatte ich zugkräftige Ausreden geliefert bekommen, mit denen ich mein Umfeld beeindrucken konnte. Vor allem aber fühlte ich mich von einer schweren Last befreit: dem zart keimenden Verdacht, Alkoholiker zu sein. Nichts fürchtete ich mehr, als mit solchen Ahnungen konfrontiert zu werden. Und so habe ich – dank fachlicher Unterstützung – mit gutem Gewissen weitergetrunken. Mit den bekannten katastrophalen Folgen.

Ich bin immer wieder erstaunt darüber, wie viele Menschen in die Selbsthilfegruppe kommen mit der Frage: »Ihr müsst mir sagen – ihr seid doch Fachleute –, ob ich nun Alkoholiker bin oder nicht?« Die Antwort, die ein Hilfesuchender in den Gruppen bekommt: »Das musst du selbst herausfinden, lieber Freund. Nimm die Watte aus den Ohren, steck sie notfalls in den Mund und hör dir unsere Geschichten an, und wenn du dich darin wiederfindest und meinst, du bist bei uns richtig, dann komm wieder. Es funktioniert! Notfalls probier es aus. Trink jeden Abend nicht mehr als drei Halbe, dann setz mal für einen Tag aus, dann trink mal nur zwei Gläschen und schau, ob es dabei bleibt.« Das mag auf Außenstehende herzlos wirken, wird häufig von Betroffenen auch so empfunden, doch in einer Selbsthilfegruppe bekommt ein Süchtiger nicht das, was er möchte, sondern das, was er braucht: Wahrheit und Klarheit, Empathie und Konfrontation.

Wer beantwortet mir nun die Frage, ob ich Alkoholiker bin, wenn die Fachleute es mir nicht sagen können und die Selbsthilfegruppe es nicht will? Mit Sicherheit nicht ein anderer Mensch, auch nicht irgendwelche Definitionen, Klassifikationen oder Fragebögen.

Nur ein Mensch kann und darf diese für mich überlebenswichtige Frage beantworten, und dieser Mensch bin ich. Dafür bin ich verantwortlich. Nur der Betroffene selbst kann erkennen, ob der Alkohol für ihn zu einem unlösbaren Problem geworden ist. Die bedeutsamste Frage unseres Lebens können und dürfen wir Süchtige nicht an andere Instanzen delegieren.

Kann mir jemand dabei helfen, eine Antwort zu finden? Meiner Meinung nach nur Betroffene. Ich bin froh darüber, dass ich für mich erkannt habe: Ich bin Alkoholiker. Es ist überlebensnotwendig, dass ich das akzeptiere. Ich freue mich keineswegs darüber, aber entsetzt bin ich auch nicht mehr. Der einzigen Gewissheit meines Lebens, der Tatsache, dass ich sterben muss, kann ich eine weitere hinzufügen. Ich bin Alkoholiker. Immerhin ein Zugewinn an Gewissheiten um 100 Prozent.

Der Jellinek-Fragebogen

Nachfolgend habe ich einen Fragebogen zur Selbsteinschätzung aufgenommen, den der Arzt und Sozialforscher Elvin Morton Jellinek für die Weltgesundheitsorganisation (WHO) entwickelt hat. Werden mehr als fünf der dreißig Fragen mit Ja beantwortet, so heißt es mit aller gebotenen Vorsicht in einer Broschüre der Anonymen Alkoholiker, »besteht die Wahrscheinlichkeit, dass Sie Alkoholiker sind«. Die Fragen können meines Erachtens vor allem für Angehörige hilfreich sein. Bei Alkoholikern bin ich skeptisch. Hätte mich jemand gezwungen, diesen Fragebogen auszufüllen, als ich noch »nass« war, ich hätte mit »gutem« Gewissen alle Fragen mit Nein beantwortet. Heute beantworte ich alle Fragen – außer Frage Nr. 26 –, also neunundzwanzig Fragen von dreißig, mit Ja.

Den Gewinn, den ich aus dem Jellinekschen Phasenmodell ziehe: Ich erkenne, dass ich mich in einem Krankheitsprozess befinde, und es erleichtert mir, mich mit meinem Krankheitsbild zu identifizieren.

Kann ich testen, ob ich ungefährdet Alkohol trinken kann?

Oft fragen mich Bekannte um Rat, ob es einen Test gäbe, der ihnen die absolute Sicherheit geben kann, dass sie vom Alkohol nicht abhängig sind oder werden. Diese Sicherheit gibt es nicht. Es gibt aber relativ klare Warnzeichen. Wenn jemand beispielsweise viel verträgt und unter Alkoholeinfluss wesentlich besser mit Stress umgehen kann, dann ist Vorsicht geboten.

Ich empfehle folgenden Test, der Ihnen zumindest die Sicherheit vermitteln kann, dass Sie zum gegenwärtigen Zeitpunkt nicht abhängig sind: Nehmen Sie sich für ein halbes Jahr vor, täglich oder wöchentlich nur eine gewisse Menge Alkohol zu trinken, die aber auf jeden Fall niedriger sein sollte, als Sie normalerweise trinken. Die Menge, die Sie sich vorgenommen haben, pro Tag oder pro Woche zu trinken, muss auf jeden Fall ohne jegliche Abweichung eingehalten werden. Ausnahmen sind nicht erlaubt.

Vielleicht wird es Sie erstaunen, dass ich Ihnen nicht empfehle, absolute Alkoholenthaltsamkeit einzuhalten, was auch sonst einmal im Jahr aus gesundheitlichen Gründen durchaus zu empfehlen ist.

Vorstadium

1. Leiden Sie an Gedächtnislücken nach starkem Trinken?
2. Trinken Sie heimlich?
3. Denken Sie häufig an Alkohol?
4. Trinken Sie das erste Glas hastig?
5. Haben Sie wegen Ihres Trinkens Schuldgefühle?
6. Vermeiden Sie in Gesprächen Anspielungen auf Alkohol?

Kritische Phase

7. Haben Sie nach den ersten Gläsern ein unwiderstehliches Verlangen weiterzutrinken?
8. Gebrauchen Sie Ausreden, warum Sie trinken?
9. Zeigen Sie ein besonders aggressives Benehmen gegen die Umwelt?
10. Neigen Sie zu innerer Zerknirschung und dauerndem Schuldgefühl wegen des Trinkens?
11. Versuchen Sie periodenhaft völlig abstinent zu leben?
12. Haben Sie ein Trinksystem versucht?
    (z. B. nicht vor bestimmten Zeiten zu trinken)
13. Haben Sie häufig den Arbeitsplatz gewechselt?
14. Richten Sie Ihre Arbeit und Ihren Lebensstil auf den Alkohol ein?
15. Haben Sie einen Interesseverlust an anderen Dingen als an Alkohol bemerkt?
16. Zeigen Sie auffallendes Selbstmitleid?
17. Haben sich Änderungen im Familienleben ergeben?
18. Neigen Sie dazu, sich einen Vorrat an Alkohol zu sichern?
19. Vernachlässigen Sie Ihre Ernährung?
20. Wurden sie wegen Alkoholmissbrauchs in ein Krankenhaus aufgenommen?
21. Trinken Sie regelmäßig am Morgen?

Chronische Phase

22. Haben Sie mitunter tagelang hintereinander getrunken?
23. Beobachten Sie einen moralischen Abbau an sich selbst?
24. Wurde Ihr Denkvermögen beeinträchtigt?
25. Trinken Sie mit Personen, die weit unter Ihrem Niveau stehen?
26. Trinken sie gelegentlich technische Alkoholprodukte (Haarwasser oder Brennspiritus)?
27. Wurde die Verträglichkeit für Alkohol geringer?
28. Beobachten sie morgendliches Zittern?
29. Wurde das Trinken zum Zwang?
30. Hatten Sie bereits ein Alkoholdelir?

Für den beabsichtigten Test wäre es ein Fehler. Ein Alkoholiker hält Abstinenz häufig erstaunlich lange durch. Er fährt in den Himalaya zum Bergsteigen, trinkt keinen Schluck Alkohol und kommt mit der Gewissheit zurück, kein Alkoholiker zu sein. Er hat es sich ja bewiesen, er kann aufhören, wenn er will.

Ich habe Trockenheit bis zu einem halben Jahr durchgehalten und ich kenne viele, die die jährliche Fastenzeit scheinbar mühelos überstehen. Wie lange jemand ohne Drogen auskommt, ist kein Hinweis auf die Suchtanfälligkeit.

Für einen Alkoholiker würde es einen derart enormen Energieeinsatz bedeuten, die vorgenommene Menge einzuhalten, dass er lieber ganz aufhört, als sich über einen längeren Zeitpunkt dieser Tortur auszusetzen. Worin besteht für den Alkoholiker die Tortur? Er könnte von morgens bis abends an nichts anderes mehr denken als an Alkohol. Die gesamte verfügbare Lebensenergie würde verbraucht, um die vorgegebene Trinkmenge einzuhalten. Die Chancen, dass Alkoholiker diesen Test bestehen, sind gleich Null. Versuchen Sie es, Sie können nur gewinnen!

Wie funktioniert Alkoholismus?

Man muss die Tiefe verstehen.
Wo? An der Oberfläche.

Hugo von Hofmannsthal

Wege der Annäherung

Wie funktioniert Alkoholismus? Diese Frage zu beantworten erweist sich wegen des sowohl komplizierten als auch komplexen Krankheitsbildes als schwierig, wenn nicht gar als unmöglich, entzieht sich doch der Alkoholismus jeglichem Versuch einer präzisen Definition. Jeder Alkoholiker ist einzigartig, mit einer breiten Palette von Variablen, die bei der Diagnose stets zu berücksichtigen sind. Wir Alkoholiker unterscheiden uns selbst da, wo wir alle etwas gemeinsam haben: in unserem Trinkverhalten. Genauso wenig lässt sich Alkoholismus über Röntgenbilder oder Labortests nachweisen, selbst die berühmten Leberwerte sind nicht aussagekräftig. Meine Leberwerte waren trotz dreißigjähriger Trinkerzeit immer gut. Der Alkohol hatte sich bereits tief in meine Seele gefressen, Kopf und Herz waren schon lange kaputt, die Leberwerte stimmten immer noch. Sie sagten über meinen Alkoholismus nichts aus. In der Betrachtung von Alkoholismus ist es ein grober Fehler, nur den erkrankten Körper wahrzunehmen, gleichermaßen bedeutsam ist das psychosoziale Beziehungsgefüge.

Für genauso unfruchtbar halte ich es, Alkoholismus nach vermeintlich klar abgrenzbaren Mustern von Symptomen klassifizieren zu wollen: Spiegeltrinker, exzessive Trinker, Quartalstrinker.[1] Diese Einteilungen führen zu einem Beobachtungsraster, das uns zu gefährlichen Fehlschlüssen verleiten kann, unter anderem zu der Ansicht, dass es einerseits Edelalkoholiker gibt, die mit der Droge umgehen können, niemals wanken und schwanken und dafür bewundert werden, und andererseits jene, die durch die Straßen torkeln und von der Gesellschaft mit Verachtung gestraft werden.

Am Anfang meiner Suchtkarriere war ich ein exzessiver Trinker, dann für lange Zeit Spiegeltrinker, am Ende meines nassen alkoholischen Weges habe ich quartalsmäßig exzessiv getrunken. Ich interpretiere meine Quartalssaufereien als vergebliche Versuche, dem Alkohol mit untauglichen Mitteln zu entkommen.

Ich achte das Engagement, mit dem solche Klassifikationen erstellt worden sind, die wichtigste und bekannteste Arbeit ist von Jellinek. Aber auch Jellinek betont einseitig das medizinische Krankheitskonzept, klammert die sozialen, biografischen, psychologischen, spirituellen und biodemografischen Merkmale aus.

Diese Klassifikationssysteme sind nur begrenzt tauglich, denn sie geben keine Auskunft über den prozessartigen Verlauf der Alkoholabhängigkeit, enthalten keine Kriterien, um verlässliche Aussagen über die Schwere der Krankheit zu machen, und liefern auch keinen Rahmen für ein verlässliches Frühwarnsystem. Sie definieren das Problem Alkoholismus nicht in seiner Ganzheit. Die Frage »Wie funktioniert Alkoholismus?« können sie nicht beantworten.

Wann immer ich über diese Frage nachdenke, stoße ich unmittelbar auf den Grund menschlicher Existenz. Alkoholismus lässt sich ebenso wenig exakt verifizieren, klassifizieren, definieren wie Liebe, Familiensinn oder Wahrhaftigkeit. Ich glaube, dass Pascal Recht hatte, als er sagte: »Das Herz hat seine Gründe, die der Verstand nicht kennt.« Wir Menschen erleben mehr, als wir begreifen.

Drei klärende Abschweifungen

An dieser Stelle halte ich drei klärende Abschweifungen für unumgänglich. Ich möchte den Begriff »ganzheitlich« erklären, den Unterschied zwischen Kompliziertheit und Komplexität erläutern und darüber hinaus folgende Fragen erörtern: Wie erforschen wir unsere Welt? Mit welchen Methoden? Von welchem Weltbild gehen wir aus? Was können wir erkennen?

1. Ganzheitlichkeit

Da der Begriff inflationär und meist sehr verwaschen verwendet wird, und jeder, der das Wort hört, sich etwas anderes darunter vorstellt, halte ich es für hilfreich, vorab zu definieren, was ich unter Ganzheitlichkeit verstehe.

Der französische Mathematiker und Philosoph Descartes ging von einer Spaltung von Leib und Seele aus, die getrennt voneinander agieren. Das Verhältnis, das ich bei dieser Einstellung zu meinem Körper habe, drückt sich auch in unserer Sprache aus: Ich habe einen Körper. Die Formulierung drückt Distanz aus. Hier bin ich, dort ist mein Körper.

Ganzheitlichkeit dagegen bedeutet: Ich schaue den Menschen als ein einheitliches System an. Alle Teile, auch Leib und Seele, sind sowohl miteinander verbunden als auch voneinander abhängig. Sie stehen in ständiger Wechselwirkung zueinander. Darüber hinaus lebt der Mensch als Einheit keinesfalls autonom, sondern jeder von uns ist integraler Bestandteil größerer Systeme. Das hat zur Folge, dass ein Individuum mit seiner physischen und gesellschaftlichen Umwelt nicht nur verbunden ist, sondern einem ständigen Austausch mit ihr unterliegt. Das Individuum beeinflusst die Mitwelt, die Mitwelt beeinflusst das Individuum.

2. Kompliziertheit und Komplexität

Beides, Kompliziertheit und Komplexität, ist charakteristisch für die Alkoholkrankheit. Fälschlicherweise wird Kompliziertheit und Komplexität in unserer Alltagssprache synonym verwendet. Komplex bedeutet sehr viel mehr als nur kompliziert. Es ist viel tiefgründiger. Unter komplex müssen wir uns eine verfilzte Struktur vorstellen, bei der alles mit allem zusammenhängt. Ein Wollknäuel zum Beispiel könnte man als eine komplizierte Struktur bezeichnen, die uns nur auf den ersten Blick hin undurchdringlich und ungeordnet erscheint, die sich aber, wenn ich den Anfang des Fadens gefunden habe, ohne Schwierigkeiten vollständig aufdröseln und abwickeln lässt.[2] Ich muss nur den Anfang finden.

Liebend gern hätte ich – ich war einige Jahre auf der Suche – einen entsprechenden Faden entdeckt, von dem aus ich meine Krankheit aufdrösele und dann mit einem Medikament, einer entsprechenden Therapie oder mit Hilfe einer Genmanipulation für alle Zeiten heile. Doch beim Alkoholismus handelt es sich nicht nur um ein kompliziertes, sondern vor allem um ein komplexes, ein verfilztes Wollknäuel. Alkoholismus hat eine komplexe Struktur, denn die einzelnen Teile der Krankheit sind mit den daneben und darunter liegenden Schichten auf vielfache Weise verfilzt. Ohne schwerwiegende Erkenntniseinbußen lassen sich die komplexen Strukturen nicht auf einfachere Strukturen zurückführen. Sie beinhalten eine höhere Ordnungsstruktur, bei der das Ganze, der Alkoholismus, mehr ist als die Summe der Teile.

3. Wie erfassen wir die Wirklichkeit?

Alkoholismus ist bislang im Rahmen naturwissenschaftlicher Beschreibungssysteme nicht darstellbar. Wie schaffe ich es, den Blick frei zu bekommen für die überaus komplexen Zusammenhänge dieser so schwer zu definierenden Krankheit? Wie erfasse ich die alkoholische Wirklichkeit? Werden wir sie überhaupt jemals begreifen können? So paradox das erscheinen mag, aber ich glaube, dass alle, die sich mit Alkoholismus beschäftigen, gut beraten sind, sich erst einmal die Beschränkung ihrer eigenen Wirklichkeitsauffassung bewusst zu machen, bevor sie weiter in Details herumbohren. Wie sehr alle Einzeluntersuchungen über Alkoholismus uns in die Irre führen, mache ich mir mit folgender Metapher deutlich: Eine alte Geschichte erzählt von sechs Blinden und einem Elefanten. Einer der Blinden betastete den Rumpf des Elefanten und sagte, es sei eine Wand, ein anderer betastete sein Ohr und glaubte, es sei ein Fächer, ein dritter betastete sein Bein und meinte, es sei eine Säule. Das Problem liegt in der Stichprobe, in der jeweils speziellen Perspektive, der Irrtum in der leichtsinnigen Extrapolation. Es war bei meinen Recherchen für dieses Buch eine Überraschung, dass gerade diejenige Forschung die Grenzen der Wissenschaft aufzeigt, bei der sich unsere wissenschaftliche Methode bisher am überzeugendsten und genauesten bewährt hat, in der Physik.[3] Auf unsere sehr eingeschränkte Weise, die Natur zu erforschen, weist eindrucksvoll der Physiker Werner Heisenberg hin: »Was wir beobachten, ist nicht die Natur selbst, sondern Natur, die unserer Art der Fragestellung ausgesetzt ist.« Wir verhalten uns zu dem beschreibenden Gegenstand wie ein Mensch mit Augenbinde, der seine Mitwelt mit einem Stock ertastet und bei diesen Beobachtungen zerstört, was er erforschen will. Auf diese fahrlässige Art und Weise wird meiner Meinung nach nur allzu häufig in der Alkoholforschung herumgestochert.

Was Kunst und Literatur
uns Alkoholikern zu sagen hat

Ich beschränke und verlasse mich auf der Suche nach Wegen zu meinem Alkoholismus keineswegs nur auf die Naturwissenschaften und die Psychologie. Auch aus der Literatur habe ich wertvolle Anregungen und Denkanstöße erhalten. Wesentliche Einblicke in meine alkoholische Seele verdanke ich Künstlern und Schriftstellern. Kein Alkoholforscher oder Psychologe hat je so treffend die Ausgangslage meines Alkoholismus beschrieben wie Franz Kafka. Literaturfreunde wird es nicht verwundern. Kafka besaß ein unvergleichliches Auge für Details. Der Schriftsteller Louis Begley: »In Josef K., Kafkas Protagonisten, erkennen wir uns selbst wieder. Wie er leiden wir mehr oder weniger bewusst am Gefühl eines Verlustes: Wir haben das Zutrauen verloren, in einer verlässlichen Gemeinschaft mit unseren Mitmenschen zu leben, wir haben das Vertrauen in unseren Wert und die Unverletzlichkeit unserer Person verloren, wir haben die Achtung für Institutionen und Gesetze verloren und wir haben die Bindung an Gott verloren. Wir schämen uns, weil wir keinen Ausweg aus unserem Dilemma sehen.«[4]
Literatur und Dichtung sind näher an der menschlichen Realität als die naturwissenschaftliche und die psychologische Forschung.

Künstler haben Zugang zu menschlichen Bedürfnissen und Erfahrungen, zumindest haben sie eine Ahnung von der Ganzheit menschlichen Lebens. Literatur erfasst die Fäden, die uns Menschen zusammen oder auseinander führen. Vielleicht ist der Alkoholismus in all seinen Dimensionen sogar am besten in den Begriffen des Theaters zu verstehen, als ein tödlich endendes Drama, das sich in der Handlung entfaltet: Einstieg, Abstieg, Tod oder Ausstieg. Mir ist keine wissenschaftliche Analyse bekannt, die jedem Aspekt der menschlichen Entwicklung besser gerecht würde. Und ich kann mir gut vorstellen, dass das alkoholische Drama in einem kosmischen Rahmen stattfindet. Sein Anfang und sein Ende bleiben für alle Zeiten außerhalb der Grenzen menschlicher Erfahrung.

Poesie und Kunst führen uns im Gegensatz zur Wissenschaft zu einer anderen Betrachtung der Wirklichkeit. Die wissenschaftliche Sprache ist objektiv, definierend, analytisch. Wir denken in Formen, die wir begreifen können, und wir forschen, indem wir zerlegen und fragmentieren. Es ist die Sprache der Vernunft, in der es um Deutung und Erklärung geht. Die poetische Sprache eröffnet Chancen, den Alkoholismus in seiner Ganzheit zu erfassen. Sie zerlegt nicht, trennt sich nicht von der Gesamtwirklichkeit, nimmt dafür aber Ungenauigkeiten in Kauf. Sie ist näher an den Sorgen und Nöten der Menschen und kann in den Köpfen und Herzen etwas bewegen. Sie ist weniger an Definitionen und Analysen ausgerichtet als an Metaphern, Anekdoten, Witzen und Sprüchen und kann dadurch wesentlich mehr aufzeigen. Bemüht sich die Wissenschaft um eine Außenbetrachtung, so versucht die Kunst eine Inspektion der Wirklichkeit von innen. Bemüht sich die Wissenschaft um Gewissheit und Schärfe, so bemüht sich die Kunst um die Zusammenhänge der Dinge. Oft gelingt ihr ein Gesamteindruck, der nicht in verschiedene Teile zerfällt. Andererseits erschwert die Unschärfe, die jeder ganzheitlichen Betrachtungsweise innewohnt, eine genaue Vermittlung von Vorstellungen. Naturwissenschaftliche Betrachtung versucht aus den einzelnen Teilen des Alkoholismus einen Zusammenbau, die poetische Sprache dagegen vermittelt eine Zusammenschau.

Der Physiker Hans-Peter Dürr macht darauf aufmerksam, dass es sich hierbei lediglich um verschiedene Sichtweisen handelt, und dass zwischen wissenschaftlicher und poetischer Betrachtung keine Rangordnung besteht in dem Sinne, »dass die eine wichtiger oder höherrangiger sei als die andere. Beide Ausdrucksformen haben ihre prinzipielle und wesentliche Bedeutung in unserem Leben. Keine kann die andere ersetzen. Vielmehr ergänzen sie sich auf eine äußerst fruchtbare Weise«[5].

Versuch einer eigenen Beurteilung

Ich habe all diese Suchwege beschritten, um mich dem Thema »Wie funktioniert Alkoholismus?« anzunähern. Durch das intensive Nachdenken über diese Frage bin ich in meinen Ansprüchen bescheidener geworden. Jeder Mensch ist einzigartig, und jeder Alkoholiker hat eine einzigartige Erfahrung, geboren aus seinen Umständen, erwachsen aus seiner Biografie. Die Wege in die Sucht sind individuelle, die Wege aus der Sucht heraus sind es auch. Den einen Weg aus der Sucht gibt es nicht. Was sich für den einen als falsch erweist, kann den anderen retten. Das Einzige, was sich mit Sicherheit voraussagen lässt: Wenn zwei Alkoholiker den gleichen Genesungsweg einschlagen, wird einer von beiden scheitern.
Meine Spekulation über die Frage »Wie funktioniert Alkoholismus?« erhebt deshalb auch nicht den Anspruch, eine allgemein gültige Definition zu liefern. Ich generalisiere nicht, ich versuche, diese schwierige Frage für mich zu beantworten. Es liegt mir völlig fern zu behaupten, »So ist es«, sondern ich sage lediglich, »So oder so ähnlich, und bei anderen Menschen wiederum ganz anders, könnte es gewesen sein. So habe ich es erfahren. So ist es mir damit ergangen«.
Meine Zusammenschau ist eine Aufforderung, alles zu durchdenken und zu durchfühlen, sich davon abstoßen und anziehen zu lassen. Ich möchte Suchwege eröffnen.

Erkennbar wird die Krankheit Alkoholismus durch folgende Symptome: körperliche Abhängigkeit vom Alkohol, ein unstillbares Bedürfnis danach, Kontrollverlust und die damit verbundene Unfähigkeit, ein Leben ohne Alkohol zu führen. Genug ist nie genug. Genug kann nie genügen. Ein Alkoholiker hat keine Wahlmöglichkeiten mehr, er kann sein Leben nicht mehr meistern.

Im Frühstadium konnte ich die Krankheit weder spüren noch fühlen, weder riechen noch schmecken, weder sehen noch ertasten. Ich habe in Diskussionen oft behauptet, ich habe doch anfangs nur getrunken wie alle anderen auch und auch ich wollte nur das, was alle anderen auch wollten: glücklich sein, Gemeinschaft erleben, Beziehungen eingehen, einen Sinn im Leben finden. Doch es gab einen Unterschied zu anderen Menschen: Ich wollte immer etwas mehr als die anderen. Ich trank weiter, auch wenn der »glückselige Zustand« längst erreicht war und die Selbstschädigung begann.

Ein Betroffener verbraucht ungeheure Energien, um vor sich selbst und anderen zu verbergen, dass er dem Alkohol gegenüber machtlos ist. Es sind sinnlos verpulverte Energien, die ihm zur Lebensgestaltung schmerzlich fehlen. Je abhängiger ein Mensch wird, desto weniger kann er seine wahre Lage realisieren. Er wird von einem alkoholischen Denkmodell beherrscht und verliert die Fähigkeit, sich selber wahrzunehmen und zu kritisieren. Rückmeldungen aus seinem Umfeld lässt er nicht zu. Alkoholiker sind blind für die eigenen Defizite. Gleichzeitig schwindet das Bewusstsein für Ethik und Moral.

Ein Defekt in der Wahrnehmung schleicht sich ein. Dieser Wahrnehmungsdefekt ersparte mir einen sofortigen Zusammenbruch und eröffnete der Sucht ungehinderte Entfaltung. Im Endstadium erkennt das gesamte Umfeld die Abhängigkeit, nur der Betroffene selbst realisiert es nicht mehr. Das Paradox: Weil im Endstadium das ganze Leben von der Krankheit Alkoholismus geprägt ist, kann der Betroffene die Krankheit nicht mehr wahrnehmen. Ein Selbsterkennen der Krankheit ist nicht mehr möglich.

Die Krankheit Alkoholismus ist wesentlich komplexer, als sie nach außen hin durch das Hauptmerkmal »Nicht aufhören können« in Erscheinung tritt. Es ist eine Krankheit, die den ganzen Menschen ergreift. Dabei handelt es sich nicht nur um massive Störungen im organischen Bereich, in erster Linie sind es psychische und soziale Störungen, die Süchtigen zu schaffen machen. Alkoholismus manifestiert sich vor allem sozial, geistig, seelisch und spirituell. Ein Mensch hat keinen Alkoholismus, er ist Alkoholiker, und: einmal Alkoholiker, immer Alkoholiker.

Alkoholismus ist ein deutliches Signal für einen Mangel in mir, ist eine Krankheit, die aus Defiziten entsteht. Ich habe nicht etwas, sondern mir fehlt etwas. Alkoholismus ist deshalb sehr viel mehr als eine Krankheit im üblichen Sinn. Alkoholismus ist das Ergebnis einer unzureichenden Vermittlung von Lebenserfahrung, eine Nichtgestaltung des eigenen Lebens.

Nicht die Droge ist es, die süchtig macht. Alkoholismus kommt nicht vom Alkohol. Der Konsum von Alkohol allein reicht nicht aus, um alkoholabhängig zu werden. Wenn Alkohol das Einzige wäre, was Alkoholismus auslöst, dann müsste jeder, der Alkohol zu sich nimmt, zum Alkoholiker werden.

In erster Linie ist es die Komplexität, die das Wesen des Alkoholismus bestimmt. Alles ist mit allem verknüpft. Es ist grundsätzlich nicht vorhersehbar, welche Faktoren sich beeinflussen, abschwächen oder aufschaukeln. Da die komplexe Struktur unvorhersehbar reagiert, scheitert jeder Plan einer Veränderung, der nur Symptome kuriert. Aus der Komplexität erwächst auch die Dynamik, die dem Krankheitsbild innewohnt und den Krankheitsprozess fortwährend antreibt. Es gibt keinen Stillstand. Der Krankheitsverlauf hat den Charakter einer kontinuierlichen Entfaltung, eines langsamen, heimtückischen Werdens, das eine wachsende Zwanghaftigkeit in unserem Verhalten bewirkt. Von einem nicht zu bestimmenden Zeitpunkt an ist das Leben regelgeleitet durch die Sucht.

Bei einer Flutkatastrophe mildern, wenn wir Glück haben, Sandsäcke die Symptome. Bei der Krankheit Alkoholismus wären »Sandsäcke« nutzlos. Die alkoholische »Flut« lässt sich durch Symptombekämpfung nicht eindämmen. Jede Symptombehandlung ist nicht nur zum Scheitern verurteilt, sondern läuft Gefahr, den Betroffenen noch tiefer in die Sucht zu treiben. Der Alkoholismus ist so dynamisch und so reich an inneren Verknüpfungen, dass die Änderung eines Faktors sofort zur Ursache der Änderung anderer, sehr wahrscheinlich sogar vieler anderer Faktoren wird, denn das komplexe alkoholische System lässt die Änderung von jeweils nur einem Faktor nicht zu.

Es ist auch unmöglich vorherzubestimmen, mit welcher Geschwindigkeit oder in welche Richtung sich die Sucht entwickelt, der Krankheitsverlauf zeigt im Tempo gewaltige Unterschiede. Vorhersagbar ist nur der tödliche Ausgang.

Alkoholismus als Störung von Persönlichkeit und Umfeld

Der Rausch als Fluchtort vor dem Leben

Wer einer Sucht verfallen ist, macht sich nicht auf die Suche, sondern begibt sich auf die Flucht, auf die Flucht in die Unwirklichkeit. Sucht kommt nicht von Suchen, wie so oft behauptet wird. Sucht kommt von »suht«, Krankheit. In Begriffen wie »Fallsucht«, »Schwindsucht« und »Gelbsucht« hat sich die ursprüngliche Bedeutung erhalten. Der Wortursprung ist »Siechtum«. Siechtum ist in seiner Bedeutung auch etwas Unerklärliches, sich Dahinschleppendes, etwas, das sich in den eigenen Abgrund hinabdreht. Doch viele Süchtige sind davon überzeugt, dass sie mit Hilfe des Stoffes auf der Suche waren oder es noch sind. Sie träumen sich bar jeder Realität ihr Leben zusammen. Ernsthaft sind sie davon überzeugt, auf der Suche nach dem wahren Leben zu sein. Statt zu handeln, geben sie sich Phantasien und Wunschträumen hin, statt sich mit Erfahrungen auseinander zu setzen, die wir im realen Alltag machen, vermeiden sie jegliche Begegnung mit den Anforderungen des Lebens. Es sind Fluchtbewegungen aus den sozialen Bezügen.

Auch ich riskierte das Leben nicht, wich ihm aus und floh in ein Ersatzleben. Ich verhielt mich den Anforderungen des Lebens gegenüber wie ein kleines Kind, das beim Versteckspiel glaubt, nicht entdeckt zu werden, wenn es die Augen schließt. Leid und Schmerz, Konflikt und Tod, aber auch Freude und Erfolg sind unabweisbare Elemente des Lebens. Sie lassen sich nicht durch Vermeidung oder Verdrängung aus der Welt schaffen. Diesen Selbstverständlichkeiten des Lebens wollte ich mit Hilfe der Droge aus dem Weg gehen. Es gelang für eine erstaunlich lange Zeit. Viele Jahre bot der Alkohol mir einen (scheinbar) mühelosen Ausweg aus meinem komplizierten Innenleben.

Alkoholismus ist eine Beziehungskrankheit

Im Kern ist Alkoholismus eine Krankheit in der Beziehung zu sich selbst und zu anderen. Alkoholismus wird deshalb auch in Beziehungen ausgetragen. Alkoholiker sind selbstbezogene Menschen, sie stellen ihr Ich in den Mittelpunkt des Universums. Jedes Ereignis, jede Äußerung wird als Bestärkung oder Ablehnung des eigenen Ichs interpretiert. Wenn Alkoholiker reden, dann reden sie und verlangen, dass die ganze Welt ihnen zuhört. Was ein anderer sagt, dient ihnen nur als Stichwort für Entgegnungen. Ein Alkoholiker denkt an drei Dinge: erstens an sich selbst, zweitens an sich selbst und drittens immer noch an sich selbst.
Ich war ein selbstbezogener Mensch. Nichts hatte einen Eigenwert, alle Dinge und Personen waren immer nur so viel wert, wie sie mir wert waren. »Freundschaften« bin ich unter folgenden Voraussetzungen eingegangen: Helfen sie mir, mein alkoholisches Leben abzusichern, tragen sie dazu bei, dass ich ungestört weitertrinken kann? Alles um mich herum war nur Kulisse für mich selbst. Nie habe ich ernsthaft versucht, ein Freund unter Freunden zu sein, ein Kollege unter Kollegen. Mein egozentrisches Benehmen blockierte jede Beziehung. Hätte mich damals jemand nach einer Weltmacht mit drei Buchstaben gefragt, ich hätte, wenn ich ehrlich hätte sein können, statt mit USA mit ICH geantwortet. So ver-rückt, so abgerückt war ich von der Wirklichkeit. Erst in der Selbsthilfegruppe habe ich erfahren, wie gut es tut, Mensch unter Menschen zu sein. Ichzentrierte Sichtweisen und die entsprechenden kommunikati-

ven Verhaltensweisen bewirken einen spezifischen Integrationsstil in die Gesellschaft. Dieser alkoholisch geprägte Integrationsstil zu sich selbst und in die Gesellschaft hinein macht Suchtkranke lebensunfähig. Ich vermute in diesem speziellen Integrationsstil einen gemeinsamen Nenner aller Suchtkrankheiten, etwas, was Süchtige bei allen Verschiedenheiten gemeinsam haben könnten.

Wo ein Abhängiger ist, da ist auch ein krankes Umfeld

Die Beobachtung, dass viele Menschen regelmäßig Alkohol konsumieren, aber nicht jeder abhängig wird, lässt die Vermutung aufkommen, dass Alkoholabhängigkeit ausschließlich im Kern einer Persönlichkeit verankert ist. Ich glaube nicht, dass Alkoholismus ausschließlich in der betroffenen Person diagnostiziert werden kann. Süchte existieren nicht im luftleeren Raum. Alkoholismus ist sowohl eine Persönlichkeitskrankheit als auch eine Umfeldkrankheit. Ohne das entsprechende Umfeld gibt es keinen Süchtigen. Robinson Crusoe, der Traum meiner Jugend, hätte, solange er allein war, nicht Alkoholiker werden können, denn der Nährboden des Alkoholismus bildet sich in einem komplizierten und komplexen Netz von Beziehungen.

Die Krankheit und die damit verbundenen Widersprüche und Verwirrungen, die vom Alkoholiker verinnerlicht werden, müssen in einem sehr viel größeren sozialen Kontext wahrgenommen werden. Alkoholismus wächst und wuchert in der betreffenden Person nicht nur wie ein Geschwür von innen mit Ansteckungsgefahr nach außen, auch von außen wird die Alkoholkrankheit durch Personen und gesellschaftliche Wertvorstellungen verstärkt. Das alkoholische Verhalten anderer wirkt auf uns ein und treibt uns tiefer in die Sucht. Auch Co-Abhängige, die helfenden Komplizen der Sucht, schaden den Abhängigen. Es kommt zu einer Verschmelzung der Besessenheiten. Häufig sind die Personen in der Umgebung des Trinkenden noch kränker, noch gestörter, noch lebensuntüchtiger und noch hilfsbedürftiger als die Abhängigkeitskranken, denn sie müssen den Schmerz, den die Suchtkranken ihnen zufügen, ohne die betäubende Wirkung des Alkohols durchleiden. Die Kybernetik erkennt, dass zwei oder mehr Personen – irgendeine Gruppe von Personen – zusammen ein solches System des Denkens und Handelns bilden können. Ich halte es durchaus für möglich, dass der Schwerpunkt unserer Krankheit in solch einem System liegt. Nicht nur der Alkoholiker ist krank, sondern auch die Beziehungen, in denen er lebt.

Ich vermute, dass gerade in diesem »Da-Zwischen« viele wichtige Informationen, wenn nicht sogar die bedeutsamsten Informationen über den Alkoholismus stecken, und ich bin überzeugt davon, dass das ganze Umfeld, das sich in Verbindung mit dem Alkoholismus entwickelt, für den Genesungsweg bedeutsamer ist als die spezielle Sucht selbst. Entscheidend ist das krank machende Feld, in dem er sich befindet. Auf jeden Fall ist in den Krankheitsbeschreibungen dieses »Da-Zwischen« das am meisten Vernachlässigte.

Die Ansteckungsgefahr

Das Individuum trägt nicht nur in sich ein alkoholisches System, es existiert ein alkoholisches System darüber hinaus. Unzählige Faktoren sind daran beteiligt, das Individuum bildet nur den Kristallisationspunkt eines Suchtsystems, dessen manifeste Form. Die ansteckende Wirkung des Alkoholismus ergibt sich aus der Tatsache, dass das alkoholische System so »stark« ist, dass selbst ein stabiles, gesundes Umfeld zunächst nur in Richtung Suchtsystembestätigung genutzt wird. Wir Süchtigen beeinflussen andere auf äußerst wirksame Weise.

Alkoholische Systeme verlangen von allen Beteiligten, die in dem System leben, alkoholische Denkmuster und Verhaltensweisen, dafür werden sie, je nach Verhalten, entweder belohnt oder bestraft. Wer in diesem Beziehungsnetz lebt oder damit in Berührung kommt, infiziert sich. Alkoholiker stecken andere in ihrem Umfeld an. In Co-Abhängigen-Gruppen kursiert folgende kleine Geschichte: »Kennst du die Geschichte von der Frau, die einen Frosch küsste? Sie hoffte, er werde sich in einen Prinzen verwandeln. Das tat er nicht. Sie verwandelte sich auch in einen Frosch.«

Im Laufe der Zeit entwickeln sich bei der infizierten Person dieselben Muster wie beim Süchtigen. Alkoholiker sind daher nicht nur im eigenen Wachstum gehemmt, sondern sie blockieren auch das Wachstum anderer Menschen. Es kommt zu einer wechselseitigen Blockierung von Entwicklungschancen.

Alkoholiker und Co-Abhängige gehen in diesem Netz eine Symbiose ein. Einer ist vom anderen abhängig, jeder braucht und missbraucht den anderen, jeder glaubt die Lügen des anderen, jeder liebt und hasst den anderen, jeder zieht den anderen weiter nach unten. Von einem gewissen Zeitpunkt an gibt es in diesem System keine Schuldigen und Unschuldigen mehr. Alle sind beteiligt. Alle übernehmen bestimmte Rollen, um das Gleichgewicht im System zu erhalten. Alle leiden, aber alle »profitieren« auch davon. Ein Suchtsystem ohne »Mitwirkende« würde austrocknen.

Das alkoholische System

Das alkoholische System besteht aus süchtigen Denkmustern, die zwangsweise zu süchtigem Verhalten führen. Die alkoholischen Eigenschaften dieses Systems sind nicht aus den Eigenschaften seiner einzelnen Bestandteile erklärbar, sie sind charakteristisch nur für dieses System. Es spielen im Suchtprozess also nicht nur die beteiligten Individuen eine Rolle, sondern es entwickelt sich eine Eigendynamik, die nicht aus der Summe der Anteile der einzelnen Beteiligten zu erklären ist. Das Suchtsystem kapselt sich mit fortlaufendem Krankheitsprozess immer mehr von der Mitwelt ab, Zug um Zug werden alle bestehenden Werte dem Suchtsystem untergeordnet. Das System erschafft sich seine Elemente laufend selbst und bezieht seine Operationen dabei nicht auf eine Außenwirklichkeit, sondern nur auf sich. So wird Sucht zum geschlossenen, in sich logischen und »überlebensfähigen« System.

Es ist der Weg vom »normalen« Trinken in die Abhängigkeit: Alle Lebensfunktionen beziehen sich nur noch auf das Trinken und die

Abhängigkeit davon. Aus systemischer Sicht ist z. B. die Unterscheidung zwischen Spiegeltrinker, Quartalstrinker und exzessivem Trinker wenig hilfreich. Unter dem Aspekt eines stabilen Systems könnte man die verschiedenen Formen des Trinkens auch als evolutionäre Äquivalente betrachten, die auf immer neue Weise das »Überleben« des Suchtsystems garantieren. Wenn der Körper nicht mehr mitmacht, wird eben nur noch quartalsmäßig getrunken. Aber es wird getrunken. Der Alkohol ist der Betriebsstoff dieses Systems.

Die entsprechende geschlossene Weltanschauung lautet: »Ohne Alkohol ist das Leben nicht schön. Wenn ich nicht mehr trinken kann oder darf, dann kann ich den Sargdeckel ja gleich zuklappen. Das Leben hat keinen Sinn, es lohnt sich nicht mehr.« Diese Glaubenssätze und Grundüberzeugungen geben allem, was innerhalb des alkoholischen Systems geschieht, einen Sinn. Diese stillschweigenden Annahmen bestimmen die Erfahrungen, die Süchtige in der Welt machen, und legitimieren süchtige Handlungen. Der Süchtige fühlt sich berechtigt weiterzutrinken. Alternativen sind für ihn undenkbar. In solch einem geschlossenen System werden Informationen, die nicht in das alkoholische Paradigma passen (z. B. dass Alkoholismus eine tödliche Krankheit ist), herausgefiltert. Alle Signale aus der Außenwelt und dem eigenen Erleben werden durch diese »Filter« interpretiert und eingeordnet, so dass ein stabiles Ganzes erhalten bleibt. Wie das funktioniert, möchte ich mit einer Anekdote verdeutlichen:

In einer Suchtklinik hat ein Professor Patienten zu einer Aufklärungsveranstaltung über die Gefahren des Alkoholismus zusammengetrommelt. Um die Gefährlichkeit des Alkohols überzeugend darzustellen, hat er ein Experiment vorbereitet: Auf dem Tisch steht ein Glas mit Wasser, daneben ein Glas mit hochprozentigem Alkohol. Er taucht einen Wurm zunächst in das Glas mit Wasser, der Wurm dreht sich ein paar Mal und klettert quicklebendig aus dem Glas in Richtung Freiheit. Der Professor packt den armen Wurm erneut und versenkt ihn ins Glas mit dem Alkohol. Der Wurm löst sich umgehend in seine Bestandteile auf. »Meine Damen und Herren«, ruft der Professor triumphierend in die Runde,

»was können wir alle daraus lernen?« »Ist doch klar, Professor«, antwortete wie aus der Pistole geschossen ein Alkoholiker, »trinkt Alkohol und ihr habt kein Problem mit Würmern.«

Alle Signale aus der Mitwelt werden konsequent zur Stabilisierung des Suchtsystems eingeordnet und in das Suchtsystem eingebaut. Es ist manchmal erstaunlich lange auch ohne den Betriebsstoff überlebensfähig, nur bei Dauerentzug bricht es zusammen. Die Stabilisierungserfolge sind aus systemischer Sicht auch der Grund, weshalb kontrolliertes Trinken meiner Einschätzung nach nicht funktioniert. Denn das erfolgreich stabilisierte Suchtsystem besteht weiter, kein Signal von innen (»Ich will heute Abend nur drei Halbe trinken«) oder von außen (»Versprich mir, dass du dich heute Abend nicht betrinkst«) kann es öffnen oder abschwächen, da es seine Elemente immer so um- und einbaut, wie es seiner Funktion als Suchtsystem dient.

Der Alkoholiker kann in diesem System auf ein Netz zurückgreifen, das ihm ermöglicht, trotz unübersehbarer Katastrophen und körperlicher Schäden über einen erstaunlich langen Zeitraum zu trinken, doch gleichzeitig hält ihn dieses Netz auch gefangen, es wird engmaschiger, zieht sich zusammen, treibt ihn immer weiter in die Sucht, trägt ihn am Ende nur noch in seinem alkoholischen Wahn. Wird die wechselseitige Abhängigkeit im alkoholischen System nicht von einem Teil des Systems durchbrochen, dann gehen alle zugrunde, der eine Teil an der Drogensucht, die anderen Teile an den damit verbundenen seelischen Belastungen. Man kann es nicht oft genug sagen: Sucht tötet. Alkoholismus ist eine ansteckende Krankheit mit tödlichem Ausgang.

Dreißig Jahre war ich Gefangener eines alkoholischen Systems. Alle meine Interessen, alle meine Begabungen, alle meine menschlichen Eigenschaften wurden dem Suchtsystem untergeordnet. Zug um Zug brach ich meine nicht-alkoholischen Außenbeziehungen ab. Eines Tages waren infolgedessen dann auch meine kommunikativen Fähigkeiten erloschen. Jeglicher Zugang zu mir selbst war verbaut und damit auch der Zugang zu anderen, denn wer zu sich selbst keinen Kontakt mehr findet, findet ihn auch nicht zu seinen Mitmenschen.

Wenn ich andere Menschen mit meiner Sprache nicht mehr erreiche und sie mich mit ihrer Sprache nicht mehr erreichen, dann trifft mich das in meinem menschlichen Kern. Es bedeutet Verlust der Selbstachtung, Isolation und Einsamkeit, denn Kommunikation ist nicht nur Mittel, sondern auch Selbstzweck.

Kommunikation ist menschliche Bedürfnisbefriedigung wie Essen und Trinken. Wer nicht isst, verhungert, wer nicht kommuniziert, verdorrt. Niemand hat das zutreffender formuliert als die berühmte Familientherapeutin Virginia Satir: »Kommunikation ist der einzige und wichtigste Faktor, der bestimmt, welche Arten von Beziehungen der Mensch mit anderen eingeht und was er in seiner Umwelt erlebt. Wie er zurecht kommt mit seinem Leben, wie er vertraute Beziehungen knüpft, wie produktiv er ist, wie er einen Sinn findet, wie er mit seinem persönlichen Gott verbunden ist, all dies hängt weitgehend von seinen Kommunikationsfähigkeiten ab. Kommunikation ist der Maßstab, mit dem zwei Menschen gegenseitig den Grad ihres Selbstwertes messen, und sie ist auch das Werkzeug, mit dem dieser Grad für beide geändert werden kann.«[6]

Heute wundert es mich nicht, dass ich nicht mehr leben mochte, nicht mehr leben konnte, dass ich vielmehr nur noch mit fremder Hilfe auf einer Intensivstation künstlich am Leben gehalten werden konnte. Ich war losgetrennt von allem Lebendigen.

Die »Erfahrung dieses Abgetrenntseins erregt Angst«, schrieb Erich Fromm. Ich halte »Abgetrenntsein« für die Quelle aller Ängste, denn losgetrennt bedeutet, abgeschnitten zu sein. Im gleichen Zusammenhang wies Erich Fromm darauf hin, dass »Abgetrenntsein Scham und Schuldgefühle produziert«. Das entspricht meinen Erfahrungen. Ich war nicht nur ständig voller Alkohol, ich war immer auch voller Scham. Scham ist eine der grundlegendsten Dynamiken aller Süchte. Scham verursacht Sucht und Scham entsteht aus Sucht.

Am Ende meines alkoholischen Weges war ich nicht mehr in der Lage, eigene Kräfte zu mobilisieren. Alle Rückmeldungen aus dem besorgten Freundeskreis waren vergeblich. Keine Nachricht, kein freundschaftlicher Rat, auch keine Signale aus der hauseigenen Katastrophenproduktion konnten mich mehr erreichen, selbst die

Rufe in der Not, die mein Körper mir sandte, verhallten. Ich war zwar rein formal noch am Leben, aber längst schon erstarrt in tödlicher Einsamkeit. Eine lebender Leichnam.

Von Hermann Burger, der unter Depressionen litt und sich umgebracht hat, stammt der Satz: »Der Depressive ist tot, weiß aber, dass er tot ist.« Der Alkoholiker ist auch tot, weiß es aber nicht.

Co-Abhängigkeit –
süchtig nach einem Süchtigen?

Ich habe mir vorgenommen, nur über das zu schreiben, was ich selbst erlebt habe, mit einer Ausnahme: Die Ausführungen über Sucht wären ohne einige Anmerkungen zu Co-Abhängigkeit nicht vollständig. Das Verhalten von Co-Abhängigen ist für Alkoholiker sehr schwer nachzuvollziehen. Ich definiere Co-Abhängigkeit vom Standpunkt des Alkoholikers aus und meine Ansichten sind primär von der Erfahrung getragen, dass die Co-Abhängigen uns in unserer Lebensgeschichte nicht geholfen, sondern geschadet haben.

Co-Abhängige gehen eine Symbiose mit einem Alkoholiker ein. Sie tragen das alkoholische Lügengebäude mit, übernehmen auch für hoffnungslose Fälle für eine unerklärlich lange Zeit die Verantwortung und ermöglichen es dem Alkoholiker, seine Sucht aufrecht zu halten.

Alkoholiker und Co-Abhängige sind nicht zusammen, weil sie es wollen, sondern weil sie es nicht lassen können. Einer ist vom anderen abhängig. Co-Abhängige drohen dem Alkoholiker zwar ständig damit, ihn zu verlassen, doch sie verlassen ihn nicht. Wenn sie ihn doch einmal verlassen haben, sind sie jederzeit bereit, wieder zurückzukehren. Immer hoffen sie auf Besserung, doch nie wird es besser, sondern immer schlimmer.

Obwohl sie aufrichtig helfen wollen, schaden sie den Abhängigen. Sie stabilisieren nicht nur das alkoholische System, sondern üben darüber hinaus Verstärkerfunktionen aus.

Co-Abhängigkeit ist genauso schwer zu definieren wie Alkoholismus

Der inflationäre Gebrauch der Begriff Co-Alkoholiker oder Co-Abhängiger erschwert die Auseinandersetzung. Er sorgt nicht für Klarheit, sondern eher für Verwirrung. Bei einigen Definitionen aus der Fachwelt steht die Helferrolle und das Kontrollverhalten im Zentrum der Betrachtung. Co-Abhängigkeit gilt als eine Sucht, die sich ausschließlich im Zusammenleben mit einem Alkoholiker entwickelt. Sie wird so stets in Bezug auf jemand anderen definiert. Ich melde ernsthafte Bedenken an: Was im Inneren von Betroffenen vorgeht, sollte nicht von außen definiert werden. Nur sie selbst können wissen, wann Hilfsbereitschaft in Selbst-Losigkeit und diese in Krankheit umschlägt. Co-Abhängige können nur selbst herausfinden, ob oder wann die unsichtbare Grenze zwischen Helfen und Selbstaufgabe überschritten wird, und sie sollten für sich selbst entscheiden, ob sie Gefährdete oder Süchtige sind. Auch Angehörige sollten sich nicht von Experten per Definitionsmacht eine Krankheit zuweisen lassen.

Genesung

Co-Abhängige können vor sich selbst und vor anderen ihre Krankheit ein Leben lang ausgezeichnet verbergen, denn ihre Verhaltensweisen sind in unserer Gesellschaft hochgeschätzt: Sie sind häufig der Inbegriff der liebenden, sich hingebenden und kümmernden Person. Co-Abhängige sind in der Regel Meister im Erkennen, was anderen gefällt, sich um ihre eigenen Bedürfnisse zu kümmern, fällt ihnen jedoch ausgesprochen schwer.

Genauso wie wir Alkoholiker müssen Angehörige als ersten, unverzichtbaren Schritt herausfinden, ob sie abhängig sind oder nicht. Aber auch ungeachtet der Frage, ob Angehörige co-abhängig sind oder nicht: sie benötigen Hilfe. Aus Erfahrungen erlaube ich mir zu empfehlen, nicht nur fachlichen Rat einzuholen, sondern auch eine Selbsthilfegruppe für Angehörige aufzusuchen. Dort wird von den Betroffenen nichts erwartet oder verlangt, sie werden angenommen, so wie sie sind. Niemand drängt auf schnelle Lösungen. Jeder hat die Zeit, die er braucht, um die Entscheidungen zu treffen, die er selbst verantworten kann. Grundlage des Miteinanders ist die Erkenntnis: Du hast die Sucht deines Partners (oder Familienangehörigen) nicht verursacht, du kannst sie nicht kontrollieren, du kannst sie nicht heilen. Aber du kannst sehr wohl etwas tun.

Alkoholiker und Co-Abhängige haben Gemeinsamkeiten. Beide müssen lernen, sich um sich selbst zu kümmern und für sich selbst zu sorgen, wenn sie genesen wollen. Erst müssen die eigenen Grundbedürfnisse erfüllt sein, bevor wir anderen uneigennützig helfen können, erst dann erkennen wir den Unterschied zwischen »geben« und »hergeben«. Es gilt für alle, die unter einer Sucht leiden, was Agnes Repplier in »The Treasure Chest« schrieb: »Es ist nicht leicht, Glück in sich selbst zu finden, aber unmöglich, es anderswo zu finden.«

Wenn sich der Verdacht ergeben würde, dass meine Partnerin abhängig ist, dann würde auch für mich aufgrund von Eigenerfahrungen der Grundsatz »Hilfe durch Nichthilfe« gelten: Nichts tun, was meine Partnerin darin unterstützt, weiterhin ihre Sucht auszuleben, keine Unselbstständigkeiten fördern, nichts unternehmen, was die Partnerin besser selber erledigen sollte. Nicht tabuisieren, sondern den Partner mit der Problematik konfrontieren.

Meiner Partnerin würde ich folgenden »Vertrag« anbieten: »Es gibt Hilfe, die du in Anspruch nehmen kannst: fachliche Hilfe oder Selbsthilfe, besser noch beides. Ich kann dir nur den Weg zu den Hilfsmöglichkeiten zeigen, was du daraus machst, ist deine Angelegenheit, dafür bist du verantwortlich. Aber dass du Hilfe suchst, verlange ich von dir. Und eines möchte ich dir unmissverständlich sagen: Ich mache mir Sorgen um dich. Wenn du abhängig bist, dann trägst du eine tödliche Krankheit in dir. Ich werde dich verlassen, wenn du es nicht schaffst, dir Hilfe zu suchen.«

Mir ist bewusst, dass das alles leicht gesagt, aber schwer getan ist. Je näher uns der Betroffene steht, umso schwerer fällt uns der Grundsatz »Hilfe durch Nichthilfe«, dieses »in Liebe loslassen«. Einer Mutter oder einem Vater, deren Sohn oder Tochter betroffen ist, wird dabei nahezu Übermenschliches abverlangt. Aber es ist die einzige Chance, ihren Kindern zu helfen.

Meine persönlichen Spekulationen

Wie beim Alkoholismus stehen wir mit unserem Wissen über diese Krankheit erst am Anfang. Co-Abhängigkeit nur vom Standpunkt eines Alkoholikers zu definieren, greift viel zu kurz. Persönlich glaube ich, dass Co-Abhängige, wenn eine unsichtbare Grenze einmal überschritten ist, genauso an einem Suchtprozess leiden wie wir Alkoholiker. Das Besondere, Spezielle, das in der Co-Abhängigkeit verborgen ist, unterscheidet die Betroffenen von uns, die zugrunde liegende Krankheit aber ist die gleiche, der Verlauf ebenfalls fortschreitend und tödlich. Sollte sich diese Spekulation erhärten, dann ist der Begriff Co-Abhängigkeit wenig hilfreich.
Ich vermute darüber hinaus, dass es durchaus möglich sein kann, dass Co-Abhängigkeit jeder Sucht zugrunde liegt. Zumindestens bin ich mir sicher, dass das bei mir der Fall ist.

1 *Spiegeltrinken:* Entzugserscheinungen veranlassen den Betroffenen, kontinuierlich für einen entsprechenden Blutalkoholspiegel zu sorgen. Nach außen sichtbare Kontrollverluste finden dabei eher selten statt. *Exzessives Trinken:* Alkohol wird sehr schnell und in erheblichen Mengen getrunken, er wird »gekippt«, nicht selten bis zur Bewusstlosigkeit. *Quartalstrinken:* in unregelmäßigen Abständen kommt es zu heftigen Trinkexzessen – häufig gefolgt von wochen- oder sogar monatelangen Zeiten der Abstinenz.

2 Dieses Bild verdanke ich dem Physiker Hans-Peter Dürr.

3 Wertvolle Denkanstöße habe ich vor allem in dem Buch »Das Netz des Physikers« von Hans-Peter Dürr gefunden.

4 zit. nach Die Zeit, 1/1999

5 Dürr, Hans-Peter: Die Zukunft ist ein unbetretener Pfad, S. 97

6 Satir, Virginia: Selbstwert und Kommunikation, S. 73

Woran willst du erkennen, dass ich betrunken bin?

Als sie gegen Mitternacht Geräusche im Treppenhaus hörte, löschte sie schnell das Licht. An der Art, wie er den Schlüssel umdrehte, konnte sie erkennen, wie viel er getrunken hatte. An seiner Kleidung roch sie am nächsten Tag noch, in welcher Kneipe er gewesen war. Auch wenn er leise in der Küche den Eisschrank öffnete, sie hörte, dass er etwas trank. Wie jede Nacht legte er sich wortlos neben sie ins Ehebett.

Sie: Warum kommst du so spät?

Er: Du bist noch wach?

Sie: Du wolltest doch heute früher nach Hause kommen.
Du hast es versprochen.

Er: Stell dir vor, ich habe einen alten Kumpel getroffen, schade, dass du den nicht kennst, er hat eine tolle Karriere gemacht, und da musste ich ...

Sie: Hör auf, du hattest versprochen, dich nicht zu betrinken.

Er: Hab ich auch nicht.

Sie: Warum hast du nicht rechtzeitig aufgehört, bevor du wieder sinnlos betrunken warst?

Er: Bin ich doch nicht!

Sie: Das bist du!

Er: Woran willst du erkennen, dass ich betrunken bin?
Es ist doch dunkel.

Sie: An deinen Lügen!

Gründe und Ursachen –
warum ausgerechnet ich?

Auf die Fragen der Vorgesetzten »Warum machen Sie das?
Warum trinken Sie denn so viel? Es muss doch Gründe dafür geben«,
antwortete der Mitarbeiter ehrlich: »Ja, wenn ich das selbst wüsste.«
Die Vorgesetzten fühlten sich nicht ernst genommen.
Dabei handelte es sich um etwas Einmaliges:
Ein nasser Alkoholiker konnte aufrichtig sein.

Fragen, die ich mir immer wieder stelle

Alkoholiker sind stets auf der Suche nach Gründen und Ursachen, warum und weshalb sie nicht richtig ticken – auch ich war viele Jahre unermüdlich auf der Suche. Ich wollte verstehen, was mich antrieb, wollte erkennen, was mich verführte, wollte begreifen, was mich jedes Maß hatte verlieren lassen. Überall in der Welt finden Menschen Zuflucht und Entspannung mit Alkohol, ohne dass sich eine manifeste Störung entwickelt. Warum ausgerechnet bei mir?
Ich habe mir vor allem in der Anfangszeit meiner Trockenheit immer wieder folgende Fragen gestellt, auf die ich bis heute keine befriedigenden Antworten gefunden habe:
Beherrschte mich ein unsichtbarer Konflikt, der durch äußere Konflikte verstärkt, aber nicht verursacht wurde? Ist die Trinkerei ein unglückseliger Versuch der Selbstheilung? Ist sie eine Form der Selbstzerstörung, die verwandt wird, um eine noch schwerere Selbstzerstörung zu vermeiden?

Weshalb fand ich keinen anderen Ausweg aus meiner Drucksituation? Blieb mir nur der Rausch, um die eigene Unvollkommenheit zu ertragen? Warum unternahm ich keine Versuche, mich davon zu befreien?

Warum faszinierte mich, was die Franzosen »la nostalgie de la boue« nennen, die Sehnsucht nach der Gosse? Was hinderte mich daran, das Leben so wie meine kleine achtjährige Freundin Julia mit staunenden und ehrfürchtigen Augen zu betrachten?

Standen mir keine Alternativen zur Verfügung oder habe ich sie nur nicht wahrgenommen? Gab es Abflussmöglichkeiten für mein wachsendes Unbehagen? Nahm ich sie – vielleicht aus Bequemlichkeit – nur nicht wahr?

Weshalb drangen meine Minderwertigkeitsgefühle nicht in Richtung Wachstum und Entwicklung wie bei unzähligen anderen Menschen? Weshalb konnte ich über die gefühlte Unzulänglichkeit nicht hinauswachsen?

Ich habe Begabungen mitbekommen. Warum habe ich diese Begabungen missbraucht?

Hat der Psychologe Alfred Adler Recht, dass es von der Erziehung abhängt, ob ein Kind in Mutlosigkeit und sozialer Abhängigkeitshaltung versinkt oder sich produktiv mit seinen Schwächen und Defiziten auseinander setzt? War meine Erziehung und mein alkoholisches Umfeld schuld?

Als soziales Wesen bin ich von meinen Mitmenschen abhängig. Welche Entwicklung ein Individuum erfährt, ist somit auch sozial vorgegeben. War die Entwicklung zum Alkoholismus sozial (Familie, Umfeld etc.) vorgegeben, längst bevor ich die Bühne des Lebens betrat?

Wer oder was hat mich auf die Idee gebracht, dass die Menschen mich nicht mögen, wenn ich mich so gebe, wie ich bin?

Was brachte mich auf den irren Gedanken, dass das, was ich im Leben suchte, nur im Rausch zu finden war?

Ich verspürte einen starken Wunsch nach Zärtlichkeit und Nähe, hatte aber gleichzeitig eine panische Angst davor. Wieso gelang es mir nur mit Alkohol, Nähe bis zu einem gewissen Grad herzustellen und zu ertragen?

Warum wurden meine Mängel und Defizite nicht zum bohrenden Stachel, der mich antrieb? Demosthenes, der größte Redner der Antike, war ein Stotterer, er befreite sich durch Selbsthilfe davon. Beethoven und Smetana litten an Gehörfehlern, Toulouse-Lautrec war ein verkrüppelter Zwerg. Sie alle haben trotz oder gerade wegen der schlechten Ausgangslage Großartiges geleistet.

Oder bin ich vielleicht durch einen puren Zufall Alkoholiker geworden? Bin ich durch »irrtümliche Verarbeitung der Schicksalskomponenten« (Alfred Adler) zum Ausweicher geworden? Ist mein Selbst wie eine verirrte Billardkugel rein zufällig in ein Suchtloch gerollt?

Oder wählte ich aus Faulheit den bequemsten Weg? Wollte ich jegliche Anstrengung vermeiden? Erlag ich einfach nur der Bequemlichkeit, der gefährlichen Griffnähe der Droge Alkohol?

Letztlich ist folgende Frage die entscheidende: Hatte ich Wahlmöglichkeiten oder war ich von Anfang an so defekt, dass der alkoholische Weg, die selbstzerstörerische Entwicklung, erst einmal gegangen werden musste, um den besseren Weg gehen zu können?

Sucht als Protest?

Immer wieder werden Gründe und Ursachen des Suchtverhaltens auch als Auflehnung gegen unbefriedigende Lebensumstände interpretiert oder als Protest gegen unhaltbare gesellschaftliche Zustände. Der Vorwurf: Die Gesellschaft produziert Süchte und anschließend verurteilt die Gesellschaft die Süchtigen. Der Künstler Konstantin Wecker: »Süchtige sind meist die Sensibleren in unserer vom Konsum beherrschten Welt und suchen verzweifelt eine Alternative zu dieser Gesellschaft des Betrugs und Abzockens.«

Ich habe früher ähnlich wie Wecker argumentiert. Ich war überzeugt davon, den Irrsinn des Wettrüstens nüchtern nicht ertragen zu können. »Die Welt torkelt wie ein Alkoholiker von Krise zu Krise, wir sind süchtig nach Raketen und je mehr wir davon haben, um so weniger können wir deren Gefahren realisieren«, argumentierte ich lauthals in den Versammlungen der Friedensbewegung. »Das Prinzip unserer Gesellschaft ist alkoholisch: immer mehr, immer schneller, immer höher, immer weiter. Beim Alkoholiker kreist alles nur noch um die Flasche, bei uns kreisen alle Gedanken nur noch ums Geld.« So konnte ich stundenlang weiterpolemisieren. Anschließend brauchte ich dann Schnaps.

Süchtige neigen dazu, sich alle Probleme der Welt aufzubürden, statt erst einmal die eigenen zu lösen. Ihren eigenen Schwierigkeiten gehen sie konsequent aus dem Weg. Meine wohl wichtigste Lernerfahrung im politischen Bereich: Bevor ich mich nicht selbst gefunden habe, kann ich nicht sehr viel für andere tun.

Der verhängnisvolle Irrtum war, dass ich die eigene Person ausklammerte. Auf die Idee, anhand meiner politischen Anschauungen meine eigenen Handlungen zu überprüfen, kam ich nicht. Es ist unglaubwürdig, die Zerstörung der Welt und der Natur durch uns Menschen zu geißeln, sich gleichzeitig aber das Recht herauszunehmen, den eigenen Körper in eine Ruine zu verwandeln. Die Überzeugungen eines politisch Engagierten sollten auch in seinem persönlichen Verhalten erkennbar sein.

Tag für Tag gibt es auf der Welt unzählige Ereignisse, die schwer erträglich sind. Sehr häufig ist bei mir die Grenze der Belastbarkeit erreicht und ein starker Wunsch meldet sich, diesen Gefühlen zu entfliehen. Manchmal würde ich am liebsten auf die Straße hinausrennen und losschreien. Doch was wird besser dadurch? Hilft es, wenn ich in den nächsten Stehausschank stürze und mich betrinke? Hilft der Alkohol uns, Ungerechtigkeiten leichter zu ertragen? Wecker hat in seiner Einschätzung der Gesellschaft ja keineswegs Unrecht, und mein Vergleich zwischen Alkoholismus und Hochrüstung ist auch nicht abwegig. Aber es wird spätestens dann zu einer lebensgefährlichen Selbsttäuschung, wenn ich behaupte, so unter dieser Entwicklung zu leiden, dass ich es ohne Alkohol oder andere Drogen nicht mehr aushalte.

Dieser Rechtfertigungsversuch hat lebensgefährliche Folgen. Er lenkt von der Erkenntnis ab, dass der Kern der Genesung in mir selbst liegt. Ich bin dafür verantwortlich, ich darf mich auf nichts anderes herausreden.

Nein, ich litt nicht primär unter den gesellschaftlichen Ungerechtigkeiten. Ich glaube nicht an die Sehnsucht von Süchtigen nach einem humanen, nicht entfremdeten Dasein. Ein Leben mit Alkohol ist kein menschlicher Entwurf anderer Art, den ich jenseits gesellschaftlicher Zwänge realisieren kann. Von Anfang an war ich nicht in der Lage, meine Bedürfnisse und Wünsche, meine Ziele und Träume im wirklichen Leben zu realisieren. Um meinen Suff zu legitimieren, konstruierte ich mir Erklärungsmuster. Süchte halten den Menschen davon ab, politisch aktiv zu werden und die Gesellschaft zu verändern. Ich protestierte ja gar nicht, ich lief den Ungerechtigkeiten einfach nur davon. Wirkliche Anstrengungen habe ich mir nicht abverlangt. Standhalten, wo man weglaufen möchte, das ist eine politische Perspektive. Ich war lebensuntüchtig und wich den Fragen, die das Leben stellt, konsequent aus.

Ich glaube nicht an eine Revolte von uns Süchtigen gegen die Zerstörung des Lebens und den Verfall der Ideale um uns herum, nein, Sucht ist der bequemste Ausweg aus den eigenen kaputten Voraussetzungen. Es ist kein Überfall von außen, sondern einer von innen. Ich warne eindringlich davor, Süchtige zu heroisieren. Ein Alkoholiker ist ein Kranker, ein Leidender, kein Protestler.

Multifaktorielle Ursachenkomplexe

Sucht schöpft ihre Stärke aus vielen Quellen. Vergeblich sind wir auf der Suche nach einem einmaligen Schlüsselereignis. Es gibt nicht die eine Ursache für unser Trinkverhalten, Sucht entsteht vielmehr aus dem Zusammenspiel verschiedener Faktoren, die sich wechselseitig beeinflussen. Angesichts der Komplexität der Krankheit Alkoholismus und der Dreiteiligkeit der Krankheit – körperlich – geistig – seelisch – ist es zwingend, nicht von einer Ursache, sondern von einem Ursachenbündel auszugehen. Doch wider besseres Wissen wird immer wieder an jene Art von Kausalität geglaubt, die ein einziges Ereignis zum Ursprung aller weiteren Geschehnisse macht: Da wird die berühmte und gefeierte Schauspielerin mit ihrem Erfolg nicht fertig, schon gar nicht mit der Einsamkeit, die damit verbunden ist, und sie greift zur Droge Alkohol. Ein anderes, bereits klassisches Beispiel verdeutlicht, dass Ursache und Wirkung häufig verwechselt werden: Sie verließ ihn, die Mitleidlose, und weil sie ihn schnöde verließ, fing er an zu saufen, der Arme. Doch sehr viel wahrscheinlicher ist Folgendes: Er hat schon immer gesoffen, hat aber nichts unternommen, sie dagegen hat erkennen dürfen, dass ihre Liebe es nicht schaffen wird, und erweist ihm die einzige Hilfe, die sie ihm gewähren kann. Sie verlässt ihn und eröffnet ihm die Chance, aus eigener Kraft seine Lebenskrise zu bewältigen. Doch nach außen hin ist sie die Böse und er der Bemitleidenswerte. Jetzt hat er für seinen Suff die notwendige Legitimation, für sich nach innen, für die anderen nach außen.

Nahezu alle Menschen glauben, dass Abhängigkeiten ausschließlich durch schwierige Lebenssituationen entstehen. Ich halte das für einen fundamentalen Irrtum. Abhängigkeiten können sich genauso gut durch freudige Ereignisse entwickeln. Ein großer Lottogewinn wäre für einen Alkoholiker eine positive Katastrophe und genauso schwer zu verarbeiten wie ein riesiger Schuldenberg.

Viele Süchtige realisieren überhaupt erst, wenn sie aufgehört haben, was für einen gewaltigen Problemberg sie vor sich hergeschoben haben. Ich trank nicht, weil ich Probleme hatte, ich hatte Probleme, weil ich trank, und wer glaubt, mit Alkohol Probleme lösen zu können, der hat bereits ein Problem mit Alkohol. Ein alter Alkoholiker-Kalauer mit tiefgründiger Wahrheit: »Aber Herr Doktor, ich habe doch kein Problem mit dem Trinken, ich habe Probleme, wenn ich nicht trinke.«

Das gilt alles längst als unbestritten, aber im Alltag hat es die Menschen nicht erreicht. Diese Fehleinschätzung hat schwer wiegende Folgen. Sie mindert die Chancen für Alkoholiker gewaltig, weil Familie, Umfeld und Ärzte – oft in bester Absicht – kontraproduktiv auf das Krankheitsbild reagieren. Aufgrund dieser Fehleinschätzungen ist schon manchem Alkoholiker die Chance geraubt worden, sich selbstverantwortlich seiner Krankheit zu stellen und sich mit den Erfahrungen anderer Betroffener auseinander zu setzen.

Hat die Genforschung Antworten gefunden?

Viele Hoffnungen werden auf neue Ergebnisse der Genforschung gesetzt, um Gründe und Ursachen des Alkoholismus und vieler anderer Krankheiten herauszufinden.

Kaum waren z. B. die Erbanlagen für Mukoviszidose bekannt, da traten die Verhaltensgenetiker auf den Plan und verfielen geradezu in einen Rausch. In immer kürzeren Abständen stießen sie auf neue Intelligenz-, Alkoholismus-, Schüchternheitsgene und ließen sich in ihrer Euphorie keineswegs von der Tatsache erschüttern, dass sie ihre Entdeckungen meist in ebenso rascher Folge wieder dementieren mussten.

Ich glaube nicht, dass wir darauf hoffen können, dass unser Alkoholismus nur von einem einzigen Gen bestimmt wird, wie es bei manchen Erbkrankheiten zu finden sein soll.

Was die Genforschung heute mit halbwegs gutem Gewissen sagen kann, ist Folgendes: Psychische Merkmale werden von Dutzenden Genen gleichzeitig bestimmt, und diese Gensequenzen werden nur im Zusammenspiel mit vielen anderen Faktoren wirksam. Der berühmte und mit vielen Preisen geehrte amerikanische Wissenschaftler Erwin Chargaff: »Sequenzbestimmung, wie sie jetzt betrieben wird, gehört zum Geistlosesten auf der Welt. Aber die Computer werden viel zu tun bekommen, denn ein Text aus dreitausend Millionen Buchstaben kann vom menschlichen Auge weder gelesen noch interpretiert werden.«[1]

Immer mehr Biologen kommen zu dem Ergebnis, dass ein allgemeiner strikter Gendeterminismus bedeutet, die Botschaft der DNS fehlzudeuten. Der Mensch ist mehr als eine willenlos an den Strängen der Doppelhelix hängende Marionette.

»Jede Epoche hat ihre eigenen Antwort auf die Frage nach dem Verhältnis von Umwelt und Genen«, sinniert der Klonexperte Rudolph Jaenisch. »In den sechziger und siebziger Jahren wurde fast alles der Umwelt zugeschrieben, in den achtziger und neunziger Jahren den Erbanlagen.« Und er fügt hinzu: »Derzeit schlägt das Pendel wieder zurück.«[2]

Von dem, was man bisher vielleicht weiß, lässt sich nur sagen: Die Disposition für Teilaspekte des Alkoholismus liegt in mehreren Genen. Ich halte es durchaus für wahrscheinlich, dass genetische Anlagen auf viele Lebensbereiche Einfluss nehmen. Sicherlich gehören dazu auch Abhängigkeiten von Alkohol, Tabak und anderen Drogen und die dazugehörenden entsprechenden Verhaltenweisen, die zu einem erheblichen Teil durch Vererbung bestimmt sind. Dieser Verdacht wird durch empirische Beobachtungen belegt. Kinder aus Alkoholikerfamilien sind besonders gefährdet und sie sind gut beraten, besonders sorgsam und sensibel mit Suchtmitteln umzugehen. Eine internationale Studie mit einer Laufzeit von dreißig Jahren bestätigt, dass etwa 30 Prozent der Söhne aus Alkoholikerfamilien abhängig werden und weitere 20 Prozent Alkoholmissbrauch betreiben. Entsprechende Langzeitstudien für Töchter liegen nicht vor. Neue Erkenntnisse sind das nicht. In dieser Allgemeinheit wusste das auch schon der griechische Essayist Plutarch (geb. 46 n. Chr.): »Trunkenbolde erzeugen Trunkenbolde.«

Auch ich glaube, dass wir Süchtigen eine besondere genetische Grundausstattung vom Augenblick der Zeugung an mitbekommen haben. Doch ob die Krankheit zum Ausbruch kommt, ist damit noch lange nicht gesagt. Und wenn sie zum Ausbruch kommt, dürfen wir es nicht als Entschuldigung heranziehen, nichts dagegen zu unternehmen. Millionen von Genesenden haben den Beweis erbracht, dass sie mit der Disposition für Süchte umgehen können.

Wer ohne Suchtdisposition Alkohol trinkt, wird wohl nicht so leicht abhängig. Doch ich bin auch davon überzeugt, dass man sich den Alkoholismus durch ständigen Missbrauch herbeitrinken kann. Denn neben den Genen spielen emotionale Faktoren, Fragen des vegetativen Nervensystems, intellektuelle, gesellschaftliche, spirituelle Faktoren eine genauso gewichtige Rolle. Auch das Suchtpotential der Droge darf nicht unberücksichtigt bleiben. All diese Faktoren beeinflussen und verstärken sich wechselseitig im Laufe der Alkoholikerkarriere, bilden ein multifaktorielles Ursachenbündel, aus dem die Dynamik der Krankheit erwächst.

Förderungsfaktoren – Hemmungsfaktoren

Häufig wird von Angehörigen und Ärzten fälschlicherweise ein Todesfall, ein anderes Unglücksereignis oder der Verlust des Arbeitsplatzes als Ursache einer Sucht oder eines Rückfalls angesehen. Auch eine positive Katastrophe, eine große Erbschaft beispielsweise oder eine neue Beziehung, deren Bewältigung ebenfalls gewaltige Kräfte abverlangt, kann uns in die Sucht treiben. Es handelt sich dabei nicht um Ursachen der Sucht, sondern die Grenze menschlicher Belastbarkeit wird in solchen Situationen überschritten, und diese plötzlich auftretenden Ereignisse führen dazu, dass – wenn in der aktuellen Situation keine andere Bewältigungsstrategie verfügbar ist – zum Suchtmittel gegriffen wird. In Extremsituationen neigen wir dazu, auf »Altbewährtes« zurückzugreifen, selbst dann, wenn wir schon hinreichend die Erfahrung gemacht haben, dass unser Lösungsweg nicht funktioniert. Aber die Verhaltensweisen sind uns wenigstens vertraut. Plötzlich eintretende Ereignisse sind nicht Ursache, sondern auslösende Faktoren, die bewirken, dass die Sucht aktiv werden kann.

Es gilt also, sorgfältig zu unterscheiden zwischen Ursachen und Gründen auf der einen Seite und Faktoren, die die Krankheit begünstigen und fördern, auf der anderen Seite.

Wir müssen darüber hinaus unterscheiden zwischen Förderungsfaktoren und Hemmungsfaktoren, die dem Krankheitsausbruch entgegenwirken. Das Verhältnis beider Faktoren zueinander bestimmt, ob die Krankheit zum Ausbruch kommt. Dieselben Faktoren bestimmen auch bei trockenen Alkoholikern, ob sie einen Rückfall erleiden oder ob es ihnen gelingt, den Weg in Richtung Genesung weiterzugehen.

Förderungsfaktoren sind unter anderem ungünstige Familieneinflüsse, Störungen des Selbstbezuges, Kontaktarmut, kommunikative Defizite, Ziel- und Interessenlosigkeit, ungünstige Leitbilder, spirituelle Defizite, wiederkehrende seelische und soziale Belastungen, das berühmte Schieben (Was du heute kannst besorgen, verschiebe bei einem Gläschen lieber auf morgen), Passivität.

Hemmungsfaktoren sind beispielsweise intakte Familienverhältnisse, Erziehung zur Verantwortlichkeit, Aufgeschlossenheit, einen
Sinn im Leben finden, körperliche und geistige Aktivitäten, ach-
tungsvolles Miteinanderumgehen, Frustrationstoleranz, Bindung an
positive Wertesysteme.

Was bleibt?

Wir alle, Süchtige, Nichtsüchtige und Fachleute, sollten offener
und ehrlicher miteinander umgehen. Wir Süchtigen wissen nicht,
warum wir nicht aufhören können, Alkohol in uns hineinzuschüt-
ten, obwohl viele von uns den aufrichtigen Wunsch dazu haben.
Wir wissen nicht, warum einige sich zu Tode trinken müssen, obwohl sie liebend gerne leben würden, und schweren Herzens haben
wir zu akzeptieren, dass einigen von uns auf dieser Welt nicht zu
helfen ist. Gründe dafür kennen wir nicht. In all seinen Zusam-
menhängen hat man den Alkoholismus auch heute noch nicht erkannt. Nur eines wissen wir sicher: Wenn zwei Menschen die gleiche Menge Alkohol in sich hineinschütten, geschieht in ihrem
Körper nicht das Gleiche.
Meine persönliche Standortbestimmung in Bezug auf Ursachen
und Wirkung: Ich muss mit der Lösungslosigkeit meines Problems
leben. Gründe und Ursachen meines Alkoholismus bleiben mir
wohl für immer verwehrt. Ich glaube aber auch nicht, dass ich zufällig Alkoholiker geworden bin, einfach so, weil es nun mal einen
gewissen Prozentsatz erwischt. Mein Alkoholismus trat sicher nicht
unerwartet in mein Leben.
Er hat für mich Aufrufcharakter. Einerseits war es eine schmerzen-
de und kränkende Erfahrung, andererseits aber ist mein Alkoholismus ein zwingender Anlass zur Selbstfindung. Ansonsten wäre ich
wohl gestorben, ohne mich je kennen gelernt zu haben. Heute hilft
mir meine Krankheit, zu meinem eigentlichen Sein zu gelangen.
Sieben Gründe und Ursachen gibt es zum Saufen, spotten sie in
den Selbsthilfegruppen: »Montag, Dienstag, Mittwoch, Donners-

tag, Freitag, Samstag, Sonntag, alles andere sind Ausreden.« Die Anonymen Alkoholiker halten Ursachenforschung für nutzlos und gefährlich. Ich kann dem aus Erfahrung nur zustimmen. Meine Enttäuschung hält sich in Grenzen, denn die für mein Leben entscheidende Frage, die mir weiterhilft, lautet nicht »Warum habe ich getrunken?«, sondern »Wie gehe ich damit um und was kann ich daraus lernen?«. Mein Alkoholismus ist nicht das Grundthema meines Lebens. Ich frage nicht mehr nach »woher« oder »warum«, sondern nach »wozu« und »wohin«.

Alkoholismus ist kein unabänderliches vorgezeichnetes Schicksal. Ich hatte und habe Wahlmöglichkeiten. Ich bin nicht gewachsen, bin mit Hilfe der Droge einfach stehen geblieben, ich bin nur körperlich älter geworden.

Ich übernehme ohne Einschränkung die Verantwortung für meine Fehlentwicklung.

1 zit. nach Dürr, Hans-Peter & Zimmerli, Walter Ch.: Geist und Natur, S. 362

2 zit. nach Der Spiegel 9/2003

Alkoholismus als Krankheit

*Für jedes Zipfelchen am Arsch gibt es
eine wohl klingende lateinische Bezeichnung,
nur ich arme Sau muss mich Alkoholiker nennen.*

Hans

Herr Alk wohnt in meinem Haus

Der Alkoholismus haust in meiner Biografie, und sein Mitarbeiter im Außendienst, Herr Alk, wohnt in meinem Haus. Es gibt Zeiten, da sehe und höre ich nichts von ihm, fast könnte man meinen, er wäre ausgezogen. Doch er ist immer anwesend, dieser nicht zu vertreibende Mitbewohner. Ob am Tag oder bei Nacht, irgendwo treibt er sich herum. Verweise ich ihn in den Keller, weil er mich gewaltig nervt, dann schleicht sich dieser elende Schuft des Nachts in meine Träume. Oder er nistet in den geheimen Schlupfwinkeln meines Unbewussten, versteckt sich dort für einen längeren Zeitraum und macht sich überhaupt nicht bemerkbar. Und dann hämmert er urplötzlich umso eindringlicher und penetranter mit einem Besenstil von unten an die Decke, um sich erneut ins Gespräch zu bringen. Das macht er vor allem dann, wenn ich ihn überhaupt nicht gebrauchen kann.

Einmal habe ich ihn im Gartenhaus erwischt, als er eine Flasche Schnaps der Marke »Küstennebel« umarmte und unnachahmlich schäbig dabei grinste. Der Schuft wusste natürlich genau, dass sie von mir war, aus alten Zeiten, denn früher habe ich manchmal Flaschen versteckt, die ich später nicht mehr wiederfinden konnte. Dass er heute immer noch welche findet, freut dieses Ekelpaket besonders.

So plump wie Eva bei der Geschichte mit dem Apfel versucht er es nicht. Eine Schnapsflasche hält er mir nicht unter die Nase. Er ist geschickter und raffinierter, kalkuliert Umwege ein. Ein Teufel im Paradies, denn er nützt es schamlos aus, dass sich ein Teil meines Selbst lebenslang zu ihm hingezogen fühlt. Ich mache mir keine Illusionen mehr: Das hört nicht auf. Nie.

Wie bereits erwähnt, handelt es sich bei Herrn Alk um einen außergewöhnlich hinterlistigen Mitbewohner, den ich, ehrlich gestanden, liebend gerne los wäre, präziser ausgedrückt, den ich gerne für immer hochkant hinauswerfen würde. Ich habe es schon mehrfach versucht, sogar mit fachlicher Hilfe. Es war nicht nur vergebens, es hat ihn nur noch stärker und einflussreicher gemacht, ihm nur noch mehr Macht über mich eingeräumt. Es wiederholt sich immer wieder: Werfe ich ihn zur Vordertür hinaus, so kommt er durch die Hintertür wieder herein, klopft mir – so, als wäre nichts gewesen – liebevoll auf die Schulter und flüstert: »Wollen wir es nicht noch einmal miteinander versuchen, einmal ist keinmal, nicht alles war schlecht, es gab doch auch große Tage. Du hast es jetzt schon fast dreißig Jahre bewiesen, dass du ohne mich auskommst.«

Herr Alk ist der geborene Verführer, ein ausgesprochenes Naturtalent, doch Gott sei Dank bin ich ihm auf die Schliche gekommen. Ich weiß, wozu er mich verleiten will. Ich frage mich, was macht Herr Alk, wenn es mir gut geht, was macht er, wenn ich in einer Krise stecke, was macht er, wenn ich mich langweile. Lebenslänglich habe ich mit ihm als Mitbewohner zu tun und dafür Sorge zu tragen, dass er nicht zum Herrn im Hause wird.

Im Unterschied zu früher habe ich – aus innerer Überzeugung – aufgegeben, gegen ihn zu kämpfen. Ich bekämpfe ihn schon lange nicht mehr. Ich akzeptiere, dass er da ist, habe mich damit abgefunden, dass es ihn gibt, obwohl ich weiß, dass er es immer wieder versuchen wird und laufend Verbündete für seine Verführungen sucht, gemeinerweise auch außerhalb des Hauses. Die Alternative zwischen Herrn Alk und mir ist nicht Sieg oder Niederlage, sondern ewiger Kampf oder friedliche Einigung. Ich habe aus meinen ständigen Niederlagen gelernt. Zugunsten einer Kompromisslösung habe ich meine Alles-oder-Nichts-Forderungen aufgegeben. Wenn ich ihn treffe, sage ich ihm guten Tag und schaue ihn genau an. Erst die Anerkennung seiner Existenz schafft die Voraussetzung, dass sich unser Verhältnis von Grund auf ändert. Ich bin der Vermieter, und er ist der Mieter. Die Macht, Herrn Alk hochkant hinauszuschmeißen, habe ich immer noch nicht, werde ich auch nie bekommen. Irgendwelche über mir stehende Mächte haben ihm ein lebenslanges Wohnrecht eingeräumt.

Ist Alkoholismus als Krankheit anerkannt?

Obwohl Alkoholismus seit 1968 in Deutschland als Krankheit anerkannt ist – Hauptmerkmal Kontrollverlust –, hat sich in der gesellschaftlichen Wirklichkeit diese Auffassung nicht durchgesetzt. Im Alltagsbewusstsein vieler Menschen wird Alkoholismus nicht als Krankheit wahrgenommen, sondern es überwiegen moralische Sichtweisen und die damit verbundenen Be- und Verurteilungen. Nach wie vor werden Alkoholiker als Menschen klassifiziert, die sich nicht zusammenreißen können, auf leichtfertigen, verantwortungslosen Lustgewinn aus sind und willentlich Böses tun. Und so werden sie auch behandelt. Dass das »Nicht aufhören können« ein Kernbestandteil der Krankheit ist, dass es gerade mit dem Willen nicht in den Griff zu bekommen ist, weil die Fähigkeit, aufhören zu können, sich außerhalb der Kontrolle des Betroffenen befindet, das können die meisten Menschen nicht nachvollziehen, und es fällt ihnen deshalb schwer, Alkoholismus als Krankheit zu akzeptieren. Ich habe als Betroffener Verständnis dafür. Selbst wir, die wir mit der Innenansicht der Sucht vertraut sind, verstehen viele Aspekte unserer Krankheit nicht. Auch wir Alkoholiker verstehen nicht, was in uns vorgeht, was uns immer wieder antreibt, was uns gefangen hält. Wir Süchtigen begreifen uns selbst nicht.

Auch viele Mediziner haben Mühe, etwas als Krankheit zu akzeptieren, wenn im frühen Stadium Symptome nicht im Körper, sondern im Verhalten der Betroffenen auftreten. Gerade die moderne Medizin, die immer tiefer ins Detail vordringt, begibt sich in Gefahr, den ganzen Menschen aus dem Auge zu verlieren. Mediziner tun sich sehr schwer, biografische, soziale und spirituelle Gesichtspunkte in ein Krankheitsbild einzubeziehen. Es ist der Mangel an objektiven Kriterien – Alkoholismus ist in den Begriffen der Medizin weder greif-, mess-, noch therapierbar –, der dazu führt, dass trotz gegenteiliger offizieller Äußerungen immer noch moralische Kriterien die Auffassungen auch der Mehrheit der Mediziner bestimmen. Insgeheim wissen oder ahnen die meisten Ärzte, dass sie uns nicht helfen können, haben aber erhebliche Schwierigkeiten damit, sich dies einzugestehen.

Eine Erfahrung werde ich nie vergessen. Sie zeigt exemplarisch, dass Alkoholismus mit dem gegenwärtigen medizinischen Instrumentarium nicht zu diagnostizieren ist.

Ich hatte mich in ein Klinikum begeben, um mich gründlich untersuchen zu lassen. Doch dies war nur ein Vorwand. In Wirklichkeit wollte ich mein Krankheitsbild und die damit verbundenen Fehlleistungen vor mir selbst und anderen verbergen. Ich wollte die äußere Fassade aufrechterhalten, um den längst erfolgten Zusammenbruch der Innenausstattung nicht sichtbar werden zu lassen. Nach Ansicht der Mediziner fehlte mir nichts und nach einer Woche wurde ich als gesund entlassen. Ein halbes Jahr später war es dann so weit. Ich wurde mit Krankenwagen und Blaulicht in die Intensivstation desselben Klinikums eingeliefert. Die abschließende Diagnose auf dem Entlassungsschein: Alkoholdelir infolge von chronischem Alkoholismus. Anschließend erfolgte die Überweisung in die Psychiatrie.

Ob Alkoholismus eine Krankheit ist, hängt letztlich davon ab, was wir unter Krankheit verstehen, welche Bilder und welche Vorstellungen von Krankheit und Gesundheit in unseren Köpfen herumgeistern. Dafür existieren keine objektiven Kriterien, es ist reine Definitionssache. Im alten Griechenland bedeutete Gesundheit, Genussfähigkeit zu erlangen und sich in die Harmonie des Weltalls zu fügen, im Mittelalter bedeutete Gesundheit Glaubensfähigkeit, heutzutage wird Gesundheit gleichgesetzt mit Erwerbsfähigkeit.

Die Nikotinabhängigkeit ist so weit verbreitet, dass sie als normal angesehen wird. Als Krankheit, mit jährlich 100.000 Opfern allein in Deutschland, wird sie gar nicht wahrgenommen, denn was Gesundheit und Krankheit ist, wird von der jeweiligen Gesellschaft als »Norm« gesetzt. Nikotin gilt nicht als Droge, weil viele rauchen. Der Begriff »Droge« bleibt für die Randzonen unserer Gesellschaft vorbehalten.

Die traditionelle Auffassung von Krankheit

Obwohl die cartesische Spaltung von Geist und Körper[1] längst als überholt und überwunden gilt, beherrscht diese Anschauung immer noch unsere Kultur und damit die gesellschaftliche Wirklichkeit. Vereinfacht dargestellt besagt dieses Konzept Folgendes: Unser menschlicher Körper funktioniert wie eine Maschine, die man isoliert aus der Sicht ihrer Einzelteile betrachten kann. Um es zu veranschaulichen, stelle ich mir eine wertvolle Taschenuhr vor, in deren Innerem unzählige Rädchen präzise ineinander greifen. Für mich ist es selbstverständlich, dass sie funktioniert. Sollte das nicht der Fall sein, dann lasse ich sie vom Uhrmacher untersuchen und instand setzen.

Wenn ich krank bin, dann gehe ich zum Fachmann, am besten gleich zum Spezialisten: Ohrenarzt, Augenarzt, Psychiater, Alkohologe. Der Psychiater ist für die Seele, andere Spezialisten sind für den Körper und dessen Einzelteile zuständig. Je nach Spezialgebiet sucht der Fachmann dann die Krankheitsursachen des Alkoholismus im Geiste, im Körper, in der Umwelt oder in den Erbanlagen, und je nach Fachrichtung – wenn überhaupt – wird der Alkoholismus »behandelt«. Ausschlaggebend ist, bei welchem Spezialisten ich gerade bin. Ich überlasse den Fachleuten die Reparatur meiner »Maschine« und delegiere die Verantwortung über mein Wohlbefinden an sie. Im Mittelpunkt der medizinischen Therapie stehen heilende Medikamente, Bestrahlungen, oder es wird operiert. Notfalls wird ein Organ transplantiert. Und für das Bezahlen ist die Krankenkasse zuständig. Gesundheit ist eine Ware.

Krankheit und Gesundheit als Ware zu definieren ist eine Vorstellung, die süchtigem Denken entspricht. Liebend gern ergeben sich Alkoholkranke der Illusion, dass andere es für sie richten können, sie brauchen gar nicht erst in eine passive Patientenrolle gedrängt zu werden. Der Irrglaube, Ärzte könnten alles heilen, wird gerade auch von uns Süchtigen gestützt.

Wenn wir die Frage beantworten wollen, ob Alkoholismus überhaupt eine Krankheit ist, dann müssten wir bei dieser traditionellen Auffassung von Krankheit und Gesundheit die Frage wohl – was das Frühstadium des Alkoholismus angeht – verneinen. In diesem traditionellen Sinn ist Alkoholismus keine Krankheit. Um Alkoholismus als Krankheit annehmen zu können, bedarf es eines grundsätzlichen Wandels der medizinischen Ansichten von Gesundheit und Krankheit.

Modelle, die für die Beschreibung körperlicher Heilverfahren entwickelt wurden, kann man nicht auf die physische, psychische und soziale Krankheit Alkoholismus übertragen. Nicht nur beim Alkoholismus, auch bei vielen anderen Krankheitsformen gilt es, sehr viel umsichtiger den soziokulturellen Zusammenhang aufzuzeigen, innerhalb dessen die Erkrankung erfolgt. Auch die entscheidenden Ansätze für eine Erfolg versprechende Therapie vermute ich in diesem Rahmen.

Krankheit als Prozess

Wesentlich wirklichkeitsnäher erscheint mir die Sichtweise, mit der die Systemlehre Gesundheit und Krankheit betrachtet. Die Systemlehre betrachtet Gesundheit als ein fortlaufendes Geschehen, Wandel ist die einzige Konstante. Der Mensch ist ein Teil seiner Mitwelt, er ist mit ihr verbunden und verwoben. Daher kann es logischerweise auch keine von der Mitwelt unabhängige Krankheit

geben. Die Systemlehre geht grundsätzlich davon aus, dass die körperlichen, seelischen, geistigen, sozialen, ökologischen und spirituellen Aspekte der menschlichen Befindlichkeit zusammenwirken
und sich wechselseitig beeinflussen. Da immer alles im Fluss ist, ist
der Mensch nie ganz gesund oder völlig krank. Krankheit und Gesundheit verhalten sich zueinander wie Ebbe und Flut, beides
kommt und geht. In Bezug auf meine Gesundheit bilde ich mich
lebenslang zu meinem eigenen Experten aus. Auch wenn ich weitgehend gesund bin, wird es immer wieder Phasen geben, die von
mangelnder Gesundheit beeinträchtigt sind, und es ist unmöglich,
eine klare Trennungslinie zwischen Krankheit und Gesundheit zu
ziehen. Aus systemischer Sicht ist Alkoholismus auch schon in einem sehr frühen Entwicklungsstadium eine Krankheit. Sie beginnt
relativ harmlos, fast immer unerkannt, frisst sich dann – lange unbemerkt – unaufhaltsam wie ein Krebsgeschwür in unsere Seele.

Vom Zustand des Unbehagens
und des Mangels

In ihrer frühen Entwicklungsphase manifestiert sich die Alkohol-
krankheit nicht in körperlichen Symptomen, sondern zeigt sich im
Verhalten und psychischen Erleben des Betroffenen. Diese dem
Alkoholismus zugrunde liegenden Grundstörungen werden für
den Betroffenen in der Regel erst dann erkennbar, wenn er mit
dem Trinken aufhört. In dieser Phase ist Alkoholismus noch keine
Krankheit im klassischen Sinn, sondern mehr ein Zustand des
Unbehagens, den man so schnell wie möglich verlassen möchte.
Wenn ich mich an meine damaligen Befindlichkeiten zurückerin-
nere, dann fällt mir Folgendes dazu ein: Mich beherrschten jede
Menge existenzielle Selbstzweifel und unbestimmte Ängste, deren
Ursache ich nicht ausmachen konnte. Selbst bei nichtigsten An-
lässen und bei kleinsten Störungen erfasste mich ein bedrückendes
Gefühl der Minderwertigkeit. Irgendwie war ich unzufrieden mit
allem, was um mich herum war. Mich erfüllte eine tiefe Sehnsucht

nach etwas ganz anderem, und ich glaubte, durch schicksalhafte Veranlagung ein Außenseiter zu sein. Das löste Ängste in mir aus, denn eins war mir schon bewusst: Den Mut, anders zu sein als die anderen, hatte ich nicht.

Um den Menschen um mich herum zu gefallen, habe ich mich mit »Helden« identifiziert, die in Wirklichkeit gar nicht meine Helden waren. Ich hoffte, dadurch mein Selbstwertgefühl zu steigern. Ich beneidete Humphrey Bogart, war doch Bogie zeitlebens der Prototyp des Hartgesottenen, der zynisch gegen eine Welt anstank, die ihn – wie er sagte – nie einholen konnte, weil er ihr immer um ein paar Drinks voraus war. Der Mensch als einsamer Wolf. Irgendwie verkörperte er alles, was ich für erforderlich hielt, um meine Mitwelt zu beeindrucken. Oder ich stellte mich so dar, wie Jean Paul Belmondo in Godards Film »Außer Atem«: eine teure Limousine klauen, lässig die Zigarette im Mundwinkel, sein latentes Unbehagen an der lauen Wohlstandsgesellschaft, seine Ungeduld und am Ende der frühe Tod auf der Straße. Überhaupt: Selbstmord elektrisierte mich. Jean Amerys Essay »Hand an sich legen« faszinierte mich, in dem er die Existenzphilosophie weiterdachte bis zur Paradoxie, dass man sich im Freitod einen Weg ins Freie erwirbt, ohne diese Freiheit wahrnehmen zu können. Selbstmord erschien mir als Ausdruck höchster individueller Freiheit, keineswegs als das, was es bei mir war: Symptom einer schweren Krankheit.

Doch nicht Bogart oder Belmondo, sondern Freddy Quinns Seemannslieder – Schnulzen – gaben meine wahre Seelenlage wieder. Wie in diesen Sehnsuchtsliedern wollte ich stets dorthin, wo ich gerade nicht war, und wenn ich dort angekommen war, wollte ich wieder dahin zurück, von wo ich gerade erst gekommen war. Besser kann ich meine damalige Befindlichkeit kaum beschreiben.

Selbst heute weiß ich immer noch nicht, was ich damals wirklich war. Auf jeden Fall harmoniesüchtig, ich wollte allen gefallen. Meine Handlungen wurden von einer stillschweigenden Annahme geleitet: Wenn ich mich so gebe und zeige, wie ich wirklich bin, dann mögen mich die Leute nicht.

Allen Feedbacksituationen ging ich konsequent aus dem Weg, fürchtete kaum etwas mehr als Rückmeldungen. Ich verhielt mich deshalb nicht so, wie die Leute es von mir erwarteten, es war noch sehr viel schlimmer: Ich verhielt mich so, wie ich glaubte, dass die Leute es von mir erwarteten. Ich war im wahrsten Sinne des Wortes eine Marionette. Wer auch immer an mir zog, oder wenn ich auch nur glaubte, dass einer an mir zog, ich strampelte.

Krankhaft ängstliches Handeln, Anpassung, Selbstleugnung, Niedergeschlagenheit, Selbstmitleid und übergroße Empfindlichkeiten wechselten sich ab. Ich litt unter gewaltigen Ablehnungsängsten, selbst meine Eltern konnte ich nicht um etwas bitten, wenn ich nicht ganz sicher war, es auch zu bekommen. Schon früh war ich ein Meister der Halbwahrheiten verbunden mit Angeberei, Schauspielerei und Geschichtenerzählerei.

Diese Wesenszüge und die damit verbundenen Verhaltensweisen verstärkten sich wechselseitig und führten zu immer mehr Unbehagen, sorgten für immer mehr Spannung und lösten immer größere Ängste in mir aus. Es entstand ein Druck, den ich immer weniger abbauen konnte.

Hilflos fühlte ich mich meiner inneren Unruhe ausgeliefert und glaubte, nur mit purer Betäubung diesem Spannungszustand entgehen zu können. Alternativen zur Flucht waren mir verschlossen oder erschienen mir zu anstrengend. Nach meiner positiven Erfahrung mit dem ersten Glas hatte ich mich deshalb mit der Droge Alkohol verbündet, um der von mir als rau und erbarmungslos empfundenen Realität zu entfliehen. Ich lebte gemäß der Formel »Unbehagen + Alkohol = kein Unbehagen« und erlag der lebensgefährlichen Illusion, einen dauerhaften Zustand schmerzfreier Behaglichkeit herbeitrinken zu können. Dreißig Jahre lang bekämpfte ich mein Unwohlsein mit dem Mittel, das das Unwohlsein zwar nicht ursächlich hervorgerufen hatte, aber kontinuierlich vermehrte und den gesamten Suchtprozess mit seiner Dynamik anheizte: mit Alkohol. Am Ende meines alkoholischen Weges war ich eine willenlose Saufmaschine.

Die für mich vielleicht wichtigste Erkenntnis über meinen Krankheitsprozess: Ich bin mir sicher, dass ich bereits vor meinem ersten Kontakt mit Alkohol eine alkoholische Persönlichkeit entwickelt hatte. Wie die Droge auf mich wirkt, wusste ich vor meinem sechzehnten Lebensjahr noch nicht, meine Seele jedoch wartete schon sehnsüchtig auf das Sucht- und Fluchtmittel Alkohol.

Der dynamische Verlauf der Krankheit

Alkoholismus ist keine statische Krankheit, sondern hat einen dynamischen Verlauf. Ein Alkoholiker kann nicht in einem statischen Zustand leben. Das Krankheitsbild verändert sich kontinuierlich und der prozessartige Verlauf mit seiner Dynamik wird durch gesteigerten Einsatz der Droge noch erheblich beschleunigt.

Ich möchte es an einem einfachen Beispiel aufzeigen: Wenn der morgendliche »Flattermann«, das »Mandolinenfieber« – ein Alkoholentzugssyndrom, in der medizinischen Fachsprache der Tremor der Hände –, sich bemerkbar machte, behob ich diese Störung mit dem gleichen Mittel, das die Störung hervorrief: mit Alkohol. Am nächsten Morgen machte sich dann das Zittern um so kräftiger bemerkbar, was ich dann erneut, mit wiederum erhöhter Dosis bekämpfte. Es war der Versuch, den Teufel mit dem Beelzebub auszutreiben.

Die Destabilisierung meiner Lebensgrundlagen und die davon ausgehende Deformation meiner Persönlichkeit schritt im Laufe der Jahre kontinuierlich voran. Durch den stetig gesteigerten Einsatz der Droge entstanden immer größere Löcher in der Persönlichkeit, die wiederum erneut nach erhöhtem Suchtmitteleinsatz gierten. Der volkstümliche Spruch »Er säuft wie ein Loch« könnte eine viel tiefere Wahrheit enthalten, als wir gemeinhin annehmen.

Im Verlauf der Krankheit verbleibt von dem Betroffenen nur noch eine geschrumpfte Persönlichkeit, eine rudimentäre Person, die die Fähigkeit zur Selbstregulation verliert. Der Mensch verliert seine Freiheit. Alkoholiker leben nur noch mit einem Teil-Selbst, der Mensch hinter dem homo alcoholicus ist kaum noch erkennbar und schwer zu erreichen. Das macht es Angehörigen und Außenstehenden so schwer, bei der Alkoholkrankheit wie bei anderen Krankheiten mitzufühlen und Verständnis zu entwickeln. Es ist eine Überforderung, wenn wir Süchtigen Außenstehenden abverlangen, dass sie den trostlosen, abstoßenden, oft Ekel erregenden Zustand eines Alkoholikers als Hilferuf wahrnehmen. Wir Alkoholiker dürfen das nicht erwarten. Selbst ich habe ja die Hilferufe nicht mehr gehört, die mein Körper mir sandte. Ich war gefangen in einem Verlies. Tag für Tag klopfte mein Körper Botschaften an die Wand: »Hört mich denn keiner mehr? Hilft mir keiner mehr? Ist niemand mehr da?« Ich hörte nichts, so tief war ich abgesackt. Wie könnte ich es von anderen verlangen?

Der dynamische Verlauf der Krankheit ist darüber hinaus nicht linear, sondern prozessartig, es gibt ab und zu »Erholungspausen«, die uns zu gefährlichen Fehlschlüssen verführen. Die Entwicklung hält für eine gewisse Zeit durchaus auch einmal an und verändert ihr Tempo. Langfristig aber wird es ohne Ausnahme immer schlimmer, niemals besser.

Der Umschlagpunkt

Urplötzlich, ohne dass es voraussehbar ist, kann der Punkt erreicht sein, an dem der Krankheitsverlauf umschlägt in eine neue Qualität. So langwierig und zäh der Krankheitsverlauf sich auch dahinquält, jeder Schluck Alkohol kann derjenige sein, der dazu führt, dass eine unsichtbare Grenze überschritten wird. Dann ist, vergleichbar mit einem plötzlichen Überfall – der allerdings nicht bemerkt wird –, der Umschlagpunkt in ein eigenständiges Krankheitsbild da.

Ein Teilaspekt des Alkoholismus, das Symptom »Nicht mehr aufhören können«, wird zu einem Hauptmerkmal. Dieser Teil der Krankheit führt von diesem Zeitpunkt an ein Eigenleben. Jetzt handelt es sich bei dem Kernmerkmal dieser sozial-seelisch-körperlichen Krankheit um ein selbstständiges Krankheitsbild. Alkoholismus ist jetzt eine primäre Krankheit – eine Krankheit sui generis –, nicht mehr das Symptom für irgendetwas tiefer Liegendes. Es haben sich biologische Automechanismen entwickelt, die zur lebenslangen Unfähigkeit kontrollierten Trinkens führen. Von jetzt an ist Alkoholismus eine Abhängigkeitskrankheit, die alle Lebensbereiche schädigt. Die amerikanischen Anonymen Alkoholiker beschreiben diesen Vorgang mit dem Bild einer Gurke. Ein Alkoholiker verwandelt sich während des prozessartigen Verlaufs der Krankheit in eine Essiggurke, die unmöglich in eine normale Gurke zurückverwandelt werden kann.

War der Alkohol vorher ein Zudecker, ein Verharmloser, ein Wirklichkeitsverzerrer, ein Gefühlseindämmer und ein Spannungsabbauer, so hat er sich jetzt in einen erpresserischen Gläubiger verwandelt. Jeder Versuch, ihn mit dem Willen zu besiegen, wird erbarmungslos gebrochen.

Es ist wohl unmöglich herauszufinden, zu welchem Zeitpunkt das Symptom »Nicht aufhören können« zu einer eigenständigen Krankheit wird. Nach welchen Kriterien sollten es die Fachleute auch entscheiden: nach Trinkmenge, Verträglichkeit, nach bevorzugter Alkoholsorte, danach, ob und welche Trinkpausen eingelegt werden, nach welchen Regeln jemand trinkt, in welcher Häufigkeit? Alles kann in die Irre führen, all diese Erscheinungsformen beweisen nichts. Ich halte es für undurchführbar, im Seelenleben eines Menschen durch Definitionen oder Klassifikationen eine deutliche Grenze zwischen Gesundheit und Krankheit zu ziehen.

Der Suchtforscher Prof. Dr. Lothar Schmidt schreibt dazu: »Der Mechanismus des Kontrollverlustes ist bisher nicht bekannt. Die biologisch-biochemische Suchtforschung der letzten 15 Jahre erkannte jedoch neurobiologische Mechanismen, die uns das Auftreten von Kontrollverlusten verstehbar machen. Sie sind nicht vordergründig Ergebnis psychischer Konditionierung, sondern Folge neurobiologischer Programmierung. Ist diese fixiert, so ist kontrolliertes Trinken in aller Regel nicht mehr möglich. Während die meisten Alkoholkranken diese Reaktion gegenüber Äthylalkohol erst nach jahrelang trainiertem Alkoholkonsum entwickeln, erleben einige von ihnen Kontrollverluste nach kurzer Trinkperiode und Vereinzelte sogar nach dem ersten Glas bzw. nach den ersten Alkoholerfahrungen. Sie waren nicht in der Lage, von Trinkbeginn an normal zu trinken.«[2]

»Trunksucht ist nicht ein Durst der Kehle, sondern ein Durst der Seele«, schrieb Friedrich von Bodelschwingh. Doch wenn sich das Symptom »Nicht aufhören können« zu einer eigenständigen Krankheit entwickelt hat, dann können wir von motivlosem Trinken sprechen: Ich trinke, weil ich trinke. Jetzt ist Trunksucht auch ein Durst der Kehle. Die Anonymen Alkoholiker in ihrer kompromisslos-ehrlichen Art: »Saufen kommt vom Saufen.« Die Ursache für das Trinkverhalten des Betroffenen liegt in der Tatsache, dass er an der Krankheit Alkoholismus leidet. Wenn diese Einschätzung der Krankheit den Kern trifft, dann ist es ein verhängnisvoller Fehler, weiterhin die Symptomdominante »Nicht aufhören können« lediglich als Symptom zu interpretieren, statt sie als eigenständige Krankheit wahrzunehmen, die vorab behandelt werden muss, bevor andere Therapien wirksam werden können.

Besonderheiten der Alkoholkrankheit

Ich möchte auf eine Besonderheit aufmerksam machen, die Alkoholismus grundsätzlich von anderen Krankheiten unterscheidet: Genesung ist keine Rückführung zu früherer Gesundheit, keine Wiederherstellung des status quo ante, es wird nichts wieder hergestellt, die Krankheit Alkoholismus ist nicht heilbar wie ein Armbruch. Nichts darf mehr so werden, wie es einmal war, denn das bisherige Leben hat mich in die Sucht getrieben.

Ich bin auch nicht automatisch gesund, wenn ich das erste Glas stehen lassen kann. Die Krankheit erfordert eine Abkehr vom »Alten«, unser Haus wird nicht repariert, sondern von Grund auf neu errichtet. In den Selbsthilfegruppen wird gerne das Bild »Die Krankheit zum Stillstand zu bringen« verwendet. Ich glaube nicht, dass ich sie zum Stillstand bringen kann, sondern ich bin überzeugt davon, dass sie sich weiterentwickelt, ist sie doch nicht nur von inneren, sondern ebenso von vielen äußeren Faktoren abhängig. Die Verantwortung für meine Genesung liegt bei mir allein, doch die Entwicklung meiner Krankheit ist nicht nur von mir allein abhängig. Mein Alkoholismus wird auch von außen sowohl von Personen als auch von gesellschaftlichen Wertvorstellungen verstärkt oder abgeschwächt. Das ganze Umfeld um den Genesenden herum ist entscheidend, ich bin sogar davon überzeugt – obwohl ich den Beweis schuldig bleiben muss –, dass das Umfeld, das sich im Zusammenhang mit dem Alkoholismus entwickelt, für den Genesungweg bedeutsamer ist als das Spezielle meiner Sucht. Es genügt nicht, ausschließlich den Betroffenen zu »behandeln«. Das ganze Umfeld, die Familie, die Freunde müssen sich auf die neue Situation einstellen.

Ich habe mir folgendes Vorstellungsbild erschaffen: Die »Viren«, die meine Krankheit ausgelöst haben, habe ich, indem ich Tag für Tag das erste Glas stehen lasse, zunächst eingekapselt. Damit kommt die Krankheit erst einmal nicht erneut zum Ausbruch. Doch handelt es sich beim Alkoholismus um eine besonders gefährliche Sorte: um einen Retrovirus. Diese Art Viren ist außerordentlich wandlungsfähig. Ständig treten die Erreger in einer neuen Gestalt auf, was meinem Immunsystem den Kampf extrem erschwert. Impfstoffe und Arzneien gegen diese Viren gibt es nicht. Das selbstzerstörerische Suchtprogramm meldet sich immer wieder in neuer und anderer Gestalt.

Da sich meine Krankheit ständig fort- und weiterentwickelt, müssen auch die Methoden, mit denen ich sie einkapsele, ständig erweitert werden. Stillstand ist Rückschritt, vermelden sie zu Recht in den Selbsthilfegruppen. Genesung ist wie Schwimmen gegen den Strom. Wer mit dem Schwimmen aufhört, fällt zurück. Unsere Trockenheit, die unverzichtbare Basis für unseren Genesungsweg, ist kein ein für alle Mal erreichter Zustand, sondern das Produkt ständigen Bemühens. Sich der eigenen Trockenheit in keiner Sekunde sicher zu sein, ist oberstes Gebot. Ich achte sorgfältig auf meinen Retrovirus. Ich nehme ihn verdammt ernst. Es ist auffällig, wie viele Alkoholiker nach über zwanzig Jahren Trockenheit rückfällig werden. Das Eis wird dünner, je länger wir trocken sind. Sehr viele finden dann nicht mehr zur Nüchternheit zurück.

Das Leugnen der Krankheit ist ein Teil der Krankheit

Die Erkenntnis und die Tatsache, dass Alkoholismus eine Krankheit ist, auch wenn sie traditionellen Vorstellungen von Krankheit nicht voll entspricht, ist für Betroffene und Angehörige hilfreich und tröstlich und von außerordentlicher Wichtigkeit für den Heilungsprozess.

Interpretieren wir unsere Abhängigkeit als Schandfleck unseres Lebens, dann bleibt wenig Hoffnung auf Veränderung. Wir Alkoholiker haben alles Recht dieser Welt, als Kranke behandelt zu werden. Weil es eine Krankheit ist, gibt es keine Schuld. Doch selbst die überwiegende Mehrzahl der Süchtigen geht immer noch davon aus, dass sie schwache und schlechte Menschen sind, anstatt zu realisieren, dass sie krank sind und Anspruch auf Unterstützung haben. Ein Wesenszug der Alkoholkrankheit ist es, dass sie dem Betroffenen vorgaukelt, gar keine Krankheit zu sein.

Dass wir etwas gegen die Krankheit unternehmen, darf die Mitwelt nicht nur, sondern das sollte sie auch von uns Süchtigen verlangen. Wenn ich meine Krankheit annehme und nicht gegen sie, sondern mit ihr lebe, dann sind meine Aussichten, zu einem erfüllten Leben zu kommen, wesentlich günstiger, als allgemein angenommen wird. Es ist durchaus möglich, mit dieser Krankheit wie ein Gesunder zu leben. Alkoholismus und Krebs sind beides tödliche Krankheiten. Wie glücklich wäre jeder Krebskranke, wenn er mit seiner Krankheit so gut leben könnte wie wir Alkoholiker mit unserer. Im Gegensatz zu einem Krebskranken habe ich das große Glück, dass ich der Krankheit ohne Operationen und Bestrahlungen Einhalt gebieten kann – an einem Tag, zu jeder Stunde –, indem ich das erste Glas stehen lasse.

Ich habe im Laufe der Jahre in den Selbsthilfegruppen Menschen reifen sehen, wie ich es nie für möglich gehalten habe. Mit der Zeit werden sie immer nüchterner und stellen sich nicht nur den Realitäten des Lebens, sie meistern ihr Leben. Sie entwickeln sich zu Lebenskünstlern, die ähnlich wie Dichter und Maler mehr davon begreifen, was es bedeutet, ein Mensch zu sein als viele so genannte Normale.

Auch für Angehörige ist die Erkenntnis, dass Alkoholismus eine Krankheit ist, bedeutsam. Dann könnte die klassische Angehörigenfrage »Nichts gegen ein paar Drinks, aber warum hast du nicht aufgehört, bevor du sinnlos betrunken warst?« der Vergangenheit angehören. Sie könnten dann aufhören, den Alkoholiker für etwas zu beschuldigen, was außerhalb seiner eigenen Kontrolle liegt. Angehörige glauben genau das, was Süchtige trotz gegenteiliger Erfahrung auch glauben: Es sei lediglich eine Frage der Selbstkontrolle. Angehörige und Helfer könnten Verhaltensweisen entwickeln, die es ihnen ermöglichen – trotz allen vorangegangenen Erniedrigungen und Beleidigungen –, eine Beziehung mit dem Menschen hinter der Krankheit aufzunehmen. Selbst im Endstadium macht der auf eine Schrumpfpersönlichkeit reduzierte homo alcoholicus nicht sein gesamtes Menschsein aus. Der Suchtprozess ist nicht unser Wesenskern. Er ist nicht das, was wir Süchtige eigentlich sind.

1 Cartesianismus: »Geistiges« und »Körperliches« als zwei radikal verschiedene Substanzen; dualistische Auffassung des Verhältnisses von Seele (Bewusstsein) und Leib.

2 Schmidt, Lothar: Alkoholkrankheit und Alkoholmissbrauch, S. 34
Der Psychoanalytiker Walter Lechler, ein nicht abhängiger Wegbereiter der Gemeinschaft Anonyme Alkoholiker, schreibt diesbezüglich: »Es kann nicht genug betont werden, dass ein innerer Zustand, eine geistige Haltung dem Leben gegenüber chemisch-physiologische Korrelate im Organismus erzeugt, die sich dann ... als chemisch-physiologische Parameter nachweisen lassen. So ist es der Fall auch bei der Dehydrogenase und den vielen anderen Fermenten, deren vermehrtes Vorkommen nicht der auslösende Faktor für die Dosissteigerung, sondern die Folge einer Einstellung und inneren Haltung ist. Krank-Sein führt zur Krankheit.« Ronald D. Laings Aussage dazu: »Wir wissen, dass die Biochemie den sozialen Verhältnissen gegenüber hochempfindlich ist. A priori ist plausibel, dass die Situation des Mattgesetztseins eine biochemische Reaktion bewirkt, die ihrerseits bestimmte Erfahrungs- und Verhaltensweisen fördert oder erschwert.«

Wahrnehmungsdefekte

Verkehrsregeln

Als ich trocken wurde, musste ich alles neu lernen, auch die Verkehrsregeln. Alles hat sich geändert. Ich wunderte mich sehr darüber, dass die Straßen – ich vermute aus Kostengründen – nur noch einen Mittelstreifen haben und nicht mehr zwei!

Bessere Gesellschaft

Es war auf einem Welttreffen der Anonymen Alkoholiker. Eine Teilnehmerin, bereits 50 Jahre trocken, berichtete von ihrer ersten Begegnung mit Mitgliedern einer Selbsthilfegruppe. Ihr Ehegatte, schon in jungen Jahren Professor und angesehenes Mitglied der höheren Gesellschaft, hatte sie nach unzähligen, immer wiederkehrenden alkoholischen Exzessen vor folgende Alternative gestellt: entweder unverzüglich mit einer Selbsthilfegruppe Kontakt aufzunehmen oder das Haus zu verlassen. Tapfer suchte die Frau damals die Nummer der Gemeinschaft im Telefonbuch und traf auf eine freundliche Alkoholikerin. »Pass auf«, sagte diese, »lass uns Auge in Auge miteinander reden, es ist besser, ich komm zu dir. Ich bring eine Freundin mit, wir gehen immer zu zweit. Du brauchst dich nicht zu schämen, sie ist auch Alkoholikerin.« »Oh«, antwortete sie, »in meinem Haus wollte ich eigentlich keine Alkoholiker dulden. Das passt nicht zu uns!«

Jederzeit, wenn ich will ...

Seine Frau lag mit dem Verdacht auf Krebs im Krankenhaus, und er hatte ihr versprochen, wenigstens heute mal nichts zu trinken, denn am Nachmittag sollte das Ergebnis der Untersuchungen bekannt gegeben werden. Sie brauchte ihn.
Auf dem Weg zur Arbeit kaufte er die Abendzeitung und wie jeden Morgen legte der Verkäufer drei Flachmänner dazu. »Heute nur die Abendzeitung«, sagte er forsch und wandte sich zum Gehen. Mit einem Mal fühlte er sich ungeheuer stark: »Na bitte, ich kann dem Zeug widerstehen, es ist gar kein Problem. Wenn ich will, kann ich jederzeit aufhören.« Umgehend eilte er zum Kiosk zurück.

Wahrnehmungsdefekte

Übersinnliche Kräfte bei der Verortung von Rübenschnaps

Jedes Mal, wenn die Verwandschaft gemütlich beieinander saß und der Rübenschnaps kreiste, dauerte es nicht lange und es klopfte an der Tür. Der Verwalter des Hofes trat ein, immer unter irgendeinem fadenscheinigen Vorwand.

So richtig gern mochte den Verwalter keiner auf dem Hof, er war unbeliebt, aber wegen einer Fähigkeit wurde er von allen uneingeschränkt bewundert. Ihm wurde die erstaunliche Gabe zugeschrieben, Schnaps durch jede Türritze riechen zu können, ja, sie trauten ihm sogar übernatürliche Kräfte zu, wenn es um die Verortung von selbst gebranntem Rübenschnaps ging.

Als eines Tages die angereiste Verwandtschaft nach dem Essen wieder einmal zur krönenden Schnapsrunde zusammenfand, wollten sie dem Verwalter gründlich die Tour vermasseln. Sorgfältig klebten sie alle Türlöcher zu und zogen den Korken – bei nur mühsam unterdrücktem Lachen – ganz langsam aus der Flasche. Es entstand tatsächlich nicht das geringste Geräusch. Er konnte unmöglich etwas gehört oder gerochen haben. Aber es war noch nicht einmal die erste Runde vollständig eingeschenkt, da klopfte es an der Tür. Wer war es? Der Verwalter natürlich.

Das Geheimnis um den Verwalter und seine hochempfindliche Nase für alkoholische Getränke ist leicht zu lüften.

Weder enthielt sein geröteter Riechkolben außergewöhnliche Sensoren für Rübenschnaps, noch besaß er übersinnliche Kräfte.

Wovon er jedoch reichlich besaß, war gesunder Menschenverstand. Und dieser sagte ihm, was der Verwandtschaft nicht gegenwärtig war: Egal zu welcher Tageszeit, egal zu welchem Anlass die Verwandtschaft beisammen saß, gesoffen wurde immer.

Gesunden Menschenverstand, einfach nur gesunden Menschenverstand, mehr benötigte er nicht, um an seinen geliebten Rübenschnaps zu kommen.

Fragmente eines Krankheitsbildes

Das Schöne am Rauschzustand
sind die Allmachtsphantasien,
das Dumme ist, dass man irgendwann
wieder nüchtern wird.

Was ergibt es für einen Sinn, wortreich gegen die Zersplitterung der Alkoholforschung zu polemisieren, ständig eine ganzheitliche Sichtweise des Alkoholismus einzufordern, eindringlich auf das multifaktorielle Ursachenbündel hinzuweisen, um dann gleich anschließend einzelne Aspekte der Krankheit herauszugreifen und genauer zu betrachten?

Wenn ich mir verdeutliche, dass ich immer nur einen sehr kleinen Teil des Krankheitsbildes anschaue, mir also meiner beschränkten Wirklichkeitsauffassung bewusst bin, dann sind fragmentarische Betrachtungsweisen durchaus Gewinn bringend. Sie filtern Teilaspekte des Krankheitsbildes heraus, die beim Erkennen und Begreifen der Krankheit hilfreich sind, und sie können auf Rückfallgefahren aufmerksam machen. Die Gefahr einer fragmentarischen Betrachtungsweise ist nur dann gegeben, wenn ich diesen Teilansichten ursächliche Bedeutung zuspreche und versuche, eine Therapie daraus abzuleiten.

Mir gefällt das Bild vom »Haus mit vielen Fenstern«, das Henry James als Metapher für verschiedene Sichtweisen verwendet. Dahinter steht die Auffassung, dass die Welt nicht objektiv konstruierbar ist, sondern lediglich fragmentarisch wahrgenommen werden kann. Ich stelle mir ein Haus mit vielen unterschiedlichen Fenstern vor, von denen aus ich meinen Alkoholismus betrachte. Aus jedem Fenster nehme ich ihn aus einer anderen Sichtweise wahr. Es ist unmöglich, aus allen Fenstern gleichzeitig zu schauen. Selbst wenn es möglich wäre, ich wäre gar nicht in der Lage, diesen Wirrwarr zu ordnen. Die Vielfalt würde mich blind machen.

Fenster 1: Mein erstes Glas und seine Wirkung

Ich fand durch Alkohol Zugang zu Empfindungen und Emotionen, zu Hoffnungen und Träumen und zu Verhaltensweisen, die mir im nüchternen Zustand nicht verfügbar waren.

Des Weiteren war es eine vorübergehend gelungene Flucht aus meiner Gefühlswelt. Der Alkohol schützte mich vor der Realität meiner Gefühle. Ich benötigte viele Jahre Trockenheit, bis ich erkennen konnte, dass der Drang nach der Droge u. a. deshalb so groß war, weil ich für einen begrenzten Zeitraum damit meine Gefühle kontrollieren, beeinflussen und verändern konnte. Ich sehnte mich nach einer Befreiung von Vergangenheit und Zukunft.

Darüber hinaus vermute ich, dass der Stoff in meinem Unbewussten etwas mobilisierte, was mir vom Verstand her nicht zugänglich war, aber gerade deshalb um so erfolgreicher auf mich einwirkte. Unter vielem anderen auch den Wunsch, gegen alle ernst gemeinten Vorsätze immer wieder zu trinken.

Ich weiß, dass vielen das erste Glas Alkohol nicht schmeckt. Sie müssen sich den Genuss erst herbeitrinken. Anderen schmeckt der Stoff ein Leben lang nicht, sie trinken Alkohol ausschließlich wegen der Wirkung. Bei mir war es wiederum ganz anders: Der erste Schluck schmeckte köstlich und die Wirkung war phänomenal. Mir gefiel alles: der Geruch, der Geschmack, die Farbe, die Gläser, die Kneipe, der runde Tisch, der Wirt, die Trinkkumpane, die alkoholischen Gespräche. Urplötzlich, mit dem ersten Glas und vielen folgenden, war alles anders. Schlagartig fühlte ich mich durch die Droge in einen anderen Aggregatzustand versetzt. So wie sich

Wasser in Gas oder Eis verwandeln kann, so verwandelte sich mein Leben im Rausch in einen Zustand beglückender Lebensfreude, durchaus vergleichbar mit dem Zustand, frisch verliebt zu sein. Ich spürte nicht nur eine angenehme körperliche Wärme in den Adern, auch für andere Menschen empfand ich die entsprechende psychische Wärme und zum ersten Mal in meinem Leben fühlte ich mich als gleichberechtigter Teil der menschlichen Gesellschaft. Einige Gläser Alkohol konnten Minderwertigkeitsgefühle, Unzufriedenheit oder Langeweile in Lebensfreude verwandeln. Ich trank nicht, weil es mir schlecht ging, ich trank, um mich in Hochstimmung zu versetzen, was mir durch Betäubung anderer Gefühle die ersten Jahre auch gelang.

Ich kann es mir nur so erklären: Lange Zeit, bevor es zum ersten Glas kam, hatte der Alkohol schon in meiner Seele Fuß gefasst, ich hatte schon auf das Suchtmittel gewartet. Jetzt, mit dem ersten Schluck, konnte die Sucht aktiv werden. Von diesem Zeitpunkt an trank ich dreißig Jahre lang Alkohol, Tag für Tag – mit Ausnahme einiger Abstinenzphasen nach besonders heftigen Abstürzen –, die letzten Jahre von morgens bis abends, kurz vor dem Ende rund um die Uhr. Die Begegnung mit dem ersten Glas war mehr oder weniger zufällig, um alle weiteren habe ich mich aktiv bemüht.

Eine kleine Auswahl aus der Gemengelage meiner Empfindungen in den ersten Jahren: Warm und rosarot erschien mir die Welt, das Leben erschien leicht, locker, heiter, beschwingt. Musik klang noch wunderbarer, noch berauschender, war mir noch zugänglicher. Ich selbst sah mich größer und schöner, wohltuend spürte ich meinen Körper. Ich mochte mich und war mir sicher, in diesem Zustand mögen mich alle anderen Menschen auch. Ich tat viele Dinge, die ich mich sonst nicht traute. Ich wagte zu streiten, verlor meine Hemmungen gegenüber Frauen. Plötzlich empfand ich das, was ich bislang vermisst hatte: Nähe, Geborgenheit, Wärme, verbunden mit einem seligen Gefühl von Unabhängigkeit. Weder Vergangenheit noch Zukunft drückte, ich lebte im Heute.

Und die wundersamste Wirkung: Diese unbestimmte, dumpf bohrende, den ganzen Tag durchdringende unbestimmte Angst war verschwunden. Ich war felsenfest davon überzeugt, dem faden Alltag mit seinen pomadigen Spießbürgern entkommen zu sein. Nicht ich trank zu viel, nein, der Rest der Welt trank zu wenig.

Es war wie eine Offenbarung. Ich glaubte, im wirklichen Leben angekommen zu sein und war sicher, mit Hilfe eines geheimnisvollen Zaubertranks eine mir bislang verschlossene Geheimtür entdeckt zu haben, die mir Zugang in ein Leben ohne Mühen und Plagen eröffnete. Fortan hatte ich nur einen Wunsch: mehr davon! Maßhalten war gegen meine Natur. Dass diese scheinbar das Leben öffnende Geheimtür in Wirklichkeit eine gefährliche Falltür war, die nicht ins Leben hinein, sondern aus dem Leben hinaus führte, konnte ich in letzter Konsequenz erst dreißig Jahre später erkennen. Wenn ich diese Zeilen lese, merke ich, dass das Rauschartige dieses Zustandes auch heute noch in meinen Worten nachklingt. Zumindest höre ich es heraus. Mühelos, zu jeder Tageszeit, kann ich diese Zustände zurückholen und ein Teil von mir sehnt sich immer noch danach. Es erschreckt mich. Ich fürchte mich davor, habe aber gelernt, damit umzugehen.

Später habe ich mich oft gefragt, ob ich mir denn in dieser Zeit niemals Gedanken darüber gemacht habe, dass es so nicht ewig weitergehen konnte. Ich habe sogar häufig daran gedacht, gerade dann, wenn die Droge besonders gut wirkte und der Rausch köstlich war. Nur im Rausch hatte ich den Mut, einen Teil meiner unbewältigten Probleme anzuschauen und über mein Leben nachzudenken. Regelmäßig beschloss ich dann, ein besserer Mensch zu werden, meiner Lebensgefährtin ein verlässlicher Partner zu sein, mein Studium zu beenden und das Leben endlich anzupacken. Wann ich damit anfangen wollte? Heute noch nicht, heute wird noch einmal getrunken, aber morgen, übermorgen ganz gewiss, beginne ich ein neues Leben. So ging es nicht jahre-, sondern jahrzehntelang. Der Rausch garantierte, dass alles folgenlos blieb. Es war die illusionäre Hoffnung, mein Leben mit Hilfe der Droge vertagen zu können auf den Tag, an dem ich alt und reif genug wäre, ohne Stoff zu leben, als ob sich Lebenskunst im Laufe der Jahre von selbst einstellt. Ich hoffte, eines Tages als wertvoller Mensch entdeckt zu werden. Mein illusionärer Anspruch ans Leben wuchs mit der Saufmenge, meine Problemlösungskompetenzen sanken gegen Null. Mich beschützte eine spezielle Form von Wahn: Es könnte alles noch gut ausgehen.

Mein Krankheitsbild veränderte sich fortschreitend, und damit änderten sich auch meine »Ansprüche« an den Alkohol. Nach einigen Jahren stellte sich der köstliche Rausch schon nicht mehr ein, ich wollte nur noch meinen Gefühlen und den unerträglichen Spannungszuständen entfliehen. Am Ende meines alkoholischen Weges ging es mir schon längst nicht mehr um einen Zustand seliger Leichtigkeit im Hier und Heute, ich wollte nur noch die vollkommene Auslöschung jeglicher Kommunikation mit mir selbst, jenen Zustand, den die Mystiker als »Erlöschen des Ichs« bezeichnen. Je schneller, desto besser.

Fenster 2: Was hat der Alkohol mir gebracht?

Für mein neues Leben ist von Bedeutung, dass ich mir darüber Gewissheit verschaffe, was der Alkohol mir sowohl genommen als auch gegeben hat, damit erkennbar wird, wofür ich »Ersatz« herbeischaffen muss. Und mir ist auch klar, dass dieser Ersatz kein Ersatz, sondern von deutlich besserer Qualität zu sein hat. Nur dann schaffe ich es, trocken zu bleiben und langfristig nüchtern zu werden. Warum vermisse ich ihn, obwohl er mir und meiner Mitwelt so unendlich viel Leid gebracht hat?

Wobei hat mir die Droge »geholfen«? Sie half mir, mit den eigenen Unzulänglichkeiten und Defiziten besser fertig zu werden, aber nicht, indem ich sie bewältigte, sondern indem ich ihnen für einen gewissen Zeitraum ausweichen konnte. Mit Hilfe von Alkohol konnte ich den natürlichen Anforderungen des Lebens – gut zu leben ungeachtet unausweichlicher Krankheiten, Gebrechen und Traumata – für lange Zeit entfliehen.

Langfristig entpuppt sich die »Hilfe« von Freund und Helfer Alkohol als gemeingefährliche Täuschung. Der »Freund« verschleiert die wahre Lage, bewirkt lediglich einen Aufschub. Trinken ist keine Antwort auf die Anforderungen des Lebens. Man kann es durchaus schaffen, die natürlichen Bedürfnisse für einen gewissen Zeitraum zu unterdrücken, aber sie sind nicht weg, sie bleiben bestehen. Alkohol tötet keine Gefühle. Auch Sorgen lassen sich nicht ertränken. Sie schwimmen oben. Wie lange auch immer es uns gelingt, die Anforderungen des Lebens künstlich von uns fern zu halten, eines Tages erreichen sie uns doch.

Der Alkohol bringt jedoch auf ganz bestimmte Weise eine gewisse Leichtigkeit ins Leben:
- Ich entkomme – zeitweilig – dem Bewusstwerden der eigenen Defizite. Alkohol kompensiert Minderwertigkeitsgefühle.
- Ich nehme vorübergehend meine Mangelsituation nicht wahr, den Mangel, ohne Droge im Hier und Heute glücklich zu sein.
- Der Alkohol vertreibt – für wenige Stunden – den Hunger und Durst nach wirklichem Leben.
- Alkoholkonsum ist auch eine Prestige- und Statusfrage. Ich kann mithalten, fühle mich anerkannt.
- Der Alkohol neutralisiert – zeitweilig – Schmerzen und Unlustgefühle, vertreibt für kurze Zeit depressive Verstimmungen und Niedergeschlagenheit. Er »hilft« gegen Langeweile.
- Freude oder Schmerz, Liebe oder Hass, Glücklichsein oder Depression, der Alkohol erspart mir den Umgang mit derartigen Empfindungen.
- Der Alkohol ruft eine Illusion echter Gefühle in mir hervor: Nähe, Kameradschaft, Vertrautheit, Geborgenheit, umhüllende Wärme.
- Mir gelingt es, auf leichte, bisher nicht gekannte Weise, Zugang zu anderen Menschen zu finden.
- In meinem Innern habe ich Zugang zu Persönlichkeitsanteilen, die ich nüchtern nicht erreichen kann. Es gelingt mir, andere Anteile zurückzudrängen.
- Subjektiv empfinde ich, dass der Alkohol mein Bewusstsein erweitert, in Wirklichkeit verengt er die Sichtweise, ich differenziere nicht mehr sorgfältig, Pastelltöne interessieren mich nicht mehr, ich nehme die Welt nur noch in den Kategorien schwarz oder weiß, richtig oder falsch, gut oder böse wahr. Diese Ver-

zerrung der Wirklichkeit bietet »Vorteile«: Es lebt sich leichter mit vereinfachenden Bildern, das Leben erscheint durchsichtig und klar.

- Ich entwickle einen Hang zu einfachen Lösungen, und dadurch fallen mir Entscheidungen leichter.
- Grenzen sind kaum noch wahrnehmbar, das wirkt befreiend.
- Im Rausch gelingt mir, was ich im nüchternen Leben nicht konnte: entspannen, vergessen, abschalten, im Heute leben.
- Es ist u. a. die Sehnsucht nach dem sorglosen Vergnügen der Kindheit und der (zum Scheitern verurteilte) Versuch, die Kindheit durch den »Sorgenbrecher« Alkohol chemisch zu verlängern.
- Der Alkohol befreit mich (scheinbar) von der Verantwortung für mein Leben.

In meinem Fall waren es vor allem tief in mir verankerte Sehnsüchte nach idealen Welten, die mich gefangen hielten. Es war der vergebliche Versuch, die Vertreibung aus dem Paradies rückgängig zu machen. Der Alkohol öffnet aber nicht das Tor zum Paradies, sondern das Tor zur Hölle.

Fenster 3: Was hätte mich abhalten können?

Ich kann es mit einem Wort beantworten: Nichts! Nichts hätte mich davon abhalten können. Da, wo vorher in meinem Leben so viel Angst und Unsicherheit war, umhüllte mich plötzlich Wärme und menschliche Nähe, spürte ich Verbundenheit und Zugehörigkeitsgefühl, ein in mir stark verankertes Grundbedürfnis. Wie sollte ich einem Stoff widerstehen, der mir so mühelos zugänglich war und der mir so viel versprach? Warum den geduldigen und beschwerlichen Umweg über die Wirklichkeit – Linderung der Mühsal des Lebens durch Anstrengungen – einschlagen, wo doch die Droge so phänomenal wirkte? Mit Hilfe der Droge hatte ich den für mich gangbarsten Lebenspfad entdeckt, hatte die bestmögliche Anpassung an mein Lebensumfeld erreicht. Und solange ich nicht wankte und nicht schwankte, war ich auch gesellschaftlich akzeptiert. Intelligenz säuft, Dummheit frisst, hieß mein mich »schützender« Glaubenssatz. Zu den Intelligenten wollte ich auf jeden Fall gehören.

Fenster 4: Was macht Alkohol so gefährlich?

Die Krankheit entwickelt sich über einen sehr langen Zeitraum. Bei Menschen, die ein hohes Maß an Alkoholverträglichkeit aufweisen, überwiegen sehr lange die »positiven« Seiten, die von Anfang an parallel dazu verlaufende Destabilisierung der elementaren Lebensgrundlagen wird nicht wahrgenommen.

Auch die gesellschaftliche Akzeptanz und kulturelle Verankerung machen den Alkohol gefährlich. Egal ob bei freudigen oder traurigen Anlässen, von der Wiege bis zur Bahre wird bei uns getrunken. Alkohol ist darüber hinaus eine Droge mit Griffnähe. Die Barriere bei illegalen Drogen ist sehr viel größer. »Stoff« zu beschaffen ist eine tagesfüllende Arbeit, ein gewaltiger Aufwand: Pläne schmieden, um an Geld heranzukommen, den Dealer auftreiben, einen Ort finden, wo man die Droge in Ruhe konsumieren kann. Insgesamt erfordert das viel Energie, auch kriminelle. Im frühen Stadium der Krankheit ergibt sich die Gefährlichkeit des Alkohols auch aus der zu jeder Zeit mühelosen Verfügbarkeit.

Weitere gefährliche Aspekte des Alkohols:
• Der Alkohol beeinträchtigt die Identitätsfindung, ich lebe in einer Scheinwelt. Ich träume mir mit Hilfe der Droge ein Wunschbild von mir und der Welt zusammen. Vordergründig könnte man glauben, die Flucht vor den Fragen des Lebens erspare Anstrengungen und Energien. In Wirklichkeit ist Alkohol ein gewaltiger Energieschlucker. Wir verbrauchen ungeheure Mengen, um den Alkoholismus vor uns selbst und anderen zu verbergen.
• Er zerstört den Wirklichkeitssinn und die Lebenskraft, die wir zur Veränderung benötigen. Es ist eine Deformierung der inne-

ren Lebenswirklichkeit. Grenzen werden nicht erkannt, sondern verkannt. Die den Betrunkenen oft blitzartig erscheinende Welterkenntnis, die dieses Überlegenheitsgefühl herbeiführt, entpuppt sich im Lichte der Nüchternheit als Banalität.

- Alkohol führt zu Wahrnehmungen und Verhaltensweisen, die unser inneres Wachstum hemmen. Wenn ich keinen Zugang mehr zu mir selbst habe, finde ich ihn auch nicht zu anderen. Dadurch verliere ich meine Kontakte zur Außenwelt und werde unfähig zur Kommunikation mit Nichtalkoholikern.

- Die Persönlichkeit verändert sich, indem sie sich auf eine Teilpersönlichkeit reduziert. Unangenehme Anteile meiner Persönlichkeit wie Großsprecherei, Angeberei, Lügen, Selbstmitleid, Tagträume, Minderwertigkeitsgefühle schieben sich in den Vordergrund. Ich isoliere mich von meiner Mitwelt.

- Ich mache Lernerfahrungen auf zwei Ebenen. Einige, wenn ich nüchtern bin, andere, und die sind in der Mehrzahl, wenn ich getrunken habe. Diese Fähigkeiten sind mir dann jeweils nur in dem entsprechenden Zustand zugänglich.

- Der Alkohol verhindert vor allem eine wichtige Lernerfahrung: Das Leben leben lernen, bedeutet auch, sekundäre Befriedigungen schätzen zu lernen, die nicht griffbereit daliegen, sondern die man sich durch Anstrengungen erwerben muss. Manchmal kommt Qualität auch von Qual. Die Erfahrung, dass auch in der Bewältigung von Krisen Zufriedenheit und gelegentlich Glücksmomente stecken, fehlt Süchtigen.

- Alkoholabhängigkeit führt auch zur Vernachlässigung der Ernährung, ein Zustand, der den Körper langsam, aber sicher in eine Ruine verwandelt und die Funktionsweise des Gehirns verändert.

Je weiter der Alkoholismus in mein Leben eindrang, desto größer wurde der Verlust an Verantwortlichkeit mir selbst und allem Lebendigen gegenüber. Auch mein Gefühl für Moral ging verloren. Allmählich zerbröselte der »Schutzschirm«, der mich vor den Realitäten des Lebens »bewahrte«, eines Tages fiel er in sich zusammen. Der Schmerz wurde größer, die Alkoholmenge auch, die Selbstvernichtung auf Raten trieb dem Ende zu.

Fenster 5: Nutzen und Destabilisierung

Von Anfang an befand ich mich in einem gefährlichen Dilemma: Ich benötigte die Droge zum Leben, aber gleichzeitig machte sie mich lebensunfähiger.

Ich benötigte immer mehr, was mich noch lebensunfähiger machte, worauf ich dann erneut den Konsum erhöhte. Der in den Selbsthilfegruppen weit verbreitete Spruch »Alkohol macht alles besser, bis er alles schlechter macht«, entspricht nur vordergründig der Realität. Von Anfang an vergrößerte die Droge die Quelle des Leidens, indem sie meine elementaren Lebensgrundlagen destabilisierte. Einerseits »nützte« mir der Alkohol, er erlaubte mir die Flucht aus dem unberechenbaren Leben, und das über einen erstaunlich langen Zeitraum, andererseits, von Anfang an, parallel zum »Nutzen«, schadete er mir. Der Alkohol verlieh mir Kraft, raubte sie mir aber auch. Erst überwog der »Nutzen«, später der Schaden. Die Quintessenz ist immer dieselbe: Ein unangenehmes Gefühl wird kurzfristig vertrieben, der Schaden wird vergrößert. Was kurzfristig Gewinn abwirft, macht langfristig krank.

Fenster 6: Suchtmittel Alkohol

Wir können grundsätzlich auf alles süchtig werden, sowohl auf Stoffe als auch auf Prozesse (Arbeitssucht, Spielsucht, Religionssucht) oder auf substanz- und prozessgebundene Süchte in kombinierter Form. Wer z.B. regelmäßig Tabletten schluckt, kann nicht nur von der Substanz, sondern auch vom Einnehmen selbst oder von beidem abhängig werden. Die häufig auftauchende These, dass Sucht gleich Sucht ist und dass das Suchtmittel dabei eine untergeordnete oder gar keine Rolle spielt, teile ich aufgrund meiner Erfahrungen nicht. Sie lehren mich, dass spezifische Eigenschaften des jeweiligen Suchtmittels existieren. Alkohol ist ein ganz besonderer Stoff, wenn er mit mir in Berührung kommt. Er hat für mich

ein hohes Suchtpotential mit enthemmender, entspannender und Angst mindernder Wirkung. Auf mich, der ich als Startkapital ins Leben wohl noch zusätzlich eine Suchtdisposition mitbekommen habe, wirkt der Alkohol in ganz besonderer Weise, mit Folgen, die ich nur bei ihm und nicht bei anderen Suchtmitteln habe entdecken können und von denen ich vermute, dass sie bei Menschen ohne Suchtdisposition nicht vorhanden sind. Ich, in meinem Selbstverständnis eine rundum süchtige Person, habe mir immer wieder die Frage gestellt, warum Valium oder Hasch bei mir nicht die gleiche Wirkung hatten wie Alkohol. Ich reagierte auf diese Suchtmittel völlig anders. Trotz durchaus häufigem Missbrauch bin ich nicht abhängig geworden. Ich weiß aber auch, dass diese Drogen bei anderen wiederum zu entsetzlichen Abhängigkeiten führen. Nie kam bei mir der Wunsch auf, diese Drogen regelmäßig zu konsumieren. Auch Nikotin wirkte bei mir nicht. Ich konnte meiner kleinen achtjährigen Freundin Julia zuliebe spontan und ohne größere Anstrengung das Rauchen aufgeben. Dagegen kenne ich eine Frau, die seit über zwanzig Jahren trocken ist und den aufrichtigen Wunsch hat, vom Tabak loszukommen, aber sie schafft es nicht. Die Droge Nikotin wirkt bei ihr sicher anders als bei mir.
Weshalb wählte ich die Droge Alkohol? Es war die eindeutige Überlegenheit des Alkohols als Fluchtmittel gegenüber allen anderen Drogen. Sie hatte zur Folge, dass ich dreißig Jahre lang nur die Flasche umarmte. Andere Drogen interessierten mich nicht.

Fenster 7: Herr oder Knecht?

Immer wieder wird unter Betroffenen und unter Fachleuten die Frage diskutiert, ob der Alkohol uns verführt oder ob wir Süchtigen ihn missbrauchen. Vor allem viele Angehörige gehen davon aus, dass es die Droge ist, die uns ins Verderben treibt. Der Psychoanalytiker Walter Lechler meint dazu: »Ich möchte es als folgenschweren Irrtum bezeichnen, dass der sogenannte ›Süchtige‹ als Sklave der Droge bzw. des Alkohols angesehen wird. Es ist umgekehrt so, dass derjenige, der als Süchtiger sich dem Leben nicht zu stellen vermag, sich stellvertretend Sklaven anheuert, die für ihn das besorgen müssen, wozu er sich selbst nicht in der Lage fühlt.«[1] Ich vermute, dass das Verhältnis von Betroffenen und Droge komplizierter und komplexer ist, als es in der Metapher Sklave/Meister zum Ausdruck kommt. Für mich habe ich die Metapher »Alkohol als falscher Freund« gewählt. Den »falschen Freund« habe ich eines Tages getroffen, war sofort von ihm begeistert, wie alle anderen auch, die ich in meinem Umfeld kannte. Ich habe ihn immer wieder eingeladen, ich wollte, das er mir ständig zur Verfügung stand, ich missbrauchte ihn auch.

Von mir unbemerkt schlich er sich in meine Seele und machte sich unentbehrlich. Wie eine erste Krebszelle sich unerkannt, aber unaufhaltsam durchs Gewebe frisst, so breitete er sich in meinem Leben aus. Zuerst hatte er sich eingenistet, dann fraß er sich fest, zuletzt hat er mich völlig zermürbt und entpuppte sich als Unheil meines Lebens. Dass ausschließlich ich der Täter und der Alkohol nur das Opfer war, daran glaube ich nicht. Es gibt keine Unschuldigen in unserem Verhältnis. Letztlich ist es nichts Neues, es geschieht in menschlichen Beziehungen immer wieder. Zuerst machte der falsche Freund sich mir gegenüber unentbehrlich, dann versperrte er sich meinen Wünschen und zuletzt beherrschte und verdrängte er mich. Nun bin ich es, nicht der falsche Freund, der, wenn er überleben will, einen Weg finden muss, um seine Freiheit wiederzufinden.

Fenster 8: Leugnen und Lügen

Lügen stehen im Zentrum des süchtigen Denkens. Wenn ich als paradigmatischen Bezugspunkt der Alkoholkrankheit die Lüge nehme, dann würde ich Alkoholismus so definieren: Alkoholismus ist die fundamentale Unfähigkeit zur Aufrichtigkeit gegenüber sich selbst und anderen. Alkoholiker sind Meister der Halbwahrheiten und entwickeln sich im Laufe der Jahre zu genialen Lügnern, denen es immer wieder gelingt, sich selbst und ihr Umfeld über die wahre Lage zu täuschen. Ihre Kommunikation entwickelt sich zu einem Lügennetz. Unablässig sind Alkoholiker mit ungeheurem Aufwand dabei, vor sich selbst und anderen zu verbergen, dass der Alkohol bei ihnen Probleme hervorruft. Es ist, als wären Alkoholiker bei dem berühmten türkischen Schelm Nasredin Hodscha in die Lehre gegangen, der sich einen Krug geliehen und nicht wieder zurückgebracht hatte, weil er ihm zerbrochen war. Als man ihm deswegen Vorhaltungen machte, rechtfertigte er sich folgendermaßen: »Erstens habe ich mir gar keinen Krug ausgeliehen. Zweitens habe ich ihn ganz zurückgegeben. Und drittens war er schon zerbrochen, als ich ihn mir ausgeliehen hatte.«

Ein Kriegspressesprecher hat die Aufgabe, die Mitwelt zu verwirren, in der alleinigen Absicht, die eigenen Interessen zu verbergen und den Krieg zu legitimieren.

Ein Alkoholiker mobilisiert einen inneren Kriegspressesprecher, der wie im wirklichen Leben die Aufgabe hat, den Krieg gegen sich selbst und andere zu vertuschen und die Mitwelt systematisch zu desinformieren.

Der Alkoholiker verharmlost, verdrängt, verleugnet, verzerrt. Mit der Zeit fängt er an, wie der Kriegspressesprecher seine eigenen Lügen für Wahrheiten zu halten. Allmählich wird er unfähig, zwischen Wahrheit und Lüge zu unterscheiden. Seine Argumentationskette: Ich verunglücke schon mal, aber gewöhnlich schadet es mir nicht. Andere stürzen auch mal ab. Da sagt keiner etwas. Immer wird nur auf mir herumgehackt. Wenn es Zeit zum Aufhören ist, dann werde ich es auch tun.

Das Ziel ist klar: Es geht um die Aufrechterhaltung der Säuferidentität. Alkoholiker glauben an ihr Lügengebäude, sie selbst sind davon überzeugt, was nachweislich und offensichtlich und für jedermann leicht erkennbar nicht der Wahrheit entspricht. Das macht sie wirklichkeitsresistent.

Im Endstadium der Krankheit schleicht sich ein Wahrnehmungsdefekt ein. Von diesem Zeitpunkt an belügt der Alkoholiker seine Mitwelt nicht mehr bewusst, es ist nicht mehr Berechnung und Raffinesse, um sich einen Vorteil zu verschaffen und das Trinken zu verbergen, sondern er ist selbst davon überzeugt. Die »Schauspielerei« ist nicht gezielt und bewusst, sie ist automatisch und unbewusst. Seine eigenen Lügen kann der Betroffene nicht mehr erkennen, sie sind ein fester Bestandteil seiner Krankheit. Wenn ein Alkoholiker sagt »Ab morgen trinke ich nur noch Bier«, dann glaubt er das, wenn er sagt »Heute Abend werde ich mal nicht so viel trinken«, dann glaubt er das, wenn er sagt »Morgen höre ich auf«, dann glaubt er es, obwohl es den eigenen Erfahrungen widerspricht und sich noch nie bewahrheitet hat.

Auf Dauer kann es nicht gelingen, sich eine Identität zusammenzulügen, Lebenslügen zerbrechen. Hätte ich auch nur eine Lügenkarte aus dem Gebäude herausgenommen, das ganze Kartenhaus wäre zusammengebrochen. So wie ich Tag für Tag immer mehr von der Droge benötigte, so zog auch jede Lüge eine weitere nach sich. Eines Tages fehlte mir die Anschlusslüge.

Fenster 9: Der Süchtige kann keine Abhängigkeit ertragen

Der Süchtige ist ein Mensch, der glaubt, gegenüber anderen und der Welt nicht die geringste Form der Abhängigkeit ertragen zu können. Eine relative Unabhängigkeit interessiert ihn nicht. Aus der Unmöglichkeit, total unabhängig zu sein, ziehen manche Süchtige die Rechtfertigung ihrer Drogenabhängigkeit. Das Paradox: Sie glauben an die absolute Unabhängigkeit, und da sie diese nicht erreichen können, ziehen sie eine völlig abhängige Lebensweise vor. Sie unterwerfen sich dem Diktat einer Suchtstruktur.

Auch ich habe in diese Richtung mehr gefühlt als gedacht. Erst meine Kapitulation hat mich von dieser irrsinnigen Auffassung befreit. Ein gewisses Maß an Autonomie (Eigenständigkeit) im Leben ist überhaupt erst möglich durch die Anerkennung der Interdependenz (Allverbundenheit).

Fenster 10: Schmerzparadigma

Durch Pandora ließ Zeus Schmerzen in Hülle und Fülle über die Welt schütten, der alttestamentarische Jahwe peinigte über die Maßen seinen getreuen Knecht Hiob, selbst die Götter waren nicht frei von Leiden. Wir Alkoholiker möchten es sein.

Schmerzen nicht ertragen zu können, wird immer wieder als Begründung für erneutes Trinken herangezogen. Zweifelsohne gibt es eine Schwelle der Erträglichkeit von Schmerzen, aber Alkoholiker haben die Tendenz, jeden noch so kleinen somatischen Schmerz zu betäuben und jedes psychische Leid schon im Ansatz zu ersticken.

Der Glücksversprecher Alkohol war mein Schmerzenslöser. Auch ich wollte mit Hilfe der Droge meine Empfindungen abschalten. Da ich mich regelmäßig betäubte, konnte ich den Schmerz nicht als Notruf, nicht als ein bedeutsames Signal, das der Körper der Seele übermittelt, wahrnehmen. Es waren Warnzeichen, die unmissverständlich zum Ausdruck brachten, dass ich nicht mehr so weiterleben konnte und durfte wie bisher. Mir war nicht bewusst, dass Schmerzen hilfreiche Wegweiser sind, auf die zu achten sich lohnt. Ich hörte und achtete nicht auf den Schmerz, ich setzte ihn außer Gefecht, nahm ihn, wenn überhaupt, nur noch als Symptom wahr, das ich mit Hilfe der Droge so schnell wie möglich zu beseitigen versuchte. Der natürliche »Alarmdienst« war mit Hilfe des Suchtmittels außer Kraft gesetzt. Wenn die Alarmsignale lauter wurden, dann steigerte ich die Dosis.

Doch ob es Drogen sind oder Medikamente, sie lindern – wenn überhaupt – den Schmerz nur für kurze Zeit. Die unerfüllten Bedürfnisse, die hinter den Schmerzen liegen, bleiben davon unberührt. Langfristig können auch Drogen und Medikamente die schmerzhafte Wahrnehmung der Realität nicht verhindern. Chemie oder prozessgebundene Süchte töten keine Schmerzen, sie überwintern oder wühlen im Verborgenen. Eines Tages erreichen sie uns doch.

Der amerikanisches Suchttherapeut Dan Casriel weist auf die entsprechenden Folgen hin: »Den Schmerz zu verdrängen, lässt ihn nur unerträglich anwachsen und zwingt uns dazu, dass wir uns vom lebenswichtigen emotionalen Kontakt mit anderen absondern. Der Schmerz muss frei gelassen werden, sonst ersticken wir daran, verkümmern emotional oder verschwenden unser ganzes Leben mit irrwitzigen psychologischen Tricks, um den Schmerz nicht zu spüren.«[2]

Wir Alkoholiker sind gut beraten, physische und psychische Schmerzen als notwendig und unerlässlich für unser weiteres Wachstum – als Mittel eines letztlich doch guten Zweckes – zu akzeptieren, statt sie weiterhin als Defekt wahrzunehmen. Vor allem der Arzt Viktor von Weizsäcker hat immer wieder von Zeugungsschmerz und dem Reifungsschmerz gesprochen, von Erziehungsschmerzen, Schmerzen, die wir einfach dulden müssen, wenn wir mit Krankheiten leben lernen wollen. Schmerzen sagen uns, dass wir noch am Leben sind. Sie öffnen unser Bewusstsein für mögliche Lösungen. Angelus Silesius nannte das Leiden ein Ross, das uns am schnellsten zur Vollkommenheit trägt. Genesung bedeutet, den Schmerz anzunehmen und durch ihn hindurchzugehen.

Etwas bescheidener klingt es in den Selbsthilfegruppen: »Da, wo es weh tut, da geht es lang im Veränderungsprozess«, behaupten die Freundinnen und Freunde aus Erfahrung.

Dort habe ich auch in Bezug auf Schmerzen eine wunderbare Erfahrung machen dürfen, die Dan Casriel beeindruckend in Worte gefasst hat: »Schmerz ist eine allgemeine menschliche Erfahrung, die von anderen verstanden und geteilt werden kann. Wir können wertvolle Unterstützung von ihnen erhalten, wenn wir unseren Schmerz ehrlich zeigen.«[3]

---

1 Lechler, Walter H.: Nicht die Droge ist's, S. 17

2 Casriel, Dan: Wiederentdeckung der Gefühle, S. 276

3 ebd.

Alkohol und Gesellschaft

Wer Wasser trinkt, kann auch
sonst nichts Vernünftiges leisten
Kratinos

Der attische Komödiendichter Kratinos, der sich dem Trunk ergab und nicht mehr dichtete – ich unterstelle, er konnte es nicht mehr –, schrieb später noch eine Komödie mit dem Titel »Die Flasche«, in der er in genialer Persiflage sich selbst auf die Bühne brachte. In dieser Komödie spricht Kratinos den bekannten Satz, der für viele Menschen zur Lebensmaxime geworden ist: »Wer Wasser trinkt, kann auch sonst nichts Vernünftiges leisten.« Kratinos gewann damit beim Athener Dichterwettbewerb den ersten Preis.

Kratinos geflügeltes Wort enthält die stillschweigende Annahme, dass Alkohol unabdingbar zum Leben dazugehört und dass es sich ohne ihn nicht lohnt zu leben. Diese von vielen Menschen – ob bewusst oder unbewusst – geteilte und schwer zu erschütternde Überzeugung hat sich bis auf den heutigen Tag erhalten. Ein Vorarbeiter auf dem bäuerlichen Hof meiner Eltern, ein beeindruckender und wortgewaltiger Mann, lieferte die plattdeutsche Variante dazu, sozusagen die Volksausgabe: »Wer geern een mach, de döcht ok wat.«[1] Was gewendet ja auch heißt, wer nichts trinkt, der taugt nichts, dem kann man nicht trauen, dem fehlt das Entscheidende im Leben.

Seit alters her überwiegen in der Beurteilung der Krankheit Alkoholismus moralische Kriterien. Trunkenheit galt und gilt als Sünde.

Schon die Söhne Noahs schämten sich, ihren Vater »nackt« im Zelt liegen zu sehen. Die Einstellung des Puritanismus: Trinken ist ein Geschenk Gottes, aber der Missbrauch ist vom Satan. Die erste Anstalt für Alkoholiker, die 1851 gegründet wurde, ging aus einem »Asyl für Schiffbrüchige und verwilderte Existenzen hervor«. Der Name besagt nahezu alles.

1938 erklärte ein Psychiater mit dem wohlklingenden Doppelnamen Hans Bürger-Prinz: »Die Alkoholiker sind sehr häufig erregbare, zu Tobsuchtsanfällen oder Misshandlungen neigende, willensschwache, haltlose, triebhafte, einsichtslose, lügnerische, hemmungslose, stimmungslabile, leicht schwachsinnige, kriminelle Persönlichkeiten.«[2] Selbst seriöse Zeitungen bezeichneten ihn auch noch nach 1945 als den »großen alten Mann der Psychiatrie«. Wer vermutet, dass Bürger-Prinz ein Einzelgänger war, irrt. Schon 1926 schrieb der Schweizer Psychiater Anton Delbrück: »Es handelt sich bei den unheilbaren Alkoholikern um ein ähnliches, zum Teil dasselbe Menschenmaterial wie bei unverbesserlichen Gewohnheitsverbrechern.«[3]

Für mich sind diese Psychiater Wegbereiter für das Verbrechen, dass unzählige Alkoholiker sterilisiert und ins Konzentrationslager verbannt wurden. Am 10. Juni 1935 beschlossen Psychiater auf einem Fachkongress in München, Alkoholiker gehörten ins Konzentrationslager.

Dieser 10. Juni 1935 ist auch der Gründungstag der Anonymen Alkoholiker. Am selben Tag, an dem Psychiater (psyche: die Seele, iatreia: Heilung) zur gnadenlosen Verfolgung von Alkoholikern aufriefen, knüpften der Börsenmakler Bill W. und der Chirurg Dr. Bob S., zwei von der Wissenschaft als hoffnungslose Fälle aufgegebene Alkoholiker, die erste Masche des AA-Netzes, das, in den folgenden Jahren weitergeknüpft, Millionen von Alkoholikern das Leben retten sollte. Welch seltsame Duplizität von Ereignissen das Leben bereit hält.

1968 wurde Alkoholismus in Deutschland offiziell als Krankheit anerkannt, doch selbst in der Justiz hat sich die Anerkennung als Krankheit nicht durchgesetzt. Die alten Vorannahmen und Wertungen, die alten Klischees und Vorurteile wirken weiter. Das beweist eine rechtskräftige Entscheidung des Finanzgerichtes Köln aus dem Jahr 1990: »Ein Anonymer Alkoholiker muss erst wieder rückfällig werden, bevor die [Fahrtkosten zur] Teilnahme bei den AA als außergewöhnliche Belastung von der Steuer abgesetzt werden kann.«[4] Dieser Urteilsspruch ist von keiner Sachkenntnis getrübt. 1971 urteilte das Bundesarbeitsgericht in Zusammenhang mit einem Streit über Lohnfortzahlung: »Alkoholismus ist eine selbst verschuldete Krankheit.« In der Urteilsbegründung heißt es: »Jeder vernünftige Mensch muss doch wissen, wo er seine Grenze zu setzen hat.«[5] Ein solches Verständnis von Alkoholismus ist nicht nur längst widerlegt, sondern führt dazu, dass die Realität ignoriert und die Probleme verkleistert werden. In seinem Urteil unterstellt der Richter ein Selbstverschulden bei der Entstehung des Alkoholismus. Dann müsste ein Erkrankter bei der Entstehung einer koronaren Herzerkrankung auch selbst schuld sein, weil er beispielsweise zu viel gearbeitet hat. Wer sich die Genesungsprogramme der Selbsthilfegruppen anschaut, es sei den Richtern wärmstens empfohlen, der wird feststellen, dass kein Schlupfloch offen bleibt, um sich mit der Begründung »Es ist ja eine Krankheit« der Eigenverantwortung zu entziehen. Die Verantwortung für die Genesung übernimmt jeder selbst.

Im Laufe der Jahre hat sich einiges verbessert. Aufgrund neuerer Ergebnisse der Suchtforschung definierte 1983 das Bundesarbeitsgericht Alkoholabhängigkeit als eine »in der Regel nicht selbst verschuldete Krankheit«, und weiter heißt es in der Urteilsbegründung: »Zur Entstehung der Alkoholkrankheit sind viele Faktoren notwendig, von denen der Betroffene einige nicht übersehen kann.« Das sind erfreuliche Fortschritte, doch mehrheitlich geht die Gesellschaft auch heute noch davon aus, dass Alkoholismus ein Zeichen von Schwäche und fehlender Selbstbeherrschung ist. Solange ein Mensch Alkohol verträgt und große Mengen ohne sichtbaren äußerlichen Schaden in sich hineinschütten kann, wird er von vielen Menschen bewundert, dieselbe Person aber wird verachtet und ausgegrenzt, wenn die Krankheit sichtbar zum Ausbruch kommt. Trotz vielfältiger Aufklärungsversuche denkt die Mehrheit unserer Mitbürger bei dem Wort Alkoholiker entweder an den torkelnden

Alkoholiker, von dem früher die Witzblätter lebten, oder sie denken an den Wermutbruder mit dem überlangen Mantel, der unter der Brücke nächtigt. Die gesellschaftliche Wirklichkeit hingegen sieht anders aus: Diese Alkoholiker machen gerade mal ein Prozent der Alkoholabhängigen aus.

Von dem »high-functioning alcoholic«, wie er in den USA genannt wird, der nicht in der Gosse liegt, sondern sie in sich trägt, also von neunundneunzig Prozent der Alkoholkranken, wird kaum gesprochen, obwohl jeder in seinem Umfeld Betroffene kennt. Der »gut funktionierende Alkoholiker« besitzt noch einen Arbeitsplatz, hat eine Wohnung oder ein Haus, hat Ehepartner und Kinder und, was keineswegs selten ist, nach außen hin noch einen untadeligen Ruf, vor allem in den so genannten »besseren Kreisen«. Geld und ein stabiles Umfeld können den Niedergang lange verschleiern. Unter Aufbietung aller Energien wird versucht, den äußeren Schein zu wahren. Von außen gesehen wirkt alles noch großartig, innerlich aber »wankt« der Betroffene schon gewaltig und ist kurz vor dem körperlichen, geistigen und seelischen Zusammenbruch. Wenn ich in meinem Definitionsversuch behaupte, dass Alkoholismus die Unfähigkeit zur Gestaltung des eigenen Lebens ist, so steht das keineswegs im Widerspruch dazu, dass ein Alkoholkranker in Teilbereichen des Lebens immer noch zu erstaunlichen Höchstleistungen fähig ist. Ich halte es sogar für denkbar, dass viele »Spitzenleistungen«, die in unserer Gesellschaft äußerst geschätzt werden, nur von einer reduzierten Persönlichkeit erbracht werden können.

Tabuisierung

Es ist erstaunlich und gleichermaßen nachdenkenswert, weshalb nach wie vor diese verzerrenden Bilder und falschen Vorstellungen in den Köpfen der Menschen herumgeistern, obwohl die Alltagserfahrung eine ganz andere ist. Alkoholismus kommt so gut wie in jeder Familie vor. Ist es nicht verwunderlich, wie hartnäckig die alten Bilder haften? Mich wundert es nicht, ich glaube den Grund zu kennen: Alkoholismus ist für viele Familien etwas Undenkbares. Es mag durchaus hier und dort mal vorkommen, aber bei uns doch nicht, lautet der Selbstschutz.

Bricht bei einem Familienmitglied die Krankheit offen aus, dann wird der Mantel des Schweigens darüber ausgebreitet, und in der Familie wird um jeden Preis, wenn schon nicht der innere, auf jeden Fall aber der äußere Frieden gewahrt, damit andere es nicht erfahren. Niemand soll wissen, dass etwas Grundlegendes nicht in Ordnung ist. Deshalb wird in den Familien nicht darüber gesprochen, zum Schaden der Betroffenen wird es schamhaft totgeschwiegen. »Totschweigen« ist der zutreffende Begriff für diesen Sachverhalt.

Der »gut funktionierende Alkoholiker« ist nicht nur weitgehend unsichtbar, weil er tabuisiert wird, er fällt in unserer Gesellschaft auch gar nicht großartig auf, denn suchtgeprägtes Denken und Fühlen durchdringt all unsere Lebensbereiche. Alkoholische Denk- und Verhaltensweisen wie Unehrlichkeit, Selbstbezogenheit, Abhängigkeit und Kontrollbedürfnis finden wir auch bei allen anderen Menschen. Sie sind der Gesellschaft keinesfalls fremd. Ein Alkoholiker kann sich gut verstecken. Er hat es nicht allzu schwer, sich in einer Welt zu verbergen, in der Täuschung, List und Betrug als realitätsgerecht angesehen werden. Alkoholische Verhaltensweisen wie Unehrlichkeit, eitle Selbstbespiegelung, Angeberei, sich selbst überschätzendes Verhalten, großspuriges Benehmen sind in unserer Gesellschaft längst zur Norm geworden. Es gilt durchaus als akzeptabel, wenn nicht gar als notwendig, sich von seinen menschlichen Wurzeln zu trennen. Nicht Unabhängigkeit, Anpassung an den Zeitgeist ist das Ziel. Der Verpackung wird mehr Bedeutung beigemessen als dem Inhalt. Wenn etwas gut aussieht, dann ist es auch gut, lautet der Glaubenssatz. Die entsprechende Strategie: nicht von Innen leuchten, sondern von Außen anstrahlen lassen, eifrig den Glanz der Oberfläche polieren. Wenn das nach außen Präsentierte überzeugend ist, dann werden wir uns erfolgreich dahinter verstecken können. Ist der »gut funktionierende Alkoholiker« nur deshalb so schwer zu erkennen, weil er vielen Menschen so sehr ähnelt? Fällt er deshalb gar nicht auf?

Die Illusion der eigenen Unverletzlichkeit

Gegen die Erkenntnis, dass Alkohol immer Genussmittel und Droge zugleich ist, und gegen die Erfahrung, dass es zwar nicht jeden trifft, aber jeden treffen kann, schotten sich viele ab. Nahezu alle Menschen leugnen in den geheimen Winkeln ihrer Seele die objektiv vorhandenen und unschwer zu erkennenden Gefahren und geben sich der illusionären Gewissheit hin, dass die Möglichkeit, vom Alkohol abhängig zu werden, immer nur die anderen trifft. Wir messen unsere Gefährdung an denen, die aus unserer Sicht gefährdeter sind. Jeder Trinkende kennt immer irgendjemand, der noch gefährdeter ist.

Der Talmud spricht es klar und deutlich aus: »Wir sehen die Dinge nicht, wie sie sind – wir sehen sie, wie wir sind.« Sind wir etwa alle süchtig?

Wer sich selbst unangreifbar fühlt, erliegt allzu leicht der Versuchung, dem Alkoholabhängigen die Verantwortung für seine Abhängigkeit zuzuschreiben und diese Gemengelage der Gefühle wird – oft unbeabsichtigt – zu einer Quelle verletzender Diffamierungen. Darüber hinaus vermute ich, dass aus dieser Dynamik heraus die Gesellschaft tendenziell dazu neigt, im »Kampf gegen den Alkoholismus« nicht tief greifende Reformen anzustreben, sondern sich auf symbolische Aktionen zu beschränken, die das Gewissen beruhigen.

Tabuisieren ist der schwerwiegendste Fehler in der Auseinandersetzung mit dem Alkoholismus: verschweigen, vertuschen, verharmlosen, nicht zur Kenntnis nehmen. Tabuisierung bereitet den Boden, auf dem der Alkoholismus prächtig gedeiht.

Nirgendwo in Westeuropa wird so viel getrunken wie bei uns.[6] Pro Kopf wird in einem Jahr durchschnittlich 12 Liter purer Alkohol getrunken, Säuglinge und Greise mit eingerechnet. Es wird betrunken operiert, gelehrt, Recht gesprochen, verhandelt, geflogen, Auto gefahren. Allein der volkswirtschaftliche Schaden wird auf 25 Milliarden Euro im Jahr geschätzt. Die Hersteller von Alkoholika machen pro Jahr rund 20 Milliarden Umsatz, der Staat kassiert davon vier Milliarden.

In der öffentlichen Meinung gelten Alkoholiker als Problem. In Wirklichkeit sind die Auswirkungen des so genannten »normalen« Konsums wesentlich gravierender: Arbeitsausfall und Arbeitsunfälle, Alkohol im Verkehr, Alkohol und Gewalt, Alkohol und Kindesmissbrauch.

Laut Statistik gibt es 2,5 Millionen behandlungsreife Alkoholiker. Ich persönlich glaube, dass es sehr viel mehr sind. 10 Millionen Deutsche sind laut offiziellen Schätzungen direkt oder indirekt vom Alkoholismus betroffen, auch das dürften deutlich mehr sein. Besonders die Kinder leiden entsetzlich. Nur 30.000 Abhängige werden fachkundig behandelt, 75.000 in Allgemeinkrankenhäusern entgiftet. Das führt in der Regel nur zu dem bekannten »Drehtüreffekt«: vorne trocken aus der Klinik raus, am Kiosk stehen bleiben, hinten in die Klinik wieder besoffen rein. Todesursache Nr. 1 ist nicht, wie viele glauben, Leberzirrhose, sondern Selbstmord. Die Selbstmordrate unter Alkoholikern ist bis zu fünfundsiebzig Mal höher als bei der Durchschnittsbevölkerung.

Die mörderische Qualität des Alkoholismus wird mir besonders bewusst, wenn ich an die 1.800 Babies pro Jahr denke, die an Alkoholembryopathie leiden: Gehirnschäden, Minderwuchs, Untergewicht, Fehlbildungen der unterschiedlichsten Art. Die Ursache: der hohe Alkoholkonsum der Mutter während der Schwangerschaft.

Diese Fakten wirken deshalb nicht alamierend, weil die Folgen des Alkoholismus in ähnlicher Art und Weise tabuisiert werden, wie wir es nur bei den Folgen des Rauchens und des Verkehrs erleben. An den Folgen des Rauchens sterben jährlich 100.000 Menschen in Deutschland. Die Bilanz des »tabuisierten Krieges« der »Heiligen Blechkuh« gegen die Menschen (Frederic Vester): Der Straßenverkehr in Europa fordert jährlich 100.000 Menschenleben und mehrere Millionen Verletzte.

Wie weitgehend Alkoholismus in unserer Gesellschaft tabuisiert wird, lässt sich schon an unserem Sprachgebrauch ablesen. Zur Verschleierung kursieren in unserer Alltagssprache die Realität verzerrende Wortschöpfungen. Trinken wird in der Umgangssprache gleichgesetzt mit Alkohol trinken. Es heißt: Ein kleines Gläschen trinken gehen, oder einen trinken gehen, immer wird das Wort »klein« oder »einen« hinzugefügt, obwohl jeder weiß, dass dies nur sehr selten der Fall ist. Oder: Fröhlich einen zwitschern, einen hinter die Binde gießen, sanft die Leber anfeuchten. Das sind allesamt Verschleierungs- und Verniedlichungsformen. Wer in unserer Gesellschaft Alkohol trinkt, »konsumiert« keine Droge.

Auch die Begriffe, die die Gesellschaft für unser trockenes Leben verwendet, sind bezeichnend. Mit dem Ausdruck »er lebt abstinent« wird auch das nüchterne Leben eines Alkoholikers charakterisiert. Abstinenz heißt wörtlich übersetzt »Verzicht«. In diesem Zusammenhang ist der Begriff unangebracht und irreführend. Ich lebe alkoholfrei, ich habe nichts verloren, im Gegenteil, ich habe etwas gewonnen. Ich verließ meinen Suchtkäfig und eröffnete mir die Chance, das Leben zu ergreifen. Ich verzichte nicht, ich gewinne: an Menschlichkeit, Nähe, Sensibilität, Wärme.

Unser Lebenswandel wird als »asketisch« bezeichnet. Laut Duden bedeutet Askese auch Bußübung oder streng enthaltsame und entsagende Lebensweise zur Verwirklichung sittlicher und religiöser Ideale. Die Menschen denken wohl an den Heiligen Antonius in der Wüste und an die Abkehr von Wein, Weib und Wohlgeruch. Ich lebe nicht enthaltsam, mein Leben ist bunt und lebendig, früher war es anstrengend und fad. Alkoholfrei leben ist eine Art zu leben wie viele andere alternative Lebensentwürfe auch.

Wie wenig Verständnis unsere Gesellschaft gegenüber Suchtkranken aufbringt, zeigt sich auch, wenn es um das Thema »Alkohol in Speisen« geht. Alkoholauszeichnung der Speisen in Kantinen ist für Arbeitnehmervertretungen oft schwer durchsetzbar, auch Gaststätten kennzeichnen die Speisen meist nicht. Alkoholfreies Bier darf sich – gerichtlich bestätigt – alkoholfrei nennen, obwohl es Alkohol enthält und für Betroffene eine gefährliche Rückfall-Falle ist. Empörend finde ich, dass das Problem vor allem von denen nicht ernst genommen wird, die täglich Umgang mit Alkoholikern haben, von den Bedienungen und Wirten, von denen wir erwarten können, dass sie informiert sind. Sie sind es auch, ziehen aber selten Konsequenzen. Betroffene empfinden das zu Recht als rücksichtslos. Zu diesem Sachverhalt wäre auch der Gesetzgeber gefordert.

Folgen der Tabuisierung

Aufgrund der Tabuisierung ist die Gesellschaft beschämend unaufgeklärt über die Volksseuche Alkoholismus. Viele Menschen wissen deshalb nicht, wie sie sich uns Alkoholkranken gegenüber verhalten sollen. Diese Unaufgeklärtheit sorgt aber nicht nur für sonderbares Benehmen Süchtigen gegenüber, sondern sie bekommen auch keine hilfreichen Rückmeldungen aus ihrer Mitwelt, die unter Umständen ihr Leben retten könnten.

Man kann es nicht oft genug betonen: Das Totschweigen dieser Krankheit tötet.

Aufklärung ist angesagt. Über Alkoholismus und Alkoholmissbrauch sollte in der Gesellschaft und in den Familien offen gesprochen werden. Nur eine realistische Einschätzung der Alkoholkrankheit kann verhindern, dass nicht in bester Absicht das Falsche getan wird.

Durch die Tabuisierung werden Süchte, ihre Entstehung und ihre gesellschaftlichen Folgen darüber hinaus bedenklich eindimensional betrachtet. Dass Kindesmissbrauch ein tragender Faktor in der Suchtentwicklung sein kann, wird beispielsweise in Diskussionen über Alkoholmissbrauch in der Regel schamhaft verschwiegen.

An der Tabuisierung scheitern leider auch die hilfreichen Alkoholvereinbarungen in den Betrieben.

Wir haben lange weggeschaut –
Alkohol am Arbeitsplatz

Um weitertrinken zu können, ist ein Alkoholiker bereit, alles aufzugeben: seine Ersparnisse, seine Familie, seinen Freundeskreis, alles lässt er fallen – an seinen Arbeitsplatz jedoch klammert er sich. Deshalb ist der Arbeitsplatz auch der geeignetste Ort, einen Abhängigen konstruktiv unter Druck zu setzen mit dem Ziel, ihm Veränderungschancen zu eröffnen. Doch Führungskräfte und Personal- und Betriebsräte sind beklagenswert uninformiert über Süchte.

Was macht es so schwierig,
offen über Alkoholprobleme zu sprechen?

Es gehört Zivilcourage dazu, einen Kollegen oder einer Kollegin ruhig und bestimmt auf seinen Umgang mit Alkohol anzusprechen. Im Alltag ist es für uns völlig ungewohnt, es widerspricht unserer Kommunikationskultur und gehört aus mehreren Gründen zu den unangenehmsten und schwierigsten Dingen:

- Viele Jahre haben wir weggeschaut, wir sind dafür mitverantwortlich, dass es so weit gekommen ist.
- Es fehlt uns der entsprechende Mut.
- Wir wissen zu wenig über das Krankheitsbild Alkoholismus.
- Uns fehlen praktische Erfahrungen im Umgang mit Alkoholkranken und wir fühlen uns der Auseinandersetzung nicht gewachsen.
- Vor einer Fortbildungsveranstaltung über Alkoholismus haben wir uns gedrückt.
- Wir sind unsicher, ob der Kollege oder die Kollegin wirklich abhängig ist.
- Wir halten Verständnis und Toleranz fälschlicherweise für Hilfe.
- Wir machen immer wieder die Erfahrung, dass wir keinen Zugang zu dem Betroffenen finden. Die Erreichbarkeit von Alkoholkranken liegt jenseits der Ebene des logischen Argumentierens.
- In der Regel haben Helfer nur Kontakt mit nassen Alkoholikern. Begegnungen und Erfahrungsaustausch mit langfristig Genesenden finden kaum statt.

Enttabuisieren ist jedem möglich

Den Sumpf aus Leugnen, Vertuschen und Schweigen trocken zu legen, ist aus meiner Sicht die Hauptaufgabe betrieblicher Suchthilfe. Sucht wird aber überwiegend nur verwaltet oder es werden sinnlose symbolische Aktionen gestartet. Führungskräfte, Personal- und Betriebsräte sollten sich nicht daran beteiligen. Das Wichtigste, was getan werden kann: das Thema enttabuisieren, endlich darüber sprechen, es nicht mehr leugnen, nicht mehr totschweigen. Hier liegt die Verantwortung von uns allen, unser Beitrag, den wir an der »Suchtkarriere« unseres Kollegen oder unserer Kollegin haben. Enttabuisierung ist nicht von Mehrheitsentscheidungen oder Betriebsvereinbarungen abhängig, jeder kann damit anfangen. Heute noch! Diese Form des Umgangs mit Süchtigen enthält große Chancen für jeden Betrieb weit über die Suchtproblematik hinaus. Es würde nicht nur den Betroffenen helfen, sondern gleichzeitig zu einem deutlich verbesserten Arbeitsklima führen. Ich wundere mich schon seit vielen Jahren, dass sich professionelle Suchttherapeuten statt auf Einzelbehandlung nicht auf Betriebstherapie konzentrieren.

Tabuisiert wird, dass in den Betrieben und Verwaltungen – quer durch alle Etagen – gesoffen wird. Es wird nicht darüber gesprochen, offiziell gibt es so etwas gar nicht. Doch Vorgesetzte und Untergebene wissen in der Regel genau, wer in ihrem Betrieb dem Alkohol verfallen ist. Sie decken die Betroffenen, oft genug in bester Absicht. Wird doch einmal etwas unternommen, dann nach dem Schema: Höhergestellte schont man, dem Pförtner rückt man zu Leibe.

Es ist höchste Zeit, dass diese Ungleichbehandlung zwischen unten und oben aufhört. Das ist eine Aufgabe, der sich Personal- und Betriebsräte stellen sollten, die anderen werden es nicht tun. Wegen dieser Ungleichbehandlung scheitern auch oft die hilfreichen Alkoholvereinbarungen in den Betrieben und Verwaltungen.

Häufig werden Alkoholiker am Arbeitsplatz von Vorgesetzten und Kollegen auch ausgenutzt. Weil sie trinken, haben sie permanent ein schlechtes Gewissen und leisten weitaus mehr, als man ihnen abverlangen dürfte. Über einen sehr langen Zeitraum – obwohl ständig unter »Strom« – sind sie fleißige Mitarbeiter. Eilfertig sind sie bereit, Überstunden zu machen oder Extraarbeiten zu erledigen und werden oft schamlos ausgenutzt. Kommt jedoch die Krankheit offen zum Ausbruch, ist die fristlose Kündigung nur noch eine Frage der Zeit.

Wie begegne ich Menschen,
die Alkoholprobleme haben?

Wer jemandem begegnet, der Alkoholprobleme hat, oder als Kollege mit so jemandem zusammenarbeitet, sollte ihm weder mit falsch verstandener Toleranz noch mit Feindseligkeit gegenübertreten, sondern mit zwei Tugenden: Hilfreiches Zuhören und Konfrontation.[7]

Hilfreiches Zuhören fordert von uns zwei Fähigkeiten: Akzeptanz und Empathie. Ich akzeptiere den anderen so, wie er ist. Ich versuche erst gar nicht, ihn durchschauen zu wollen, ich spioniere ihm nicht hinterher, ich verzichte auf alle Kontrollversuche. Empathie bedeutet, in der Lage zu sein, sich in den anderen einzufühlen, aber auch sich selbst mit seinen Augen zu sehen. Hilfreiches Zuhören ist ein großartiges Geschenk, das ich meinen Mitmenschen mache.

Unter Konfrontation verstehe ich die Fähigkeit, mit kommunikativer Klarheit den eigenen Standpunkt zu vertreten. Ich sage dem Betroffenen: »Ich habe in letzter Zeit den Eindruck gewonnen, dass du ein Problem mit Alkohol hast. Im Betrieb wird auch schon hinter deinem Rücken darüber geredet. Heute möchte ich mit dir offen darüber sprechen. Ich weiß nicht, ob du Alkoholiker bist, das kannst nur du selbst herausfinden. Doch ab sofort werde ich dein Problem mit Alkohol nicht länger tabuisieren. Selbst wenn alle anderen es weiterhin tun, ich nicht. Auch deine Arbeit werde ich in Zukunft nicht mehr erledigen. Dafür bist du zuständig. Es gibt vielfältige Hilfen, psychosoziale Beratungsstellen, Suchtberatung, Selbsthilfegruppen, die du in Anspruch nehmen kannst und die dir dabei helfen können herauszufinden, was mit dir los ist. Und sollte sich herausstellen, dass du Alkoholiker bist: Es ist keine Schande, ein Alkoholiker zu sein, es ist aber eine Schande, nichts dagegen zu unternehmen. Wenn du willst und du von dir aus auf mich zukommst, dann werde ich dir zu jeder Zeit dabei helfen.«

Suchtberatung enthält Gefahren

Entscheidend ist, Chancen und Möglichkeiten der Suchtberatung realistisch einzuschätzen. Es kann nicht oft genug betont werden: Grundlage jeglicher Suchthilfe ist Hilfe durch Nichthilfe. Niemals Unselbstständigkeiten fördern, nichts für den Süchtigen erledigen, was er besser selber machen sollte.

Auch Helfer sollten vor der Sucht anderer kapitulieren, wir können niemanden trockenlegen. Die Verantwortung für das Leben eines Süchtigen liegt nicht in unserer Hand. Wenn einer wirklich sterben will, kann ihn niemand daran hindern. Selbst wir Betroffenen können nicht sehr viel mehr tun, als ein trockenes Leben in zufriedener Nüchternheit vorleben und zeigen, dass es sich lohnt, den Suchtkäfig zu verlassen. Das ist die beste, manchmal – in Stunden der Enttäuschung – glaube ich sogar, dass es die einzige Hilfe ist. Wir können nur den Weg zu den Gruppen und zu professionellen Helfern weisen. Alle Betroffenen sollten diese Chance bekommen. Was sie dann daraus machen, liegt ausschließlich in ihrer Hand.

Jeder, der sich mit Sucht beschäftigt, sollte sich im Klaren darüber sein, dass Alkoholismus und andere Süchte ansteckende Krankheiten sind. Es ist sicher kein Zufall, dass Ärzte, Therapeuten, Sozialarbeiter, Krankenschwestern, auch Personal- und Betriebsräte überproportional suchtanfällig sind. Alle Welt vermutet, es sei der Stress, dem sie ausgesetzt sind. Ich vermute etwas anderes: Der Wunsch zu helfen und die damit einhergehenden wertvollen menschlichen Verhaltensweisen, das Zuhörenkönnen, die Empathie, das Einfühlungsvermögen, können schnell in die Überforderung führen, vor allem dann, wenn die Fähigkeit zur Konfrontation fehlt, was ich bei diesen Berufsgruppen häufig registriere.

Suchthelfer und Angehörige als Komplizen der Sucht?

»Ich muss lernen, dass neben den Rauschmitteln du und ich als helfende Komplizen das größte Problem der Abhängigen sind. Weil wir sie nicht verstehen, schaden wir ihnen oft mehr, als wir nützen, und das in allerbester Absicht«, schreibt der bekannte amerikanische Suchtforscher Joseph Pursh.[8] Dieses Zitat gehört meiner Ansicht nach in das Büro eines jeden Suchtberaters. So bedeutsam und unverzichtbar Einzelberatungen sind: Suchthelfer müssen höllisch aufpassen, dass sie sich nicht einspannen lassen und zu Komplizen werden. Alkoholiker sind begabte Manipulateure, mühelos halten sie ganze Kompanien auf Trab. Es gelingt ihnen immer wieder, auch dort Rücksichtnahme, Mitleid und persönliche Anteilnahme zu erzeugen, wo es nicht angebracht ist. Suchtbekämpfung läuft stets Gefahr, sich trotz guter Vorsätze und gutem Willen zu einer neuen Variante des Phänomens Sucht zu entwickeln.

Es lässt sich nicht leugnen: Helfer – Kollegen, Ärzte, Therapeuten oder Suchthelfer in den Betrieben – üben, oft in bester Absicht, Verstärkerfunktionen aus. Das Leid, das Helfer zu lindern versuchen – ich betone es noch einmal ausdrücklich, in bester Absicht – , könnte gerade der Anstoß sein, den der Alkoholiker benötigt, um den Ernst seiner Lage zu realisieren. Aus diesem Grund bin ich auch kein grundsätzlicher Gegner von Kündigungen als dem letzten Mittel, wenn alle Stufen der Alkoholvereinbarung ergebnislos durchlaufen sind, so hart es auch in der heutigen Zeit erscheinen mag. Alkoholismus ist eine tödliche Krankheit und wir dürfen nichts unterstützen, was dem Betroffenen ermöglicht, weiterhin seine Sucht auszuleben.

Leider können aus gesetzlichen Gründen Partner von Süchtigen nicht in die betrieblichen Stufenpläne der Suchtvereinbarungen verpflichtend eingebunden werden. Für mich ist es in Beratungsgesprächen immer wieder faszinierend, mit welcher Selbstverleugnung vor allem Frauen ihre abhängigen Partner decken.

Ausgrenzung

Der alkoholfrei Lebende ist in unserer Gesellschaft ein seltsamer Kauz, ein Normabweicher, ein Außenseiter. Ich gehöre einer Minderheit an, egal ob ich trinke oder trocken lebe. Jede Minderheit wird, beabsichtigt oder unbeabsichtigt, ausgegrenzt. Darüber sollten wir Süchtigen nicht wehleidig lamentieren, sondern es akzeptieren. Mein Lernziel: die Möglichkeit des Andersseins zu ergreifen und mich im Anderssein wohl zu fühlen. Erwarten dürfen wir, dass man sich nicht lustig über uns macht oder gar feindselig begegnet und dass man auf unsere Krankheit Rücksicht nimmt.

Nicht nur die bösartigen und verletzenden Diskriminierungen, denen wir manchmal ausgesetzt sind, machen uns zu schaffen, die alltäglichen Ausgrenzungen sind sehr viel gefährlicher. Gerade weil wir diese Ausgrenzungen meist unbewusst wahrnehmen, gerade deshalb sind sie außerordentlich wirksam. Sie rufen ein Gefühl der Einsamkeit hervor und sind massive Verletzungen unseres Selbstwertgefühls. Meiner Meinung nach werden die Gefahren, die von diesen nur scheinbar harmlosen Ausgrenzungserfahrungen im Alltag ausgehen, von vielen Abhängigen nicht sensibel genug wahrgenommen. Auch in den Selbsthilfegruppen wird viel zu selten darüber gesprochen.

Was ich nur schwer akzeptieren kann, ist, dass ich mich in Gesellschaften dafür zu rechtfertigen habe, dass ich keinen Alkohol trinke. Weshalb fällt es vielen Menschen so schwer, diese Tatsache zu akzeptieren? Mit welchem Recht wird mir dafür eine Begründung abverlangt?

Leben wir in einer alkoholischen Gesellschaft?

Unsere Gesellschaft weist viele Merkmale auf, die für Alkoholiker und andere Süchtige typisch sind. Inhaltlich weisen viele Wegweiser in Richtung alkoholischen Denkens: immer größer, immer höher, immer weiter, immer schneller, verbunden mit einem Wahrnehmungsdefekt für die Folgen. Alkoholische Denkprozesse finden wir auch in der Politik. Verwirrung wird in der politischen Kommunikation zur Norm: vage Aussagen, Halbinformationen, aufgeblasene Spektakel, gezielte Falschinformationen.

Unser Umgang mit der Natur entspricht dem Umgang eines Alkoholikers mit seinem Körper und seiner Seele. Als Gesellschaft verwirtschaften wir durch rein quantitatives Wachstum unsere natürliche Mitwelt und zerstören unsere elementaren Lebensgrundlagen. Kurzfristig schafft das quantitative Wachstum Nutzen, höhere Einkommen und den damit verbundenen Konsum, gleichzeitig zerstören wir langfristig in diesem Prozess unsere natürliche Mitwelt, ohne die wir nicht leben können. Der Alkoholiker schreibt im Stehausschank an, die Gesellschaft bei der Natur.

Sind wir durch und durch eine Suchtgesellschaft?

Irgendein Gefühl hält mich davon ab, so weit zu gehen wie die amerikanische Suchtforscherin Anne Wilson-Schaef, die unsere Gesellschaft als Suchtgesellschaft interpretiert. Ich kann mich ihrer Argumentation dennoch nicht entziehen: »Die Gesellschaft trägt alle Merkmale und vollzieht alle Prozesse, die für den Alkoholiker oder Süchtigen typisch sind. Es funktioniert aufgrund genau derselben Mechanismen ... Und wie beim Süchtigen müssen wir auch bei der Gesellschaft feststellen: Sie hat eine Krankheit. Sie ist nicht selber die Krankheit. Erst wenn die Gesellschaft zu ihrer Krankheit steht, kann sie gesund werden.«[9] Die Behauptung, die Gesellschaft vollziehe alle Prozesse eines Suchtsystems, geht mir zu weit, doch ich kann diese These auch nicht widerlegen. Es ist eine hochinteressante Spekulation, die zum Weiterdenken anregt.

Sehr viel radikaler noch als bei Anne Wilson-Schaef fällt die Analyse von Karl A. Geck aus. Er geht davon aus, dass unsere Gesellschaft schon längst in der Schlussphase, in der chronischen Phase eines Alkoholikers steckt.[10]

Ich hoffe, dass er Unrecht hat. Die Gesellschaft hat sich in der Vergangenheit stets flexibler erwiesen, als es Weltuntergangspropheten vorausgesagt haben. Wissen kann ich es nicht. Auch Gecks Argumente beeindrucken mich.

Ich stelle mir folgende Fragen: Wird die Biografie eines Alkoholikers zu einer Diagnose einer zutiefst kranken Gesellschaft? Wie weitgehend ist unsere Gesellschaft suchtgeprägt? Schaffen wir den ersten Schritt in eine andere, gesündere Richtung ohne revolutionäre Umwälzungen? Oder suchen wir insgeheim ein Ende mit

Schrecken, weil wir aus der Umweltzerstörungspolitik nicht mehr herausfinden? Ist keine Bremse mehr eingebaut? Wann ist der Tiefpunkt erreicht? Ist er schon erreicht, habe ich es nur noch nicht bemerkt? Ist er schon überschritten? Will man Niedergang und Siechtum durch aktive Selbstzerstörung zuvorzukommen?

Ich hoffe auf einen Reformweg und hoffe, dass der Gesellschaft Zäsuren und Bruchstellen wie bei uns Alkoholikern erspart bleiben. Revolutionäre Umwälzungen sind in der heutigen Zeit überlebensgefährlich, denn neben der Sprache hat die menschliche Gattung mit Hilfe der Technik einen weiteren fundamentalen Unterschied zu den Tieren geschaffen: die Selbstvernichtungskompetenz. Das, was in Milliarden von Schöpfungsjahren entstanden ist, kann durch Entfesselung der Atomkraft von Wenigen in wenigen Minuten unwiderruflich in die Luft gesprengt werden. Diese »neue und unerhörte Situation« (Günther Anders) löst existenzielle Ängste in mir aus, von denen mich niemand befreien kann. Ich lebe mit diesen Ängsten und bin entsetzt darüber, dass diese existenzielle Bedrohung der Gesellschaft aus dem Blickfeld geraten ist. Aber ich lebe auch mit der Hoffnung, dass auf diesem unübersichtlichen Planeten kleine winzige Richtungsänderungen möglich sind. Es gibt kein Naturgesetz, dass die Welt so ist, wie sie jetzt ist. Sie ist Menschenwerk.

Was bleibt? Ich bescheide mich mit der chinesischen Weisheit, bei mir selber anzufangen, wenn ich Veränderungen herbeiführen will. In den Bereichen, in denen ich Einflussmöglichkeiten habe, versuche ich es. Vielleicht gelingt es mir in meinem Wirkungsbereich, ein klein wenig ansteckende Gesundheit zu verbreiten. Ich vertraue auf die ansteckende Wirkung meiner Nüchternheit und darauf, dass dieser Prozess millionenfach auf den verschiedensten gesellschaftlichen Ebenen ablaufen könnte, wenn nur genügend Menschen bereit wären, sich auf den Weg zu machen. Ich halte die weit verbreitete Meinung, dass der Einzelne in unserer Gesellschaft nichts ausrichten kann, nicht nur für eine bequeme, sondern vor allem für eine gefährliche Ausrede.

Wir Süchtigen sollten uns im Rahmen unseres individuellen Genesungsprogrammes zu unserer gesellschaftlichen und politischen

Verantwortung bekennen und uns, ausgehend von unseren Erfahrungen, Gedanken über die Zukunft der Menschheit machen. Ich mache mir diese Gedanken sehr viel nachhaltiger, als es durch diese wenigen Zeilen den Anschein hat. Auch Bill W., einer der Mitbegründer der Gemeinschaft Anonyme Alkoholiker, eine Persönlichkeit mit Wegweiserqualitäten, vermutete, »dass die Irrtümer des Alkoholikers dieselben sind wie die Kräfte, die heute die Welt aus den Fugen reißen«. Auch ich glaube daran. Welche Schlussfolgerungen zog er daraus? Demutsvoll empfahl er der Gemeinschaft, sich zu beschränken. Anonyme Alkoholiker wollen nicht die Welt retten, sondern bestenfalls ein paar hoffnungslose Säufer. Darüber bin ich nicht nur froh, sondern glücklich. Ansonsten hätte ich die Befürchtung, dass die Gemeinschaft, der Millionen Süchtige in 160 Ländern der Erde ihr Leben verdanken, uns in kürzester Zeit um die Ohren fliegt. Die Weisheit liegt in der Beschränkung. Das Wichtigste zuerst: Trocken sein ist nicht alles, aber für einen Alkoholiker ist alles andere ohne das nichts. Allein für diese Empfehlung hätte Bill W., dieser kluge und weitsichtige Kopf, den Nobelpreis verdient.

Aufstieg und Fall des Alkoholikers Harald J.

Exemplarisch für den gesellschaftlichen Umgang mit der Volksseuche Alkoholismus ist die Leidensgeschichte des Alkoholikers Harald Juhnke. Die Berichterstattung der Medien, vom Boulevardblatt bis zur Intellektuellenpostille, ähnelte der Reportage eines Boxkampfes, der Verlauf seiner tödlichen Krankheit wurde bis zur Unkenntlichkeit versportlicht: Ist er endgültig gefallen oder steht er wieder auf? Der Leidensweg eines Künstlers als öffentliche Lustbarkeit. Juhnkes Aufstieg und Fall dokumentieren, wie gnadenlos ein alkoholisches System funktioniert.
Rauschähnliche Triumphe, lebensgefährliche Abstürze, das machte ihn beliebt, das war sein Leben. Egal in welch künstliche Paradiese der berühmte Entertainer mit Hilfe der Droge geflohen war, egal

in welcher Hölle er wieder aufwachte, egal wie schmerzhaft er unten aufschlug, immer wieder erschien er auf der Bühne.

Er war der Inbegriff des Stehaufmännchens. »Harald, du schaffst das schon«, schallte es ihm allerorten entgegen und man fühlte sich erleichtert. Gott sei Dank, die da oben, die Prominenten, die saufen auch, wir befinden uns in guter Gesellschaft. Dass es sich beim Alkoholismus sowohl um eine ansteckende als auch tödliche Krankheit handelt, wollte sowieso niemand wissen. Hemmungslos wurde Juhnkes Krankheit vermarktet: Du lieferst uns deine Abstürze, wir erhöhen deinen Marktwert, wenn die Auflage steigt, steigst du mit. Und alle profitierten davon: die Bars und die Kneipen, die Bunte und Bild, die Ärzte und die Kliniken, und – nicht zuletzt – die erprobten psychologischen Ferndiagnostiker.

Eines Tages, wie nicht anders zu erwarten, es war alles nur eine Frage der Zeit, war es dann soweit: In einer schäbigen Kaschemme stürzte er ab. Er kam nicht mehr zurück. Das Spiel war aus. Auf dem Weg zum Friedhof zwischengelagert in einem Pflegeheim, verbringt er seine Tage, entmündigt, fest davon überzeugt, er befinde sich mitten in Dreharbeiten. Das Wissen, was hätte helfen können, existiert. Doch dann hätte man sich nicht für das Marktprodukt Juhnke, sondern für den Menschen Juhnke interessieren müssen. Nicht der Mensch stand im Mittelpunkt, sondern der Profit, das marktfähige Produkt interessierte, nicht die Person.

Waren die Medien schuld? Zweifelsohne lauerten sie auf ihre Chance. Es war ein willkommenes Unterhaltungsspektakel. Das Muster ist bekannt: Erst einmal den Künstler mit einer glanzvollen Aura umgeben, um ihn dann um so effektvoller in den Staub zu stürzen. Wer ein Forum bietet, wo die Würde des Menschen verletzt wird wie im Falle von Harald J., und auch noch daran verdient, darf sich nicht damit herausreden, dass er nicht dafür verantwortlich ist, was ein Künstler auf seiner Lebensbühne treibt. Ich benutze das Wort »würdelos« äußerst selten, aber in diesem Fall halte ich es für angebracht: Es ist würdelos, was dort aufgeführt wird.

Benötigen die Medien ihre Menschenopfer, wie der Satiriker Emil Steinberger schreibt? Es führt in die Irre, dem bunten Blätterwald mit dem eingebauten Unterhaltungsbedürfnis die Schuld zuzuschieben, es wäre eine Verzerrung der Wirklichkeit. Der Meister selbst kokettierte mit seiner Sucht. Augenzwinkernd machte er Werbespots für Müllermilch und telefonierte im Suff mit »Bild«. Wer benutzte hier eigentlich wen? Jeder benutzte jeden. Die Medien benutzten ihn, er benutzte die Medien. Und wer ist schuld an dem bösen Ende? In einem alkoholischen System gibt es keine Schuldigen oder Unschuldigen.

Gab es keine Rufe in der Not? Es gab sie, und sie hätten gehört werden können.

Harald Juhnke in einem Interview: »Was soll ich tun, ich lass es einfach laufen. Ich grab mich ein, man ist nur noch ein Fossil. Hinter meinen Augen bin ich tot. Aber ich bin ein ganz normaler Mensch, ich bin wie alle anderen.«[11]

Wer so empfindet, lebt auf Abruf. Der letzte Satz war ihm wohl der wichtigste: nur nicht anders sein als die anderen. Dabei wäre es für ihn, den so vielseitig Begabten, sehr viel einfacher gewesen, die Möglichkeit des Anderssein zu ergreifen, um als Minderheit in einer alkoholischen Gesellschaft zu leben. Ja, es hätte ihm leichter gelingen können als seinen Fans, den Alkoholikern Hinz und Kunz und Krause um die Ecke.

1 Wer gerne einen trinkt, der taugt auch etwas.

2 zit. nach Zocker, Horst: betrifft: Anonyme Alkoholiker, S. 24

3 zit. in der Zeitschrift AA-Dach Nr. 2/2003, S. 3 (Beitrag von Lothar Schmidt)

4 zit. nach Müller, Franz B.: Der Betonspringer, S. 293

5 zit. in der Zeitschrift AA-Dach Nr. 2/2003, S. 3 (Beitrag von Lothar Schmidt)

6 Die im Folgenden angeführten Zahlen, die Alkoholkonsum und dessen Folgen betreffen, kommen von der Deutschen Hauptstelle gegen die Suchtgefahren in Hamm, einige sind einem Artikel aus der Zeitschrift Stern Nr. 21 vom 15. Mai 1997 entnommen.

7 Schulz von Thun, Friedemann: Miteinander reden Band 2; siehe auch Heckel, Jürgen: Frei sprechen lernen, S. 101 ff

8 zit. nach Zocker, Horst: betrifft: Anonyme Alkoholiker, S. 122

9 Wilson-Schaef, Anne: Im Zeitalter der Sucht, S. 14

10 Geck, Karl A: Suchtgesellschaft vor dem Entzug. In Lechler, Walther H.: Nicht die Droge ist's

11 zit. nach Zocker, Horst: betrifft: Anonyme Alkoholiker, S. 73

Ausstieg und Einstieg
Wege aus der Abhängigkeit

Aufgabe und Annahme: Kapitulation

Wohlan denn, Herz, nimm Abschied und gesunde!
Hermann Hesse

Tief greifende Umbrüche beschädigen unser Leben, verunsichern unsere Lebensweise, führen oft zu vielfachem Leid. Aber gerade in dieser Verunsicherung – vorausgesetzt unser Urvertrauen wird nicht völlig zerstört – liegt auch eine große Chance. Dank der mit der Notsituation verbundenen höheren Sensibilisierung nehmen wir die Welt offener und unvoreingenommener wahr. Die Erkenntnis, geirrt zu haben und schwerwiegenden Fehleinschätzungen zum Opfer gefallen zu sein, kann eine wichtigere Lebenserfahrung sein als die, immer alles richtig und fehlerlos gemacht zu haben. Aus Niederlagen lernen wir mehr als aus Erfolgen. Schmerzliche Umbruchsituationen schaffen ein hohes Maß an Bereitschaft, sich von alten Vorstellungen zu verabschieden und neue und andere Verhaltensweisen anzunehmen.

Der Tiefpunkt ist ein Ereignis, Kapitulation ist ein Prozess

Der Tiefpunkt im Leben eines Alkoholikers ist ein Zusammenbruch, verbunden mit einem tiefen Bewusstseinsschock, eine bis auf den Grund erschütternde Erfahrung, ein totaler Bankrott.

121

Es war nur ein winziger Augenblick, in dem ich, kurz und grell, wie von einem Blitz erleuchtet, mein wirkliches Leben anschauen konnte und tief in meinem Inneren spürte: Ich hatte in allen Bereichen meines Lebens versagt. Jedes Nichts ist besser, als so weiterleben wie bisher. Es ist genug. Ich höre auf. Das waren die Signale meines Tiefpunktes.

Kapitulation dagegen ist Aufgabe und Annahme zugleich: Loslösung vom Alten und die Öffnung zu Neuem. Kapitulation ist eine Art Neugeburt, ein vollständiger und tief greifender Wandel meiner Grundüberzeugungen und Sichtweisen und der damit verbundenen Handlungen.[1]

Es ist ein Neuanfang: körperlich und seelisch, geistig und sozial. Dieser Prozess entwickelt sich bei einem »normalen« Wachstumsprozess im Laufe der Jahre kontinuierlich. Bei der Kapitulation handelt es sich um eine »besondere, schnell verlaufende Abkürzung zu einem korrekteren Geisteszustand«.

Ist beim Tiefpunkt die Erkenntnis, so nicht mehr weiterleben zu können, eine Entscheidung gegen den Tod, so entscheide ich mich mit der Kapitulation nicht nur gegen den Tod, sondern gleichzeitig für das Leben.

Der Tiefpunkt ist ein günstiger, vielleicht sogar ein einmaliger Augenblick mit Signalwirkung, um grundlegende Veränderungen anzustoßen. Bei der Kapitulation handelt es sich um einen lebenslangen Prozess. Oberflächlich betrachtet mag es wie eine »Bekehrung« erscheinen, aber in Wirklichkeit ist es ein fortwährendes Reifen, eine allmähliche Befreiung von alkoholischen Leitbildern.

Der Tiefpunkt ist ein Signal, dass eine Veränderung unumgänglich ist, die Kapitulation ist der erste Schritt in die Veränderung.

Viele Alkoholiker sind bedauerlicherweise nicht in der Lage, diesen lebenslangen Kapitulationsprozess zu vollziehen und Kapitulation als Voraussetzung fürs Überleben zu akzeptieren. Die Kapitulation gelingt ihnen bedauerlicherweise nur für einen begrenzten Zeitraum. Der Rückfall ist dann nur noch eine Frage der Zeit.

Der Anfang vom Anfang vom Neuanfang

Insgesamt kapituliere ich vor meiner Lebenseinstellung und der damit verbundenen bisherigen Lebenskonzeption, aber der erste, unverzichtbare Schritt, mit dem die Reise in ein neues Leben beginnt, ist die Kapitulation vor dem Alkohol. Als Allererstes akzeptiere ich bedingungslos die Tatsache: Wenn ich mich auf die Flasche einlasse, besiegt sie mich. Vorbehaltlos gestehe ich mir diese Niederlage ein. Es ist für mich aufgrund von bitteren Erfahrungen undenkbar, dass ich gegen den Alkohol ankämpfen und gewinnen kann. In mir wirkt eine Tendenz nach »immer mehr«, die nicht heilbar ist. Dieses auch mir unbegreifliche Verlangen entzieht sich meinem Willen. Der Versuch, die Willenskraft anzuwenden, kommt dem Versuch gleich, sich an den Haaren aus dem Sumpf zu ziehen. Das gelang bislang nur dem edlen Herrn von Münchhausen. Und der war, es ist allgemein bekannt, ein Lügenbaron.

Als hilfreiche Metapher erweist sich für mich ein Bild der amerikanischen AA: »Du bist nicht der Kapitän deiner Seele.« Der Kapitän kann die Nüchternheit noch so oft befehlen, die Mannschaft verweigert die Gefolgschaft. Ich füge für mich noch hinzu: Der Leichtmatrose Hein Bonekamp gewinnt, wenn ich mich mit ihm einlasse, bei mir immer. Mein Projekt »Sich das Leben nehmen – das lebendige Leben als Alternative zur Sucht« scheitert, wenn ich nicht trocken bin.

Ich akzeptiere, dass meine Gesamtpersönlichkeit, egal ob trocken oder nass, eine Alkoholikerpersönlichkeit ist. Es genügt nicht, es einfach nur auszusprechen, Kapitulation als Lebenshaltung muss tief im Innersten empfunden werden. Die Erfahrung zeigt, dass die Annahme durch den Verstand leichter erfolgt als durch das Gefühl. Zwischen beidem liegt meist ein langer Weg.

Die Einsicht in die Notwendigkeit, vor dem Alkohol zu kapitulieren und den nicht zu gewinnenden Kampf einzustellen, verdanke ich den Anonymen Alkoholikern.

Ich konnte endlich akzeptieren, dass ich Alkoholiker bin. Das ist die Erfahrung meines Lebens, und ich versuche fortan – einmal Alkoholiker, immer Alkoholiker – mit den damit verbundenen Stärken und Schwächen zu leben. Wer trocken bleiben will, muss sein Leben von Grund auf ändern. Woher aber nehme ich angesichts meiner Katastrophen und dem Verlust an Lebensenergie die Kraft, mein Leben umzuorganisieren? Woher kommt mit einem Mal der Mut, sich den Anforderungen des Lebens zu stellen?

Das Geheimnis beruht auf einem Paradoxon: Meine Kraft zur Lebensgestaltung gewinne ich zurück, wenn ich die Tatsache, Alkoholiker zu sein, vorbehaltlos akzeptiere, meine Machtlosigkeit gegenüber dem Alkohol eingestehe und das Dagegen-Ankämpfen aufgebe. Das Eingeständnis der Niederlage ist die Voraussetzung dafür, wieder aufstehen zu können. Wenn ich aufhöre zu kämpfen, dann kann ich gewinnen, wenn ich gegen meine Suchtstruktur kämpfe, verleihe ich ihr nur noch mehr Macht. Für mich war es eine sensationelle Entdeckung, dass aus Einsicht in Machtlosigkeit Stärke hervorgeht. Die Erfahrung lehrt mich, dass es äußerst machtvoll ist, wenn ich die Sinnlosigkeit meiner Kontrollillusionen einsehe. Plötzlich war eine völlig ungewohnte Bewegung in meinem Leben. Es wurden Kräfte frei, mit deren Hilfe ich mein Leben so umorganisieren konnte und kann, dass es mir ohne Alkohol deutlich besser gefällt.

Der Kampf gegen die Abhängigkeit macht abhängig

Was macht es uns Süchtigen so schwer, den Weg der Kapitulation zu beschreiten? Wir orientieren uns, ohne dass es uns bewusst ist, an dem in unserer Gesellschaft fest verankerten Beobachtungsschema Sieg und Niederlage. Diese Vorstellungen finden sich auch in der Alltagssprache: Er hat den »Kampf gegen den Alkohol« aufgenommen, er hat den »Alkohol besiegt«, er hat nach »langem Kampf gegen die Droge« doch »verloren«. Diese Formulierungen lenken unser Denken, unsere Gefühle und Handlungen: »Das wäre ja noch schöner, wenn ich mir von meinem Körper etwas vorschreiben lasse. Ich bin doch kein Weichei wie die anderen, ich kann mich zusammenreißen. Ich gebe nie auf, ich kämpfe!«

Es ist hinreichend bekannt, dass diese Bewertungen in die falsche Richtung weisen, trotzdem beherrschen sie immer noch Berichterstattung und Diskussionen und bestimmen den Umgang der Gesellschaft mit uns Süchtigen. Es ist die Aufspaltung in Geist und Materie, oder in diesem Fall in bewussten Willen und den Rest der Persönlichkeit. Wir erliegen der Illusion, dass beide unabhängig voneinander existieren und sich wie zwei Boxer im Ring gegenüberstehen. Die fatale Folge aus dieser Sicht ist die Überzeugung: Wenn ich gut trainiere und von außen noch Unterstützung bekomme, dann kann ich den Alkohol besiegen. Die Wahrheit ist jedoch: Jeder Sieg über die Flasche bringt uns der Niederlage näher. Gegen die Sucht anzukämpfen, ist die Idee des Sieges über das Verlangen unseres Körpers, und es ist der Wunsch, Sieger zu sein, der uns zu diesem Denken verleitet. Alkoholiker und Flasche halten es erstaunlich lange miteinander aus, und da für viele Jahre kein eindeutiger Sieger auszumachen ist, findet die Idee des Sieges ihre Fortsetzung in der Idee der Kontrolle und dem Versuch, die Sieger-Verlierer-Beziehung auf Dauer festzuschreiben.[2]

Was macht einem Alkoholiker die Kapitulation so schwer? Trockensein ist mir im Endstadium meiner Sucht bis zu einem halben Jahr relativ mühelos gelungen, meist nach einer Katastrophe, die ich nicht als Folge meines Alkoholismus ansah, sondern als einen einmaligen Unglücksfall interpretierte, an dem nicht ich schuld war, sondern immer nur die anderen. Blieb ich einige Zeit danach trocken, fühlte ich mich als Sieger, als Gewinner, ich hatte es wieder mir selbst und allen anderen bewiesen: Wenn ich nur will, kann ich das erste Glas stehen lassen. Ich kann aufhören.

Auf Kapitulieren konnte ich mich nicht einlassen, denn das hätte für mich das Eingeständnis bedeutet, ein Versager zu sein. Die Erkenntnis, dass Machtlosigkeit zuzugeben eine mutige Tat sein kann, weil es die Bereitschaft bedeutet, sich der Realität zu stellen, lag außerhalb meines Vorstellungsvermögens.

Meine Einstellung und Haltung wurde zusätzlich durch mein Umfeld verstärkt. Freunde und Angehörige ermutigten mich, stark zu sein, mich zusammenzureißen und jeglicher Versuchung tapfer zu widerstehen. Ich stimmte mit der Sichtweise meines Umfeldes überein, ich wusste es ja auch nicht besser.

Wieso sollte das ein aussichtsloser Kampf sein? Solange ich kämpfte, war ich von der Hoffnung beflügelt zu gewinnen, und solange ich kämpfte, kam ich gar nicht auf die Idee, mir andere Strategien zu überlegen und auszuprobieren. Und wenn ich verloren hatte, dachte ich, dass ich einen noch stärkeren Willen entwickeln müsste, dann würde ich das nächste Mal gewinnen.

Alkoholische Probleme haben auch dann die Tendenz, sich zu verschlimmern, wenn ich nichts unternehme, sie neigen zur Eskalation, wenn eine falsche Lösung angestrebt wird. Besonders gefährlich wird es, wenn fortlaufend ein »Mehr« einer falschen Lösung angewandt wird. Diesen Mechanismen gegenüber war ich blind. Ich kam gar nicht auf die Idee, dass gerade die in bester Absicht und mit großer Unterstützung meines Umfeldes versuchte Lösung das Problem sein könnte und dass ich meine Krankheit gerade mit diesem Lösungsansatz immer weiter verkomplizierte. Felsenfest war ich davon überzeugt, mit meinem Willen auf eine zuverlässige Bremse zu treten, um den alkoholischen Prozess anzuhalten, um dann – immer wieder – die Erfahrung zu machen, dass das Fahrzeug nicht bremste, sondern schneller wurde, weil das, was ich für die Bremse hielt, das Gaspedal war.

Was löste diesen Prozess aus? Wenn ich es längere Zeit geschafft hatte, wurde ich überheblich und war der Meinung, dass eine Belohnung fällig wäre. Ich hatte doch den Beweis erbracht, dass ich jederzeit aufhören konnte. Ich wurde großspurig, ungeduldig und irrte mit einem Trockenrausch durch die Gegend. Nach einer gewissen Zeit riskierte ich einen Schluck, ein Anlass fand sich immer, und in Windeseile fand ich mich wieder dort, wo ich vor nicht allzu langer Zeit aufgehört hatte: in einer erneuten Katastrophe, die ich dann wiederum als einmaligen Unfall interpretierte und andere dafür verantwortlich machte, statt zu erkennen, dass die Erprobung der Selbstkontrolle zum Trinken zurückführt.

Das ist das Paradoxe: Jeder Sieg über mich selbst in Bezug auf Alkohol hatte selbstdestruktive Folgen und folgerichtig führte mich der »Sieg«, das vermeintliche Bewahren der eigenen Autonomie durch den Sieg über die Flasche, todsicher zur Flasche zurück. Der Erfolg zerstörte die Trockenheit, jeder Sieg beschleunigte den endgültigen Zusammenbruch. Meine Probleme hatte ich mir selbst geschaffen unter Bedingungen, die ich mir selbst auferlegt hatte. Mein Scheitern war in meinem Lösungsversuch begründet, nicht in der Unmöglichkeit der Aufgabe. Ich habe nicht ständig gegen den Alkohol verloren, weil mein Wille zu schwach war, die versuchte Lösung, mit dem Willen dagegen anzukämpfen, war es, die sich als völlig unbrauchbar erwies und den Niedergang herbeiführte.

Die Alternative ist daher nicht Sieg oder Niederlage, sondern friedliche Einigung oder ewiger Kampf mit Todesfolge. Solange ich unter Aufbietung ungeheurer Energien versuche, den Alkohol zu besiegen, fehlt mir die Energie zur Gestaltung eines erfüllten Lebens. Ich kapituliere, jeden Tag, immer wieder neu. Auf einen Kampf gegen Süchte lasse ich mich nicht mehr ein.

Kapitulieren und gewinnen

Ich kapituliere nicht nur vor dem Alkohol – das ist der erste, unabdingbare Schritt –, sondern ich kapituliere vor sehr viel mehr. Ich kapituliere vor meiner gesamten bisherigen Lebensauffassung. Dem körperlichen Entzug muss ein lebenslanger geistiger Wandlungsprozess folgen. Alles, was mir bislang wichtig war, alle Überzeugungen, Orientierungen, alle Werte, meine Beziehungen zu Menschen, alles muss auf den Prüfstand. Es ist die äußerst mühsame und langwierige Korrektur eingeschliffener Denk- und Gefühlsgewohnheiten, Verhaltensweisen und Charakterfehler, die im Laufe der Jahre zum festen Persönlichkeitsanteil geworden sind.

Ich höre nicht nur mit dem Trinken auf, ich höre auch auf, mich selbst und andere zu belügen, ich mache mir nichts mehr vor, ich versuche, ehrlich zu sein, und akzeptiere, dass menschliches Leben Grenzen hat. Das Geheimnis der Veränderung liegt in der Änderung unserer Sichtweisen und den davon ausgehenden Handlungen, denn die Lösung komplizierter Probleme ist wesentlich mit der Art verknüpft, wie wir die Dinge betrachten. Der Wandel ist eine neue Offenheit, das zu sehen, was in der Welt vorhanden ist und was der verengte alkoholische Blickwinkel bislang nicht sichtbar werden ließ. Die alkoholische Welt ist starr, vermeidet jede Richtungsänderung. Die genesende Welt ist Veränderung, Wachstum, dieses Erwachsen(werden) hat eine ganzheitliche, ökologische und spirituelle Basis.

Es ist die lebenslange Übung im Loslassen: weniger verhaftet sein, Mut gewinnen, Risiken eingehen, Vertrauen erwerben, jederzeit das Scheitern einkalkulieren, hinfallen und wieder aufstehen, einen Sinn im Leben finden.

Ein beeindruckender Text des Naturphilosophen Klaus Michael Meyer-Abich ist mir dabei zu einem wertvollen Denkgeländer geworden: »Unsere Umwelt ist der menschliche Lebensraum im Kosmos. Wir verhalten uns in der Natur so, als sei der Rest der Welt nichts als für uns da ... Die ganze Welt ist dann bloß noch Umwelt des Menschen und sonst nichts. Wir stehen in der Mitte und alles andere steht um uns herum, mehr oder weniger griffbereit. Dies aber ist meines Erachtens eine ganz verfehlte Selbsteinschätzung, Überheblichkeit und Hybris. Denn wir Menschen sind nicht das Maß aller Dinge. Die Menschheit ist mit den Tieren, Pflanzen, mit Erde, Wasser, Luft und Feuer aus der Naturgeschichte hervorgegangen als eine unter Millionen Gattungen am Baum des Lebens insgesamt. Sie alle und die Elemente der Natur gehören zu der Welt um uns und auch zu unserer Umwelt, aber eigentlich sind sie nicht nur um uns, sondern mit uns ... Um dies zu betonen, spreche ich von unserer Mitwelt statt von unserer Umwelt.«[3]

Im Suchtsystem stand das Ich (Selbst) im Mittelpunkt. Mir ist bewusst geworden, dass ich ein exzessiver, eigensüchtiger Mensch war, nur mit meinen Gefühlen beschäftigt, nur mit meinen Problemen, nur mit den Reaktionen anderer Menschen mir gegenüber. Mein ganzes Leben war nur noch ein Monolog, ich hatte nur noch zu meinem süchtigen Ich Kontakt. Vor dieser Ich-Bezogenheit habe ich dank meiner Lebenskrise kapitulieren können. Heute akzeptiere ich, dass sich die Welt nicht um mich dreht. Sah ich mich früher als Mittelpunkt, so sehe ich mich heute als Teil der Welt und lerne, nicht das Ich, sondern Beziehungen in den Mittelpunkt zu stellen. Ich überprüfe meinen Integrationsstil in die Gesellschaft und sehe meine Veränderungschancen in der Knüpfung neuartiger Beziehungen zu meiner Mitwelt.

Die Gefahren der durch uns Menschen verursachten ökologischen Schäden hatte ich schon sehr früh registriert. Dass die Innenweltverschmutzung gleichermaßen Schäden hervorruft und dass ein wechselseitiger Zusammenhang zwischen beidem besteht, blieb mir unter dem Einfluss der Droge verschlossen. Erst die Kapitulation ließ mich den Zusammenhang erkennen und förderte die Bereitschaft, meine gesamte politische Praxis zu überprüfen.

Eine zusätzliche bedeutsame Erkenntnis beruht auf einem weiteren Paradoxon: Je mehr ich meine Abhängigkeit vom Ganzen akzeptiere, desto mehr wächst mein Maß an Autonomie, und je bewusster ich diese Abhängigkeit eingehe, desto größer sind meine individuellen Entwicklungsmöglichkeiten. Erst diese Einsicht erlaubt mir, für mich selbst zu sorgen und gleichermaßen besorgt zu sein um andere. Diese Fähigkeit kann ich nur erlangen, wenn ich die gegenseitige Abhängigkeit anerkenne und nicht leugne.

Kapitulation als Lebenshaltung

Die Kapitulation teilt und spaltet meinen Lebenslauf in ein »Vorher« und ein »Nachher«. Das neue Leben ist nicht das alte Leben minus Alkohol. Es ist etwas ganz anderes, etwas völlig Neues, was da zu wachsen beginnt, im Sinne des altgriechischen »kainos«: ungewohnt, besser als das Alte, dem Alten an Wert und Anziehungskraft überlegen. Es ist kein Wiederaufgreifen, sondern ein Neuaufgreifen versäumter Chancen.

Das erste Leben lässt sich aber auch nicht wie eine Schlangenhaut abstreifen, es beeinflusst mich ein Leben lang. Ohne mein erstes Leben kann ich mein neues Leben nicht verstehen. Meine neu entstehende Identität setzt sich aus beiden zusammen.

In der ersten Zeit war ich gut beraten, nicht alles auf einmal anzufangen, um meine Trockenheit nicht zu gefährden. Doch Genesung ist sehr viel mehr als nur das Weglassen der Droge. Jemand kann jahrelang trocken sein, nüchtern ist er dadurch noch lange nicht. Persönliches Wachstum stellt sich nicht von selbst ein, nur weil ich den Alkohol meide. Viele Menschen schaffen es, trocken zu bleiben, tragen aber in sich noch alle Merkmale der Sucht.

Erst mit dem Prozess der Kapitulation beginnt eine Art Landgewinnung wie im Wattenmeer. Kapitulation muss erarbeitet werden, in Teilschritten, ein Leben lang, mit Rückschlägen muss stets gerechnet werden. Das nüchterne Leben ist eine Baustelle, auf der Tag und Nacht gearbeitet werden muss – ohne Aussicht auf Vollendung des Werks. Nüchternheit ist eine Utopie, die in einem Prozess lebensverändernder Fortschritte in der Trockenheit angestrebt wird. Diese Lebenshaltung setzt Offenheit voraus, die ständige Bereitschaft, Neues zu riskieren und Altes loszulassen. Es ist Aufgabe und Annahme zugleich: Kapitulation als Lebenshaltung.

Geschenkt wurde und wird mir nichts. Wer neue Wege beschreiten will, muss Risiken eingehen und darf keine Angst vor Fehlern haben. Auch in Bezug auf Fehler im Leben habe ich grundsätzlich umgedacht: Fehler sind keine Schande, sondern Feedback, zeigen Wege auf, Dinge auf verschiedene Art zu tun, sind ein begrüßenswerter Bestandteil des Lernens. Der Weg der Genesung ist ein Weg von tausend Meilen, auf dem ich viele Um- und Irrwege einzukalkulieren habe. Dieser lange und mühselige Weg beginnt für einen Alkoholiker – egal wie lange er trocken ist – Tag für Tag mit dem gleichen Schritt: Ich lasse jetzt, heute, das erste Glas stehen.

---

1 Kurz nach dem 2. Weltkrieg hat der Pfarrer Heinz Kappes als Erster in Deutschland AA-Literatur übersetzt und, wie er selbst schreibt, das englische »surrender« mit Blick auf das »bedingungslose Kapitulieren im Jahre 1945« – mit »kapitulieren« übersetzt. In der Diskussion über Alkoholismus hat sich »Kapitulation« als Fachausdruck eingebürgert und ich verwende ihn ebenso, obwohl er zu Missverständnissen Anlass geben kann.

2 Simon, Fritz B.: Die andere Seite der Gesundheit. Ansätze einer systemischen Krankheits- und Therapietheorie

3 Meyer-Abich, Klaus M.: Wege zum Frieden mit der Natur, S. 19

Alte und neue Sichtweisen

Früher	Heute
Sei perfekt!	Lebe dein Leben fehlerfreundlich.
Schnell, schnell, schnell!	Eile mit Weile.
Kontrolliere!	In Liebe loslassen.
Verbissen ein Ziel verfolgen!	Gelassenheit.
Mach es allen recht!	Sag nicht Ja, wenn du Nein sagen möchtest.
Sei stark und unbesiegt! Zeig bloß keine Schwächen!	Auch Schwäche kann Stärke erzeugen.
Kämpfe gegen den Alkohol, lass dich nicht besiegen!	Kapituliere!
Wenn ich keinen Alkohol mehr trinken darf, kann ich den Sargdeckel ja gleich zuklappen.	Nichts im Leben wird schöner durch Alkohol.
Millionen trinken und werden nicht abhängig. Warum ausgerechnet ich?	Sucht war bei mir ein notwendiges Durchgangsstadium in ein neues Leben.
Ich verbreitete eine ansteckende Krankheit.	Ich verbreite ansteckende Gesundheit.

131

Paradoxa

Wenn wir dem Alkohol gegenüber zugeben,
dass wir machtlos sind, wird uns Stärke zuteil.

Erst die Einsicht in die Unsicherheit des Lebens gibt mir ein
gewisses Maß an Sicherheit.

Wenn ich eine Beziehung verändern möchte,
muss ich sie zunächst so akzeptieren, wie sie ist.

Nie aufzugeben kann das Gleiche sein wie Selbstmord.

Wenn wir ungeliebte Dinge akzeptieren,
beginnen sie sich zu ändern.

Solange ich mich darauf besinne, dass ich alkoholkrank bin,
kann ich weiter genesen.

Erst wenn wir darauf verzichten, Kontrolle auszuüben,
gewinnen wir Kraft und werden von unseren inneren Zwängen
und Blockaden befreit.

Der Kampf gegen die Abhängigkeit macht abhängig.

Weil im Endstadium das ganze Leben von der Krankheit
Alkoholismus geprägt ist, kann der Betroffene
die Krankheit nicht mehr wahrnehmen.

Je mehr ich meine Abhängigkeit vom Ganzen akzeptiere,
desto mehr wächst mein Maß an Autonomie.
Je bewusster ich mir diese Abhängigkeit eingestehe,
desto größer sind meine individuellen Entwicklungsmöglichkeiten.

Wenn ich mich so akzeptiere, wie ich bin, dann ändere ich mich.

Wege in ein Leben ohne Alkohol

Wie geht es Dir?
Gut, ich musste heute nicht saufen.
Aber das kann doch nicht alles sein?
Nein, aber das Wichtigste.

Es lohnt, sich gebetsmühlenartig immer wieder folgende Tatsache in Erinnerung zu rufen: Wenn ich die (scheinbare) Geborgenheit der Suchtstruktur verlasse, dann bin ich vom Alkohol befreit, aber keineswegs von den Ansprüchen, die das Leben stellt.

Wie sollte ich weitermachen, jetzt, nachdem erst einmal alles schief gegangen war? Gewiss war nur, dass es mit Alkohol nicht funktionierte und dass Veränderung notwendig war. Bislang war mein Leben regelgeleitet von meiner Sucht, jetzt stand ich vor einer gewaltigen Aufgabe: dem Aufbau einer neuen Lebensstruktur. Wie, mit wem, wohin?

Aus tödlicher Einsamkeit befreit zu sein, ist eine der freudigsten, erregendsten Erfahrungen im Leben. Wie durch ein Wunder war mir nach meinem Tiefpunkt eine schwere Last genommen, ich schwebte und am liebsten hätte ich in der Anfangszeit nicht nur mich, sondern alle Alkoholiker der Welt trockengelegt.

Zusätzlich schlich sich dieses herrliche – in Wirklichkeit gefährliche – Gefühl ein, dass es immer so bleiben würde. Das Leben schien plötzlich keine Schwierigkeiten mehr aufzuwerfen.

Als Erstes Tag für Tag
ein Brett über den Sumpf legen

Doch mein persönlicher Bankrott war ja durch Weglassen der Droge keineswegs ausgestanden. Bald stellte sich Ernüchterung ein und allmählich wurde mir überhaupt erst bewusst, welche Mengen an Schutt ich wegzuräumen hatte und was mir in Zukunft abverlangt werden würde. Der Alkohol hatte alles zugedeckt.

Die anfängliche Euphorie beflügelt, bringt eine gewisse Leichtigkeit ins Leben und erleichtert es uns Süchtigen, für einen begrenzten Zeitraum trocken zu bleiben. Doch wir dürfen anfängliche Euphorie im Veränderungsprozess nicht mit dem wirklichen Leben verwechseln. Die Intensität dieses Gefühls beweist nur, wie einsam wir vorher waren.

Die Euphorie ist wie beim Verliebtsein nicht von Dauer.

Einerseits verleiht dieser rauschähnliche Zustand mir starke Antriebskräfte und lässt mich die plötzliche Leere in meinem Leben vorerst nicht wahrnehmen, andererseits macht er mich blind für die vielen Gefahren, die gerade am Anfang der Trockenheit auf mich lauern und die ich keinesfalls unterschätzen darf. Nur allzu schnell verlieren wir Süchtigen unsere Bodenhaftung, die alten Gewohnheiten stellen sich ein, der Rückfall ist dann nur noch eine Frage der Zeit.

Deshalb ist es für den Neuanfang unverzichtbar, sich so realistisch wie möglich immer wieder die äußerst schwierige Ausgangslage zu vergegenwärtigen. Es ist ein gewaltiger Berg, der da plötzlich sichtbar wird. Ein umfassender Veränderungsprozess erfordert Zeit, Zähigkeit und Geduld. Wenn ich mir das stets vergegenwärtige, dann steigert das meine Bereitschaft, nicht nur auf die großen Erfolge zu warten, sondern mich auch über kleine Veränderungsschritte zu freuen. So klein die Veränderung auch sein mag, sie stößt weitere Veränderungen an.

Wovor dürfen wir die Augen nicht verschließen?

Fehlt mir das Suchtmittel, so ist das fein gesponnene Schutznetz weg. Dieses Netz schützte mich vor Gefühlen. Plötzlich stehe ich ohne alkoholische Rüstung da, fühle mich nackt und verletzlich wie nie zuvor. Ich habe zwar noch ein Dach über dem Kopf, aber kein Dach mehr über dem Leben. Aus dem »sicheren Suchtboot« werde ich ins freie Meer geworfen. Schwimmen habe ich nie gelernt.

Ich verlasse die »Geborgenheit« des alkoholischen Daseins, dieses Gewebe aus Illusionen, und sehe mein Leben genau so, wie es ist. Damit muss ich fertig werden.

Meine äußeren und inneren Fluchtwege sind versperrt. Ich habe keinen Ort mehr, zu dem ich flüchten könnte. Voll und ganz bin ich mir selbst überlassen. Hinzu kommt die sorgenvolle Gewissheit, Schmerzen ohne Suchtmittel nicht ertragen zu können.

Dreißig Jahre lang war es für mich unmöglich, ohne Alkohol allein zu sein. Von nun an muss ich trocken meine eigene Gesellschaft ertragen. Ein schrecklicher Gedanke.

Auf einmal ist alles, was ich erlebe, neu für mich: Konflikte, Gefühle, Freude, Kneipen ohne Alkohol, Erotik ohne Rausch. Was auch immer ich jetzt tue, immer ist es das erste Mal.

Als rundum Süchtiger kehre ich zum Ausgangspunkt meines Erwachsenseins zurück: Ich bin Alkoholiker, ohne Lern- und Lebenserfahrungen, auf dem gleichen Stand wie mit sechzehn Jahren, nur die Ausgangslage ist eine sehr viel schlechtere. Ich bin älter, gebrechlicher, lernunfähiger, psychisch angeknackster. Das alte Umfeld meide ich, aber ein neues ist weit und breit nicht in Sicht. Schutzlos bin ich dem ausgeliefert, was ich mein Leben lang immer verdrängt habe: meinen Schwächen, meinen Unsicherheiten, meinen Glücksgefühlen, meinen Depressionen, meinen gefährlichen Illusionen, meinen paradiesischen Sehnsüchten und – meinen Co-Abhängigen, die ich bislang als solche überhaupt nicht wahrgenommen hatte.

Trockensein ist nicht alles, aber alles andere ist ohne Trockensein nichts

Wenn meine Nachbarin mich fragt: »Haben Sie am Heiligen Abend nichts Besseres zu tun, als in eine Selbsthilfegruppe zu gehen?«, dann antworte ich ihr aus tiefster Überzeugung: »Nein, ich wüsste nicht, was ich Besseres für mich tun könnte!« Ich stelle die Nüchternheit allem anderen voran. Um leben lernen zu können, muss ich aufhören mit dem Suff. Aber ich sehe auch die Gefahr: Wer nur trocken bleibt, der vertrocknet. Trockenheit ist nicht Ziel, sondern Voraussetzung meiner Genesung. Der Weg zu einer umfassenden Wandlung geht nur über den totalen Verzicht auf das »Betriebsmittel« Alkohol. Trockenheit ist kein Abfallprodukt eines gelungenen Lebens, etwas, was sich automatisch mit dem lebendigen Leben einstellt. Trockenheit ist ein Produkt ständigen Bemühens. Wer ruht, der rostet, wer rostet, der trinkt. Mein nüchternes Leben muss ich mir erarbeiten. Ich glaube daran, dass ich auch bei wachsender Genesung – und sei es durch reinen Zufall – rückfällig werden kann, wenn ich nicht wach- und achtsam genug bin. Sich der eigenen Trockenheit in keiner Sekunde sicher zu sein, ist oberstes Gebot, wenn ich langfristig genesen will.

Nie darf ich Folgendes vergessen: Nicht der Alkohol macht mich zum Alkoholiker, sondern meine gesamte Lebenspraxis. Es ist in meinem bisherigen Leben etwas enthalten, was mich zur Flasche treibt, und ich darf nicht erwarten, dass ich trocken bleiben und auf dieser Basis langsam nüchtern werden kann, wenn ich diese Art zu leben beibehalte oder noch verstärke. Um mir dies immer wieder zu vergegenwärtigen, habe ich mir eine Formel zurechtgelegt: Das alte Leben minus Alkohol ist gleich vorprogrammierter Rückfall.

Regeln, die mir in den ersten Tagen geholfen haben

Die meisten der folgenden Änderungsvorschläge erscheinen vielleicht lächerlich einfach. Doch sie sind alles andere als billige Kalendersprüche. Es sind zugespitzte Kerngedanken aus dem Erfahrungsschatz der Selbsthilfegruppen, die sich in Krisenzeiten leichter in Erinnerung bringen als theoretische Erörterungen. Diese nur auf den ersten Blick sehr schlichten Merksätze können in kritischen Momenten lebensrettend sein.

Was hier empfohlen wird, ist einfach, aber nicht leicht. Das merkt jeder sofort, der versucht, sein Leben danach auszurichten. Jemanden anzurufen, wenn der Saufdruck einen halb wahnsinnig werden lässt, ist eine verdammt schwierige Sache.

Die Summe dieser kleinen Änderungen bewirkt jedoch einen starken Schub zu neuer Gesundheit. Kleine Erfolge sind hilfreiche Einwände gegen die stets gegenwärtige Furcht: Werde ich es wirklich schaffen? Sie mehren unser Selbstvertrauen in unsere Fähigkeiten und Möglichkeiten. Wenn ich mein Verhalten an einer einzigen Stelle nur ein klein wenig ändere, so kann das wie bei einem Mobile große Auswirkungen haben. Diese Erfahrung ist es, die mich lehrt, an die Macht der kleinen Schritte zu glauben. Ich wage eine Prognose: Wer es schafft, sein Leben nach diesen Merksprüchen auszurichten, wird genesen. In siebzehn Jahren habe ich niemanden erlebt, der sich daran gehalten hat und nicht zu einem zufriedenen Leben gefunden hat.

- Nur für heute trink nichts, nur für 24 Stunden, notfalls Stunde um Stunde.
- Sag niemals »Ich will nie mehr trinken«, lade dir nicht zu viel auf, das hält unser Kopf nicht aus.
- Trinken, trinken, trinken, werde nie zu durstig, versorge deinen Körper ausreichend mit Flüssigkeit.
- Denk an dein letztes Glas, nicht an das erste.
- Es ist immer das erste Glas, das dich umwirft. Schon ein Glas ist zu viel, denn dann wären tausend nicht genug.
- Bevor du zum ersten Glas greifst, greif zum Telefon. Du kannst nützliche Kontakte herstellen. Stell ruhig ein Schild mit diesem Spruch neben das Telefon. Auch wenn es dir lächerlich erscheint.
- Nimm dir nicht zu viel vor, gib nicht auch noch gleich das Rauchen oder andere Süchte auf.

- Werde nicht zu wütend, zu traurig, zu einsam, zu müde, zu hungrig.
- Besser ein Jahr ohne Liebesbeziehung.
- Die gefährlichste Gewohnheit, die ein Trinker annehmen kann, ist, regelmäßig allein zu sein, denn ein Alkoholiker allein ist immer in schlechter Gesellschaft.
- Geh in eine Selbsthilfegruppe. Von Ratschlägen wirst du verschont, da lernen Süchtige von- und miteinander. Sie teilen mit dir ihre persönlichen Erfahrungen und Hoffnungen.
- Nutze die vorhandenen Bücher. Nimm entsprechende Literatur auch mit in den Urlaub.
- Sei besonders vorsichtig, wenn es irgendetwas zu feiern gibt.
- Tage, an denen es dir sehr gut geht, sind besonders gefährlich.
- Kümmere dich um dich selbst!
- Das Wichtigste zuerst.
- Halte dich an die Gewinner, lerne von den Verlierern.
- Eine Nummer kleiner bitte. Eile mit Weile.
- Geduld. Geduld. Geduld.
- Der Boden wankt noch, deshalb entscheide dich für kleine Schritte, damit du die Balance nicht verlierst.
- Geh regelmäßig in die Selbsthilfegruppe, es funktioniert. Dort wird dir nichts Gutes weggenommen, sondern etwas Besseres angeboten.
- Nur du allein schaffst es, aber du schaffst es nicht allein.
- Such dir in der Selbsthilfegruppe einen Menschen, dem du vertraust. Er öffnet dir viele Türen. Du lernst, um Hilfe zu bitten.
- Suche auch außerhalb der Selbsthilfegruppe neue Kontakte.
- Hab keine Hemmungen, dir von Ärzten, Krankenhäusern und Seelsorgern Hilfe zu erbitten.
- Bau dir ein Netzwerk auf, damit du deine Isolierung durchbrichst.
- Achte auf Alkohol in Speisen.
- Bunkere keinen Alkohol, er ist eine ständige Verlockung.
- Nimm es deinem Umfeld nicht übel, wenn deine Nächsten dir deine Trockenheit nicht glauben. Dieses Misstrauen beruht auf berechtigten Erfahrungen. Du hast dich stets nach deinen Ab-

sichten, die anderen haben dich nach deinen Taten beurteilt. Geduld!

- Die gefährlichste Eigenschaft für einen Alkoholiker ist, unehrlich zu sich selbst zu sein.
- Das höchste Glück für einen Alkoholiker ist die Bereitschaft, sich ein Leben lang mit seiner Krankheit auseinander zu setzen. Alles Weitere ergibt sich dann von selbst.

Gefahren, die am Wegrand lauern

Gefahr Nr. 1: Ich lade mir zu viel auf, statt im Heute zu leben

Ein Leben lang nichts mehr zu trinken, ist für Alkoholiker eine Horrorvision. Die Kraft reicht in der Anfangszeit nur aus, die Last eines einzigen Tages zu bewältigen. Ich versuche heute, nur für heute, das erste Glas stehen zu lassen. Dadurch reduziere ich meine Probleme auf eine überschaubare Dimension. Das Heute ist ein Zeitabschnitt, in dem mich meine Schwierigkeiten nicht überwältigen, das Gestern ist ein abgeschlossenes Kapitel, und was morgen geschieht, muss sich erst noch herausstellen.
Wenn mir sogar diese 24 Stunden zu lang waren, weil ich den »Saufdruck« nicht mehr aushalten konnte, teilte ich die 24 Stunden in kleinere Einheiten auf. Eine Stunde oder eine halbe, gerade so viel, wie ich glaubte, überstehen zu können. Es hat funktioniert.

Gefahr Nr. 2: Fehlende Geduld

Die erste Euphorie verflüchtigte sich, die ersten Enttäuschungen stellten sich ein. Sehr schnell spürte und erkannte ich die Begrenztheit des Veränderungsprozesses. Es dauert wesentlich länger, zu einem erfüllten Leben zu gelangen, als es mir meine Euphorie zunächst vorgaukelte. Der Genesungsprozess dauert nicht nur länger, er war und ist auch anstrengender und mühseliger als erwartet und hier und da tut er verdammt weh. Sehr viel häufiger, als mir lieb war, waren Schmerz und Leid der Eintrittspreis in mein neues Leben. Fehlende Geduld ist aus meiner Sicht eines der größten Hindernisse im Veränderungsprozess, denn Geduld ist ein wichtiger Schlüssel zur Lösung unserer Probleme. Stärke erwächst aus innerer Ruhe. Wer schnelle Erfolge erwartet und sich unrealistische Ziele setzt, programmiert das Scheitern. Es gibt keine Zauberlösungen, es hilft nur die Zeit und Kontinuität. Der verständlichen Ungeduld begegnet mein Freund Hans mit folgendem Spruch: »Jetzt gehe ich erst zehn Jahre in eine Selbsthilfegruppe, und erstaunlicherweise beginnt sich bei mir hier und da schon etwas zu verändern.« Ich werde immer wieder gefragt, ob es nicht schneller gehen könnte, das eigene Leben zu gestalten. Ich weiß es nicht, ich weiß nur, dass es bei mir Jahre dauerte.

Gefahr Nr. 3: Ich erwarte eine Belohnung für mein Trockensein

Wer eine Nussallergie hat, isst keine Nüsse, wer Erdbeeren nicht verträgt, meidet sie, und wer dem Alkohol gegenüber machtlos ist, weil er alkoholkrank ist, sollte keinen trinken. Das ist eine Selbstverständlichkeit. Diese Selbstverständlichkeit ist allerdings für einen Alkoholkranken nur durch große Kraftanstrengungen zu erreichen, und im Genesungsprozess schleicht sich der (alkoholische?) Gedanke ein, dass er für diese Anstrengungen automatisch belohnt wird. Eine solche Belohnung hat das Leben aber nicht vorgesehen.

Gefahr Nr. 4: Trockenheit allein garantiert noch kein angenehmes Leben

Wir gehen davon aus, dass sich in der Trockenheit schöpferische Kräfte gewissermaßen von selbst entfalten. Doch Trockensein eröffnet nur die Chance für ein gelungenes Leben, Garantien sind keine eingebaut, der notwendige lebenslange Reifeprozess, der vielerlei Anstrengungen bedarf, bleibt uns keinesfalls erspart. Weder Schulden noch zerrüttete Familienverhältnisse noch Arbeitslosigkeit sind aus der Welt. Es kommt darauf an, diesen Neuanfang kreativ zu nutzen. Bin ich bereit, es mit der Realität des Lebens aufzunehmen? Was gehört dazu? Was kann ich tun? Kann mich jemand auf diesem Weg begleiten?

Gefahr Nr. 5: Es geht mir zu gut

Es ist wohl eine unsterbliche Legende, dass Alkoholismus durch Probleme verursacht wird. Sicher gibt es das auch, doch meistens wird Ursache und Wirkung verwechselt: Ich trinke nicht, weil ich Probleme habe, ich habe Probleme, weil ich trinke. Mit Glück konnte ich genauso wenig umgehen wie mit Schmerz oder Muße. Rückfälle werden auch durch freudige Ereignisse hervorgerufen. Für Alkoholiker sind das positive Katastrophen, die sie genauso schlecht bewältigen können wie negative.
Ich achte besonders sorgfältig darauf, was Rückfaller bei aller Verschiedenheit gemeinsam haben. In fast allen Fällen geht es den Menschen zu gut, sie werden übermütig, hochmütig, überheblich und fahrlässig.

Gefahr Nr. 6: Ich konzentriere mich zu stark auf meine Fehler

Es geht in der ersten Zeit der Trockenheit nicht darum, vorrangig Probleme aus der Vergangenheit aufzuarbeiten, wir sind vielmehr gut beraten, dem Jetzt und Hier die größere Bedeutung zuzuschreiben als unserer Krankheitsgeschichte. Ich begebe mich deshalb auch nicht primär auf Fehlersuche, sondern ich mache mich auf die Suche nach Ressourcen. Ressourcen, das sind Kräfte, Energien, Fähigkeiten, Begabungen, Erfahrungen, die nach langer Trinkerzeit verschüttet sind und die ich relativ mühelos wieder hervorholen kann. Viele Menschen sind sich ihrer eigenen Potentiale nicht bewusst. Vorrangig sollten wir unsere Problemlösungskompetenzen steigern. Mit meinen Fehlern versuche ich erst einmal zu leben.

Gefahr Nr. 7: Ich konzentriere mich ausschließlich auf die körperliche Genesung

Körperliche Heilung mit geistigem Kaputt-Sein halte ich bei der Alkoholkrankheit für undenkbar. Es ist umgekehrt: Die seelische Genesung steht im Vordergrund. Wenn ich geistig, seelisch und spirituell wachse, dann wird es mir auch körperlich besser gehen. Notfalls muss ich mit einem schweren körperlichen Schaden leben. »Ich bin gekommen, um meinen Arsch zu retten. Dann habe ich gemerkt, dass er mit meiner Seele verwachsen ist«, schrieb Lawrence Block in seinem Buch »Eight Million Ways to Die«.

Gefahr Nr. 8: Als Alkoholiker bin ich zu Vorleistungen gezwungen

Ein Nichtabhängiger kann, wenn er es nicht anders will, sein Leben einfach so dahinleben, und wenn es ihm zu langweilig oder zu anstrengend wird, kann er mit kleinen Süchten und kleinen Fluchten dem öden Alltagstrott entfliehen, eine Auszeit nehmen, eine Atempause einlegen, sich außerhalb des gewöhnlichen Alltags kleine Nischen einrichten, denn ein nicht unwichtiger Teil unserer Freiheit ist auch der, ungesund leben zu dürfen. Einem Nichtsüchtigen eröffnen sich viele Möglichkeiten, davonzulaufen und sich durchs Leben zu mogeln. Diese Alternative haben Süchtige nicht. Dieser bedeutsame Teilbereich unserer Freiheit – ungesund oder unlebendig leben zu dürfen – birgt für Alkoholiker Gefahren. Ein Suchtkranker sollte sich auch nicht auf kleine Fluchten einlassen, er muss in Berührung sein mit dem lebendigen Leben, sich tagtäglich darin üben. Er sollte achtsam sein, mit sich selbst und mit allen anderen Menschen. Es ist zwar für alle Menschen eine ratsame Dringlichkeit, das Leben zu riskieren, wir haben kein zweites. Aber es ist für Nichtsüchtige keine Notwendigkeit, sie können wählen. Wir Alkoholiker haben keine Wahlmöglichkeiten, wir sind zum »guten Leben verurteilt«, denn das lebendige, und das heißt auch immer gleichzeitig das anstrengende Leben ist die einzige Alternative zur Sucht.

Gefahr Nr. 9: Alkohol in Speisen

Über Alkohol in Speisen gibt es stets lebhafte Diskussionen in den Selbsthilfegruppen und die Meinungen darüber sind breit gefächert. Ich gehöre zu denen, die Alkohol in Speisen, auch in verkochter Form, ohne jede Einschränkung meiden. Ich bin so empfindlich, dass ich selbst auf Apfelsaftschorle reagiere. Wenn ich in einen Jazzclub gehe, dort fünf Gläser Apfelsaftschorle trinke und deutlich später als gewohnt ins Bett gehe, dann habe ich am nächsten Morgen das Gefühl, am Abend zuvor einen gehörigen Rausch gehabt zu haben, und fühle mich »am Morgen danach« wie in alten Zeiten. Auf solche Rückerinnerungen verzichte ich.
Die lebhaften Diskussionen, ob das nun psychisch ist oder ob mein Körper so empfänglich ist, dass er selbst auf extrem kleine Mengen Alkohol reagiert, treffen bei mir nur auf eingeschränktes Interesse. Es mag durchaus sein, dass in meinem ehemaligen Lieblingsgericht in Griechenland, Kaninchen in Weinsoße, der Alkoholanteil restlos verkocht ist. Ich möchte es trotzdem nicht ausprobieren. Ich fürchte den Dominoeffekt: Erst ist es das Kaninchen in Weinsoße, und dann? Ich weiß nicht, auf welche weiteren Ideen mein Suchtgedächtnis mich bringt, ich weiß aber, dass mein Kopf als Frühwarnsystem in Sachen Alkohol nichts taugt. Bedeutsame Teile in mir gieren ein Leben lang nach dem Stoff.
Für mich ist die Entscheidung, Nahrungsmittel mit Alkohol grundsätzlich zu meiden, auch ein Warnschild, das mich darauf aufmerksam macht, wie ernst ich es mit dem Nichttrinken halte. Insgesamt versuche ich, mein Leben fehlerfreundlich anzulegen, ich verab-

scheue jeden Dogmatismus und Fundamentalismus, nur beim Alkohol gehe ich nicht das geringste Wagnis ein. Es darf kein Restrisiko übrig bleiben.

Prof. Dr. Lothar Schmidt, aus meiner Sicht der fachkundigste deutsche Alkohologe, weist darauf hin, »dass bereits geringe Mengen den ›priming effect‹ des Rückfalls und den Kontrollverlust auslösen können. Diese Beobachtung konnte durch klinische Untersuchungen mehrfach bestätigt werden. Ray Hodgson testete trockene Alkoholkranke mit alkoholfreien und maskierten alkoholischen Getränken, die durch Geschmacksveränderungen unkenntlich gemacht waren, und beobachtete, dass der ›priming effect‹ des Rückfalls nicht durch die psychische Einstellung, sondern durch den Alkoholgehalt ausgelöst wurde«[1].

Gefahr Nr. 10: Sich als Minderheit ausgegrenzt fühlen

Die Wirkung des Alkohols, die die meisten Menschen fälschlicherweise als Erweiterung ihres Bewusstseins empfinden, ist in Wirklichkeit eine Verengung. Das Differenzierungsvermögen schmilzt, die Gesprächsthemen werden unzulässig vereinfacht, die Welt teilt sich auf in Schwarz und Weiß, in Gut und Böse.

Ich verurteile es nicht, dass viele Menschen nach einem stressigen Arbeitstag Alkohol zu sich nehmen und dies als wohltuend und erleichternd empfinden. Als Nüchterner aber kann ich an dieser Form von Entspannung nicht teilhaben. Ich fühle mich ausgegrenzt. Selbst bei Menschen, die ich sehr gerne mag, beginne ich mich nach kurzer Zeit zu langweilen, bei Fremden ist es viel schlimmer, da fühle ich mich sehr schnell einsam und verlassen. Ich glaube, wir Süchtigen spüren Ausgrenzungen sehr viel intensiver und nachhaltiger als andere Menschen. Ich spüre, ganz tief in mir, dass ich nicht dazugehöre und das tut ausgesprochen weh. Ich empfinde es subjektiv als eine Verletzung meines Selbstwertgefühls und das ist für mich ein Alarmsignal. Ausgrenzungen mobilisieren mein Suchtgedächtnis auf gefährliche Weise. Ich sehe für mich auch nach siebzehn Jahren Trockenheit keine andere Möglichkeit, als mich von solchen Entspannungsformen und Zusammenkünften fern zu halten und nach Geeigneterem Ausschau zu halten. Ich durfte dabei die Entdeckung machen, dass Besseres zu haben ist.

Gefahr Nr. 11: Mein Umfeld will mich so wiederhaben, wie ich früher war

Gregory Bateson weist auf folgende Tatsache hin: »Wenn das nüchterne Leben den Alkoholiker zur Flasche treibt, dann ist nicht zu erwarten, dass irgendein Vorgehen, mit dem sein besonderer Stil des Nüchternseins verstärkt wird, seinen Alkoholismus reduzieren oder in den Griff bekommen kann. Es ist das trockene Leben, das den Alkoholiker zur Flasche treibt, in diesem Leben steckt das Pathologische und der Alkohol ist es, der es ihm halbwegs erträglich macht, zumindest über einen sehr langen Zeitraum.«[2]
Freunde, das Umfeld, vor allem Familienmitglieder wünschen sich – meist ist es ihnen nicht bewusst – den Alkoholiker so wieder, wie er früher war, nur ohne Alkohol, und üben gewaltigen Druck in diese Richtung aus, weil sie nicht in der Lage sind, mit der veränderten Situation umzugehen. Ohne grundsätzliche Änderungen wird die Familie, anstatt dass sie Schutzfunktionen wahrnimmt, ungewollt zum fördernden Faktor.
»Was hasst du an mir so sehr?«, fragte ein Alkoholiker seine Frau nach einem Jahr Trockenheit. »Alles!«, erwiderte sie mit vernichtendem Blick.

Gefahr Nr. 12: Es ist gefährlich, sich Hals über Kopf zu verlieben

Die Empfehlung vieler erfahrener Alkoholiker »Ein Jahr ohne Partner« ist bitteren Erfahrungen entsprungen. Ist doch die schönste Sache der Welt gleichzeitig auch die schwierigste, gerade für trockene Alkoholiker. Beim »Sich verlieben wie noch nie« – unzählige Alkoholiker »erwischt« es in der Anfangsphase – wird die Selbsttäuschung in der euphorischen Phase besonders deutlich: Dieses »Bis über beide Ohren unsterblich verliebt zu sein« ist kein Zeichen, wie stark wir empfinden, sondern wie ausgehungert wir sind. Zum ersten Mal ohne Suchtmittel tiefe Gefühle empfinden, echte Nähe und Wärme spüren, mit einem ebenfalls Betroffenen oder Nichtbetroffenen offen und unverhüllt über das Problem Alkoholismus reden können – wen sollte das nicht umwerfen? Es ist phantastisch, aber irrsinnig gefährlich!

Gefahr Nr. 13: Ich delegiere meine Verantwortung an eine Tablette

Einer der bedeutsamsten Teile meiner Kapitulation ist das Eingeständnis, dass ausschließlich ich es bin und niemand sonst, der für meine Genesung verantwortlich ist. Der Kern der Genesung liegt in mir. Nicht einmal Teile meiner Verantwortung delegiere ich an andere, auch nicht an eine Tablette.

Ich war sehr erstaunt zu lesen, dass eine so sensible und bewundernswerte Frau wie Nan Robertson, Journalistin bei der New York Times und Pullitzer-Preisträgerin, die als Betroffene ein bemerkenswertes Buch über die Anonymen Alkoholiker geschrieben hat, sich dahingehend äußert, dass »in den ersten Monaten und Jahren der Nüchternheit« das Mittel Antabus sie gegen den übermächtigen Wunsch zu trinken »schützte«. Antabus (Disulfiram) ist ein Mittel, das gegen Alkohol allergisch macht. Es blockiert ein lebenswichtiges Enzym, das dem Körper hilft, Alkohol abzubauen. Wer nach der Einnahme von Antabus Alkohol trinkt, den befällt heftige Übelkeit, es kommt zu Rötungen in Gesicht und Hals und es führt zu Erbrechen und Ohnmacht. Nan Robertsons Begründung: »Es bedeutete für mich, dass ich nur einmal pro Tag den Entschluss [keinen Alkohol zu trinken] fassen musste, und nicht dutzende Male.«[3] Ich respektiere das, weil es ihr anscheinend geholfen hat. Auf keinen Fall möchte ich mir die Beurteilung anmaßen, dass es bei ihr auch ohne gegangen wäre. Aber eines weiß ich gewiss: Für mich wäre es lebensgefährlich, einen Teil meiner Verantwortung an eine Tablette zu delegieren. Nur allzu schnell wäre ich bereit, den beschwerlichen Wachstumsprozess aufzugeben und auf eine Pille mit Griffnähe umzusteigen.

Ich bin äußerst skeptisch, was die Wirkung von Antabus anbetrifft, von den diversen Nebenwirkungen gar nicht zu reden. Bei meinen ersten Versuchen, mit dem Trinken aufzuhören, hatte ich mit meiner Lebenspartnerin in bester Absicht einen Vertrag geschlossen, dass sie mir jeden Morgen mit meinem ausdrücklichen Einverständnis eine Pille Antabus verabreichen sollte. Ich delegierte also nicht nur einen Teil meiner Verantwortung an die Pille, sondern einen weiteren Anteil an meine Partnerin. Es führte zu erneuten katastrophalen Abstürzen. Auch heute noch könnte ich eine Anleitung schreiben, wie es gelingt, sich trotz Antabus-Einnahme einen gewaltigen Rausch ins Hirn zu hängen, indem man mit Hilfe anderer Medikamente und kleiner Alkoholmengen die Wirkung des Medikaments übertrinkt. Ich habe es, wann immer ich wollte – und ich wollte immer –, geschafft.

Ich verzichte auf jegliche Psychopharmaka, Hypnotika, Sedativa und Analgetika. In den Selbsthilfegruppen hat sich dafür der Sammelbegriff Trockenspiritus eingebürgert, denn der Weg von der Pille zur Pulle ist nicht weit. Selbst, wenn diese Pillen nicht abhängig machen sollten, woran ich nicht glauben kann: Ich bin so süchtig, dass ich allein schon vom Prozess des Einnehmens abhängig werde. Was haben Wissenschaftler außerdem nicht schon alles behauptet: Am Ende des 19. Jahrhunderts stellte sich heraus, dass das beliebte Schmerzmittel Morphin abhängig macht. Also entwickelte die Firma ein Ersatzmittel, von dem behauptet wurde, dass es nicht abhängig macht. Der Name des Medikaments: Heroin.

Es gibt viele Argumente gegen Medikamente. Mein Haupteinwand ist folgender: Die Wirkung dieser Wundermittel verhindert exakt das, was ich lernen muss. Ich muss mich den Anforderungen des Lebens stellen. Während eines natürlichen Reifungsprozesses machen wir in der Auseinandersetzung mit dem Leben ständig Lernerfahrungen, die zu persönlichem Wachstum führen. Diesen Prozess muss ich nachholen, wenn ich langfristig trocken bleiben möchte. Ich muss lernen, was für viele Menschen eine Selbstverständlichkeit ist: Stimmungsschwankungen und ungute Gefühle, aber auch Glücksgefühle ohne chemische Fluchtmittel zu ertragen.

Gefahr Nr. 14: Ich interpretiere die Trinkerei lediglich als Symptom

Alkoholiker sind ein Leben lang auf der Suche nach Ausreden, um weitertrinken zu können. Geschickt wie wir Alkoholiker sind, interpretieren wir unseren Alkoholismus als Sekundärerkrankung, als unausbleibliche Folge eines primären Defekts. Wenn ich meine Trinkerei als Sekundärproblem interpretiere und nicht als selbstständig gewordenes Hauptmerkmal einer sehr viel tiefer liegenden Krankheit, dann liegt es durchaus in der Logik, dass ich erst einmal die Ursachen beseitige, weil ich nur so das Sekundärproblem »Mit dem Trinken nicht aufhören zu können« in den Griff bekomme. Immer wieder höre ich von Betroffenen die Krankheitseinschätzung: »Bei mir ist die Trinkerei nur ein Symptom, ich muss an die Hauptursache herankommen, vorher kann ich mit dem Trinken nicht aufhören.« Der Alkoholiker sagt: »Du würdest auch trinken, wenn du meine Probleme hättest«, und alle Welt glaubt ihm.
Die Annahme, dass durch alleiniges Aufdecken tief liegender Ursachen für den Alkoholmissbrauch dieser auch zum Einhalt gebracht werden könnte, ist ein schrecklicher Irrtum, der in den Tod führt.
Leider werden Süchtige in dieser Auffassung von vielen Ärzten, Psychologen und Angehörigen unterstützt. Sie betrachten Alkoholismus oder Drogenmissbrauch als Zeichen einer tiefer liegenden geistig-seelischen Störung. Der amerikanische Suchtforscher Joseph Pursh[4] weist auf die damit verbundenen Gefahren hin und hat dafür ein anschauliches Bild parat: Das sei »etwa so, als ob sich jemand mit ständigen Kopfschmerzen frage, ob die wohl tiefere Gründe hätten oder ob sie daher rührten, dass er seinen Kopf immer gegen die Wand rammte. Das Naheliegendste wäre wohl, erst einmal aufzuhören, mit dem Kopf gegen die Wand zu rennen.«
Das Problem Alkohol muss zuerst angegangen werden, nur dann haben wir eine Chance, gesund zu werden. Einen Menschen psy-

choanalytisch zu behandeln, der noch unter dem Suchtdiktat lebt, halte ich für einen Kunstfehler. Alkoholiker sind durchaus bereit, sich jahrelang analysieren zu lassen, warum sie trinken und welche Gründe es dafür gibt, und mit großem Engagement und Bedauern zu diskutieren, warum sie wieder rückfällig geworden sind – unter einer Voraussetzung: dass sie weitertrinken dürfen.

Das Aufarbeiten des Krankheitsweges kann unbestreitbar zu hochinteressanten Erklärungen von Symptomen führen, trägt aber nur wenig zur Lösung bei. Das Problem Alkoholismus muss im Hier und Heute gelöst werden.

Gefahr Nr. 15: Die Hoffnung auf schnelle Hilfen

Ich beobachte aufmerksam, was Rückfaller bei aller Verschiedenheit gemeinsam haben: Es ist die Suche nach einfachen, griffnahen Lösungen, die ohne Anstrengung zu haben sind. Wir Süchtigen sind hochgradig anfällig für Versprechen auf bequeme und schnelle Hilfe. Es gibt nichts, von dem wir nicht abhängig werden können: Esoterik, Astrologie, Religion, Modetherapien. Wir Alkoholiker müssen unser Leben lang höllisch aufpassen, dass wir nicht lediglich das Suchtmittel wechseln.

Wer sich zum Ziel setzt, ein bewussteres und wertvolleres Leben zu führen, sollte sich klar werden, dass er sich auf einen lebenslangen Wachstumsprozess einlässt. Jede Veränderung, die über Äußerlichkeiten hinausgeht, ist geduldige Arbeit am Ich, eine Auseinandersetzung mit den Beharrungskräften von Psyche und Körper.

Gefahr Nr. 16: Positives Denken

Um eventuellen Missverständnissen vorzubeugen: Es geht mir bei meiner Warnung vor Positivem Denken nicht um eine begrüßenswerte, in die Persönlichkeit integrierte positive Grundausrichtung, aus jeder Situation das Beste zu machen. Die Einstellung »Es gibt selten einen Schaden, wo nicht auch ein Nutzen dabei ist« (Annemarie Koch-Graf) ist eine hilfreiche Lebensmaxime. Gesundes Urvertrauen in die Welt hilft uns bei der Genesung, und Hoffnung ist die emotionale Grundtendenz unserer Selbstheilungskräfte. Aber diese innere Haltung, diese positive Grundausrichtung ist im Individuum angelegt, sie lässt sich nicht einfach durch irgendwelche psychologischen Tricks herbeiführen.

Die Vertreter des Positiven Denkens dagegen räumen den Gedanken unbegrenzte Macht ein.[5] Einer der Hauptvertreter ist Joseph Murphy: »Ihr Unterbewusstsein führt ... alle Befehle aus, die ihm Ihr Bewusstsein in Form von Urteilen und Überzeugungen zukommen lässt.«[6]

Was wird uns Süchtigen angeboten?

Für die Entstehung des Alkoholismus führt Joseph Murphy folgende Gründe an: »Die Ursache der Trunksucht liegt im negativen und destruktiven Denken.« Sucht ist für ihn wie alles andere auch eine fehlgeleitete Denkweise, die er in »drei magischen Schritten« glaubt reparieren zu können: »Entspannung, Autosuggestion, Imagination.« Vor dem Einschlafen soll man sich ausmalen, wie ein Freund oder Verwandter dem Betreffenden lächelnd die Hand drückt und sagt: »Ich gratuliere dir!« Murphy: »Der Glückwunsch ... gilt Ihrer *völligen* Befreiung vom Hang zum Alkohol« (Hervorhebung durch den Autor). Jeder Alkoholiker soll »seine Gedanken sofort von den trügerischen Freuden des Alkohols« abwenden und sich in die »glückliche Stimmung versetzen, die der Gedanke an die baldige Wiedervereinigung mit seiner Familie« bei ihm auslöst.[7]

Es sind alkoholische Ziele, die hier gepredigt werden. Nachdem ich gerade meine Reise in künstliche Paradiese beendet habe, wird mir erneut eine Rückkehr ins Paradies vesprochen. Positives Denken ist wie Alkohol ein Fluchtmittel, mit dessen Hilfe ich mir unliebsame Realitäten und bedrohliche Gefühle fern halte mit dem Ziel, für mein Leben nicht die Verantwortung übernehmen zu müssen. Es mag, wie bei der Droge, für einen gewissen Zeitraum gelingen, sich Sorgen und Nöte vom Leibe zu halten, eines Tages erreichen sie uns doch.

Was wird beim Positiven Denken ignoriert?

Das Prinzip des Positiven Denkens beruht auf einem folgenschweren Denkfehler: auf der irrigen Annahme, dass man allein durch eine Umstellung des Denkens seine Psyche kontrollieren kann.

Das zu propagieren angesichts der Lernerfahrungen von Millionen Alkoholikern ist unverantwortlich. Es kann nicht eindringlich genug davor gewarnt werden. Gerade trockene Alkoholiker sind in ihrer Anfangszeit ausgesprochen anfällig für solche Wahnideen. Ich kenne keinen, der jemals damit nüchtern geworden ist, aber mehrere, die in der Psychiatrie aufgewacht sind. Und von dort ist es bis zum Leichenhaus nicht mehr weit. Was mich darüber hinaus besonders wütend macht, ist, dass es unzählige Menschen davon abhält, Wachstumspfade einzuschlagen, auf denen sie es zu ihrer persönlichen Meisterschaft bringen könnten.

Positiv-Denker erinnern mich an den Witz von dem Optimisten, der vom Dach eines New Yorker Wolkenkratzers fällt und auf dem Weg nach unten, während er das einunddreißigste Stockwerk passiert, denkt: »So schlimm ist es nun auch wieder nicht wie behauptet wird, bis jetzt ist ja alles gut gegangen.«

1 Schmidt, Lothar: Alkoholkrankheit und Alkoholmissbrauch, S. 119

2 Bateson, Gregory: Die Ökologie des Geistes, S. 402

3 Robertson, Nan: Die Anonymen Alkoholiker, S. 285

4 Joseph A. Pursh, Leiter der Alkoholismus-Rehabilitation im Navy Regional Medical Center in Long Beach, zit. nach Zocker, Horst: betrifft: Anonyme Alkoholiker, S. 26

5 Viele Anregungen diesbezüglich verdanke ich dem ausgezeichneten Buch »Positives Denken macht krank« von Günter Scheich.

6 zit. nach Scheich, Günter: Positives Denken macht krank, S. 27

7 ebd., S. 214/215

Suchtgedächtnis

Im Paradies

Es war einer dieser wunderschönen Tage am Mittelmeer. Dieses seltsame Licht, dieses Flimmern, diese atemlose Stille. Er wanderte durch ein Tal, um seinen türkischen Freund Mehmet zu besuchen, der mitten in den Bergen lebt, ohne elektrisches Licht, nachts scheint nur der Mond über den Bergen.

Er durchquerte ein trockenes Flussbett und plötzlich sah er das Haus und in einer Hängematte, befestigt zwischen einem Feigen- und einem Mandelbaum, lag sein Freund Mehmet und las in einem Buch. Sein erster Gedanke: »Was für ein herrlicher Ort zum Saufen.«

Haselnusseis

Montags hatte er Spätdienst in der Bibliothek, und das bedeutete von ein Uhr mittags bis neun Uhr abends. Spätestens nach dem Mittagessen, auch wenn es noch so köstlich gewesen war, begann er, intensiv an Eis zu denken. Wenn er sich vornahm, nicht an Eis zu denken, dachte er umso intensiver an Eis. Nicht an Erdbeereis, nicht an Himbeereis – er hätte keinen einzigen Gedanken daran verschwendet –, Haselnusseis musste es sein. Den ganzen Nachmittag war er mit der Frage beschäftigt: Hole ich mir das Eis in der Pause vor der letzten Arbeitsrunde um sechs Uhr oder genieße ich es nach Dienstschluss zu Hause im Sessel? Jedes Mal entschied er, das Eis nach Dienstschluss vor dem Fernseher zu verspeisen.

Das waren seine Gedanken. Seine Taten: Pünktlich um sechs Uhr holte er sich fünf Kugeln Haselnusseis mit Sahne und verschlang es. Pünktlich um neun Uhr eilte er, da er sich vor der reizenden Eisverkäuferin schämte, zu der zweiten Eisdiele am Ort: fünf Kugeln Haselnusseis mit Sahne. Er genoss es nicht, er schlang. Pünktlich um 21.05 Uhr fing er an, sich gewaltig zu ärgern.

Nur du allein schaffst es,
aber du schaffst es nicht allein:
die Selbsthilfegruppe

Man kann einen Menschen nicht lehren,
man kann ihm nur helfen,
es in sich selbst zu entdecken.
Galileo Galilei

Aufgrund von Lernerfahrungen in meinem Genesungsprozess bin ich zu folgender Überzeugung gekommen: Für mich ist Alkoholismus nicht im Alleingang zu heilen, sondern nur in Zusammenarbeit mit Menschen, die Krankheitserfahrung besitzen, vor allem Erfahrung im Nüchternsein, denn Nüchternsein ist der Ernstfall. Das Gespräch mit Betroffenen befähigt und ermutigt am ehesten dazu, ein neues Leben ohne Suchtmittel zu wagen. Ein Gruppengespräch enthält großartige Chancen: Voneinander zu lernen, füreinander da zu sein, beieinander Verständnis zu finden, untereinander offen zu reden, sich zu begegnen, sich mitzuteilen in der ursprünglichen Bedeutung des Wortes: Erfahrung, Kraft und Hoffnung miteinander teilen.

Es gibt viele Vorurteile über Selbsthilfe. Gesundheit, so sagt man, sei zu kostbar, um sie dem Gutdünken von Laien zu überlassen. Das Selbsthilfeprinzip ist jedoch kein Laienhelferverfahren (Laien helfen anderen Laien), sondern die Mitglieder in Selbsthilfegruppen lassen sich ein Leben lang auf einen seelischen Entwicklungsprozess ein, für den sie selbst die Verantwortung übernehmen.

Selbsthilfe – einige Anmerkungen vorab

Selbsthilfe und Fachleute

Mitglieder in Selbsthilfegruppen sind nicht, wie oft unterstellt wird, therapiefeindlich. Sie entwickeln im Laufe ihres Genesungsprozesses ein hohes Maß an Bereitschaft, sich nicht nur im Gruppenprozess Hilfe zu holen, sondern auch als Individuum bei Fachleuten. Gefragt sind allerdings keine »omnipotenten« Wunderheiler, sondern einfühlsame, behutsame, sachkundige Helfer. Doch nicht nur die Fachwelt, auch wir Süchtigen neigen zu vorschnellen, die Wirklichkeit verzerrenden Vorurteilen.

Ärzte sind keine »Halbgötter in Weiß«, wie sie oft bezeichnet werden. Es ist eher selten, dass ein Arzt die Götterrolle sucht, sie wird ihm in der Regel aufgedrängt, auch und gerade von uns Alkoholikern. Auch Ärzte haben keine andere Wahl, als vor dem Alkoholismus zu kapitulieren. Auch sie müssen einsehen, dass sie dieser Krankheit gegenüber machtlos sind.

Ich fürchte, vielen fehlt der Mut, diese Hilflosigkeit einzugestehen. Statt gegenseitig Vorurteile zu verbreiten, sollten Fachleute und Betroffene einen Dialog beginnen und zusammenarbeiten. Das Bedauerliche daran: Professionelle Helfer haben fast ausschließlich Kontakt mit nassen Alkoholikern und erleben diesen als einen außerordentlich Kräfte zehrenden Vorgang. Kontakte mit genesenden Alkoholikern sind selten. Ärzte und Psychologen könnten viel von ihnen lernen.

Es würde in der Gesundheitspolitik einen Paradigmenwechsel einleiten, wenn Fachleute und Selbsthilfegruppen zusammenarbeiteten. Bislang weist die Psychiatrie den Betroffenen überwiegend per Definitionsmacht Krankheitsbilder zu und entmündigt sie. Was diesen gut tut, was sie benötigen, darf nicht ausschließlich von außen bestimmt werden. Durch Einbeziehung der Selbsthilfegruppen könnten sie sich zu einer fachkundigen Dienstleistung entwickeln, die sich an den Bedürfnissen ihrer »Kunden« orientiert.

Dass das möglich und erfolgreich ist, hat in bewundernswerter Weise der Frankfurter Professor Michael Lukas Moeller nicht nur in der Theorie, sondern auch in der Praxis bewiesen.[1] Dank seiner Forschungsarbeiten sind Selbsthilfegruppen, anfangs von gleichermaßen ängstlichen wie ahnungslosen Experten belächelt, heute eine anerkannte, wirksame, oft unverzichtbare Ergänzung zur professionellen Therapie. Es gibt auch schon mehrere Suchtkliniken, die sehr erfolgreich auf der Programmgrundlage der Anonymen Alkoholiker arbeiten.

Zwischenmenschliche Kommunikation

Wenn ich Sucht aus kommunikationspsychologischer Sicht interpretiere, stellt sich für mich das Bild eines Süchtigen folgendermaßen dar: Beim Alkoholiker ist die innere und infolgedessen auch die äußere Kommunikation zusammengebrochen. Das Leben als Trinker ist kein Dialog mit dem Leben, sondern nur noch ein Monolog mit sich selbst, am Ende des alkoholischen Weges nicht einmal mehr das. Im Heilungsprozess baut der Süchtige zuerst den Kontakt zu sich selbst auf, dann folgen die Beziehungen zu den Mitmenschen. Der Genesungsprozess ist sowohl Rückgewinnung als auch Neuaufbau kommunikativer Fähigkeiten, die den Süchtigen in die Lage versetzen, seinen süchtigen Integrationsstil zu sich selbst und zur Mitwelt zu verändern. Die Gruppe ist ein ideales Lernfeld, um neue kommunikative Verhaltensweisen einzuüben. Genesung bedeutet für Süchtige soziales Lernen.

Kann Therapie das auch leisten?

Grundsätzlich beantworte ich die Frage mit Ja und ich freue mich über jeden, der es schafft. Und viele haben es auch geschafft. Ich gestehe aber auch, dass ich auf diese Frage am liebsten wie Radio Eriwan antworten würde: »Im Prinzip ja, für sehr wahrscheinlich halte ich es nicht.« Therapie – ich habe es versucht – war für mich kein ausreichendes Gegengewicht zu meiner Abhängigkeit vom Alkohol. Da mussten andere Experten »ran«. Ich war nach meinem Entzug nur noch eine Ruine mit unzähligen Gefühls- und Denklöchern. Diese nach Suchtmittel gierenden Hohlräume in meiner Persönlichkeit hätte ich nicht mit ein oder zwei Therapiestunden pro Woche auffüllen können. Da ist die Empfehlung der AA »90 Tage – 90 Meetings« schon realistischer. Selbsthilfegruppen bieten mir Unterstützung rund um die Uhr: Meetings, Sponsorschaft[2], Telefonnetz, Internet, Literatur.

Darüber hinaus gibt es aus meiner Sicht auch qualitative Unterschiede zu Therapien. Therapie ist immer ein asymmetrisches Lernverhältnis (Lehrer/Schüler). Sucht ist für Außenstehende, auch für Therapeuten, sehr schwer nachzuvollziehen. In der Gruppe weiß jeder, worüber gesprochen wird, alle haben es erfahren, alle sind betroffen. Es ist nicht die erlernte Kompetenz der Fachleute, sondern die erlittene Kompetenz der Betroffenen, die den »Abwehrpanzer« von Alkoholikern durchbricht. Kein Alkoholiker lässt sich gerne von jemandem etwas sagen, der nicht durch die Suchthölle gegangen ist.

Therapie dagegen ist eine künstliche Beziehung gegen Geld. Diese Feststellung enthält auch nicht den Hauch eines Argumentes gegen Therapie, aber diese Tatsache anzusprechen gehört zur Ehrlichkeit, weil es Grenzen aufzeigt. Ich glaube, dass man dem Kern des Menschen nicht therapeutisch begegnet, sondern im Dialog, so wie Martin Buber ihn verstanden hat, in der existenziellen, gleichberechtigten Begegnung von Mensch zu Mensch, in einer wirklichen »Ich-und-Du-Beziehung«.

Meine Erfahrungen über Selbsthilfe
sind von den Anonymen Alkoholikern geprägt

Urahn aller Selbsthilfegruppen sind die Anonymen Alkoholiker. Ohne ihre Lernerfahrungen wäre die Entwicklung der Selbsthilfebewegung, so wie sie sich heute weltweit zu einer Massenbewegung entwickelt hat, nicht denkbar. Ich kenne auch viele andere Gruppen, aber ich habe zur Darstellung der Selbsthilfegruppen die AA ausgewählt, weil bei ihnen das Gruppenselbsthilfeprinzip am konsequentesten verwirklicht ist. Andere Selbsthilfegruppen können sehr viel daraus lernen. Leider wird dieser Erfahrungsschatz immer noch überwiegend in der Anonymität aufbewahrt. Es heißt dazu in der offiziellen AA-Broschüre »Die Gruppe«: »Die AA-Gemeinschaft befasst sich nicht mit Untersuchungen über Alkoholismus, mit medizinischer oder psychiatrischer Behandlung, mit Aufklärung oder Werbefeldzügen, wenngleich sich einzelne Anonyme Alkoholiker an solchen Aktivitäten beteiligen können.«

Ich möchte in diesem Zusammenhang ausdrücklich betonen: Ich schreibe kein autorisiertes Buch über die AA. Die Gemeinschaft ist in keiner Weise mit meiner Veröffentlichung oder deren Inhalt verbunden. Hier schreibt nicht ein Mitglied über die AA. Ich schreibe über meine ganz persönlichen Interpretationen, nicht über die Ansichten der Gemeinschaft. Wer AA kennen lernen möchte, der sollte in die Gruppen gehen. Über AA kann man nur schwer berichten, AA muss erlebt werden.

Mit den AA fing alles an

Die Gemeinschaft der Anonymen Alkoholiker wurde 1935 in den USA von zwei Männern gegründet, dem Börsenmakler Bill W. und dem Chirurgen Dr. Bob S., die in ihrer Umgebung als hoffnungslose Säufer galten. Ausgangspunkt der Entwicklung war zum einen ihre Erfahrung, dass der »Saufdruck« nachlässt, wenn zwei Betroffene sich unterhalten. Es hätte nie nur einen Gründer geben können. Es mussten zwei sein, um die Erfahrung zu machen, dass es hilft, wenn einer dem anderen so ehrlich wie möglich seine Geschichte erzählt. Im Gespräch liegt Heilung. Ziel ist die Rückgewinnung der Begegnung mit dem Leben, ausgehend von der Erkenntnis, dass ein Mensch nur durch Begegnung mit der Welt und dem Du zur Selbstverwirklichung findet. Diese Erkenntnis ist die eine der beiden »Urmaschen« des Netzwerkes der Gemeinschaft.

Die zweite »Urmasche«, die zur Herausbildung des heutigen AA-Netzes führte, finden wir in einem Brief des Mitbegründers Bill W. an den Psychologen C. G. Jung: »Zuallererst erkärten sie ihm offen, dass er ein hoffnungsloser Fall sei ... diese ehrliche und demütige Feststellung ihrerseits war zweifellos der erste Grundstein, auf welchem sich seitdem die Gemeinschaft aufgebaut hat.«

Die AA knüpften aufgrund vielfältiger Erfahrungen – in der Gründungszeit gab es viele Irrtümer und Rückschläge – weitere Maschen und entwickelten die Prinzipien der Selbsthilfe und die dazu passende Organisationsstruktur. AA wurde nicht am grünen Tisch erfunden, sondern erlebt, gegründet und weitergegeben. Mitglieder vollziehen diesen Vorgang im Meeting immer wieder aufs Neue. Das Selbstverständnis der AA ist in der Präambel niedergelegt: »Anonyme Alkoholiker sind eine Gemeinschaft von Männern und Frauen, die miteinander ihre Erfahrung, Kraft und Hoffnung teilen, um ihr gemeinsames Problem zu lösen und anderen zur Genesung vom Alkoholismus zu verhelfen. Die einzige Voraussetzung für die Zugehörigkeit ist der Wunsch, mit dem Trinken aufzuhören. Die Gemeinschaft kennt keine Mitgliedsbeiträge oder Gebühren; sie erhält sich durch eigene Spenden. Die Gemeinschaft ist mit keiner Sekte, Konfession, Partei, Organisation oder Institution verbunden; sie will sich weder an öffentlichen Debatten beteiligen, noch zu irgendwelchen Streitfragen Stellung nehmen. Unser Hauptzweck ist, nüchtern zu bleiben und anderen Alkoholikern zur Nüchternheit zu verhelfen.«

Dass Selbsthilfegruppen in der Gesellschaft nicht als Massenorganisationen wahrgenommen werden, liegt vor allem daran, dass sie ihre Aktivitäten in der Anonymität entfalten und niemals zu Streitfragen außerhalb der Gemeinschaft Erklärungen abgeben. AA hat in den letzten 50 Jahren eine rasante Entwicklung vollzogen. Heute sind die Anonymen Alkoholiker mit Millionen Mitgliedern in 160 Ländern der Erde die erfolgreichste Selbsthilfegruppe überhaupt und Vorbild für viele andere Gruppen.

Die Vielfalt der nach diesen Prinzipien entstandenen Selbsthilfegruppen ist groß: Selbsthilfegruppen für Ess-Störungen, für Mobbing-Betroffene, für Geschiedene, für Religions- und Sexsüchtige, usw. Wir unterscheiden zwischen therapeutischen und medizinischen Selbsthilfegruppen, auch Bürgerinitiativen (z. B. Mütter gegen Atomkraft) rechne ich dazu.

Ich schätze die Zahl der Selbsthilfegruppen in Deutschland auf 100.000, in den USA sind es über eine halbe Million mit über 10 Millionen Mitgliedern. Dort ist die Gruppenselbstbehandlung nicht nur ein wichtiger Faktor, sondern in der psychosozialen Gesamtversorgung bedeutsamer als die professionelle Therapie.

Die Grundordnung der Selbsthilfegruppen

Das Gruppenselbsthilfeprinzip

Die zentrale Botschaft der Gruppenselbsthilfe: Akzeptiere die Grundordnung des Lebens, lerne dein Leben wahrzunehmen und zu gestalten, werde selbstbewusster, entscheidungsfreudiger, handlungsfähiger. Suche einen Sinn in deinem Leben. Für diese Entwicklung bist du allein verantwortlich. Von Fachleuten holst du dir Hilfe, aber die Verantwortung liegt bei dir.

Bei dieser Form der Selbsthilfe hilft in der Selbsthilfegemeinschaft nicht einer dem anderen und der wieder ihm, sondern jeder hilft sich selbst und hilft dadurch den anderen, sich selbst zu helfen. Indem ich mir selbst helfe, helfe ich anderen. Diese neue Art des Helfens unterscheidet sich prinzipiell von wechselseitiger Fremdhilfe. Wechselseitige Fremdhilfe läuft stets Gefahr, Unselbstständigkeiten zu fördern und auf bloße »Betreuung« oder auf »Gutscheine-Sammeln« hinauszulaufen. Die durch Hilfsaktionen erworbenen »Anrechte« werden dann zu gegebener Zeit eingeklagt. Alkoholiker sind Meister darin.

»Nicht verzagen, Jürgen fragen«, war mein Motto in meiner nassen Zeit. Es waren keine uneigennützigen Hilfsangebote aus Menschenliebe an meine Mitwelt, wie ich mir eingebildet hatte, sondern Teile meines Sicherungssystems. Ich war überzeugt davon, dass mich eilfertige Hilfsbereitschaft vor Konfrontationen mit meinem Alkoholismus schützt.

Ein Minimum an Struktur
garantiert ein Maximum an Freiheit

Wie die AA miteinander umgehen, haben sie im Wesentlichen in zwölf »Traditionen«[3] niedergeschrieben. Erfahrene AA-Mitglieder sagen dazu: »Das Zwölf-Schritte-Programm schützt uns vor dem Alkohol, die zwölf Traditionen schützen die Gemeinschaft vor uns Alkoholikern.« Dass die Selbsthilfegruppen mit einem Minimum an Bedingungen und Vorschriften auskommen, zeigt sich insbesondere in der 3. Tradition: »Die einzige Voraussetzung für die Zugehörigkeit ist der Wunsch, mit dem Trinken aufzuhören.« Diese Regel garantiert jedem, der zu den AA kommt, eine Annahme ohne Bedingungen. Wer in die Gruppe kommt, ist Mitglied. Allein die Anwesenheit begründet die Anspruchsberechtigung, niemand muss sich dieses Recht erst verdienen. AA verzichtet auf jegliche Kontrollversuche. Diese Tradition ist auch ein Sicherungsschutz für langjährige AA-Mitglieder, damit sie nicht der Gefahr erliegen, neue Mitglieder zu kontrollieren.

Kernstück der AA ist das Gruppengespräch. Im Laufe der Zeit hat sich in den Gruppen eine Grundordnung herauskristallisiert. Sie garantiert durch ein Minimum an Regeln ein Maximum an persönlicher Entfaltungsmöglichkeit. Auf den ersten Blick mag die Art, wie in den Gruppen miteinander umgegangen wird, befremden. Das liegt aber vor allem daran, dass die Art, miteinander zu kommunizieren, sich deutlich von der herrschenden Kommunikationskultur unterscheidet. Sie ist fremd und ungewohnt. Doch AA hat keine starre, autoritäre Struktur, wie sich bei oberflächlicher Betrachtung vermuten ließe. Bei den AA hat sich eine radikal demokratische Organisationsform herausgebildet: Rotation, gebundenes Mandat, Minderheitenrechte und Konsensverfahren. Millionen Häuptlinge an der Basis und ein paar hauptamtlich arbeitende Indianer an der Spitze.

Ich vergleiche die Funktion der Gruppengrundordnung und deren Auswirkungen gern mit der Grundordnung der Jazz-Musik, einer Musik, die auch ein Optimum an individueller Entfaltung erlaubt, wenn ich mich an ein Minimum an Regeln halte. Die müssen allerdings – genau wie im Gruppenprozess – ehern eingehalten werden. Sonst funktioniert es nicht. Wenn ich einen Blues spiele, einige ich mich mit meinen Musikerkollegen auf eine Grundordnung: 12 Takte, ich verabrede die Tonart, die Harmoniefolge, und der Drummer gibt noch den Takt an. Wenn alle Mitspieler dieses Minimum an Regeln einhalten, dann hat jeder Musiker einen großen Freiraum für Improvisationen. Es ergibt Musik und kein Durcheinander. Diese Grundordnung garantiert zwar noch keine gute Musik, ist aber die unabdingbare Voraussetzung. Genauso verhält es sich auch mit der Grundordnung der Selbsthilfegruppen.

Hauptaspekte der Grundordnung

Das Prinzip Anonymität

»Was du hier hörst, was du hier siehst, wenn du gehst, bitte lass es hier«, steht auf den Schildern in den Gruppen. Niemand hat das Recht, die Anonymität eines anderen Mitglieds zu brechen. Für meinen Wachstumsprozess steht mir ein geschützter Raum zur Verfügung. Ich brauche keine Angst zu haben, dass das, was ich dort äußere, nach außen getragen und als Gesprächsstoff missbraucht wird. Ich darf jede Menge Fehler machen. Die Gruppe ist für mich ein soziales Netz, in das ich mich vertrauensvoll hineinfallen lassen kann. Ich fühle mich sicher, und wenn ich mich sicher fühle, dann bin ich bereit, Risiken einzugehen. Wenn ich durch Ausprobieren in der Gruppe erfahre, wie gut das Neue funktioniert, riskiere ich es auch im wirklichen Leben.
Darüber hinaus ist für die Anonymen Alkoholiker Anonymität gelebte Demut. Die 12. AA-Tradition: »Anonymität ist die spirituelle Grundlage all unserer Traditionen, die uns immer daran erinnern soll, Prinzipien über Personen zu stellen. Persönliche Wünsche werden dem gemeinsamen Wohlergehen untergeordnet.«

Das Prinzip Freiwilligkeit

Es gibt kein »du sollst« und »du musst«, sondern nur ein »du kannst« und »du darfst«.

Keine Fragen

Es gibt in der Kommunikationskultur unserer Gesellschaft kaum Fragen, die nicht auch inquisitorischen Charakter haben (»Bist du nicht auch mit mir einer Meinung, dass ...?«). Fragen behindern die »Verfertigung der Gedanken beim Reden«. Sie verschließen uns eher, als dass sie uns öffnen, und lösen Ängste in uns aus. Deshalb gilt die Regel, in der Gruppe keine Fragen zu stellen.

In der Alltags-Kommunikation aber gibt es selbstverständlich auch Fragen, die von einem echten Informationsbedürfnis getragen sind und »Hebammenfragen«, die einen Menschen aufschließen und ihm in seinem Gedankenfluss weiterhelfen. Solche Fragen reserviere ich mir für das Gespräch mit meinem Sponsor oder einer anderen Person meines Vertrauens.

Kein direktes Feedback

Direktes Feedback ist grundsätzlich etwas sehr Wertvolles in unserer Kommunikationskultur. Rückmeldungen sagen mir, wie ich von anderen wahrgenommen, verstanden oder missverstanden werde. Es ist eine wertvolle Hilfe zur Orientierung und Regulierung meines Verhaltens. Ich beschreibe in meinem Feedback, ich berichte von meinen Gefühlen, die mein Gesprächspartner in mir auslöst, ich vermeide Interpretationen und Behauptungen, ich bewerte und verurteile nicht. Diese Verhaltensweisen sind aber ungewohnt und erfordern zum Einüben eine professionelle Anleitung, denn direktes Feedback kann sehr schnell zu Verletzungen führen.

In der Gruppe erhalte ich deshalb indirektes Feedback. Wer sensibel genug ins Gruppengespräch hineinhorcht, erhält wertvolle Rückmeldungen. Die Gruppe hat die Funktion eines Spiegels für das eigene Verhalten. Wir gewinnen Einsicht in bisher nicht bewusste Zusammenhänge des eigenen Verhaltens. Um direktes Feedback bitte ich meinen Sponsor.

Keine Ratschläge

In der Gruppe sagt dir keiner, was dir fehlt, sondern die Gruppe hört sich an, was du sagen möchtest. Ratschläge, auch die gut gemeinten, enthalten immer auch die Aufforderung, sich so zu verhalten und es so zu versuchen, wie der »Beratende« es für richtig hält. Sich einzubilden zu wissen, was dem anderen gut tut, ist eine Anmaßung.

Der Spruch »Ratschläge sind auch Schläge« ist eine Gedankenprovokation, die auf Gefahren hinweisen soll. In der Gruppe stürzt sich niemand – mit einem Bündel Ratschlägen bewaffnet – auf mich. Es gilt das »Supermarktprinzip«: Ich wähle mir aus den Beiträgen in Eigenverantwortung das aus, was ich gebrauchen kann, und probiere es aus. Niemand drängt mir etwas auf. Direkte Ratschläge hole ich mir von Personen, denen ich vertraue.

Jede(r) über sich

Ich kann kein Unheil in der Gruppe anrichten, wenn ich über mich rede und dabei ehrlich bin. Diese Regel schützt mich davor, mich therapeutisch zu betätigen, und sorgt dafür, dass ich mich um mich kümmere und nicht um die anderen. Meine persönlichen Erfahrungsräume sind durch diese Regel geschützt, niemand darf dort eindringen.

Keine Diskussionen

Es wird in der Gruppe nicht diskutiert. Diese Selbstbeschränkung ist zweifelsohne ein Verlust. Diskussionen sind eine wertvolle Methode, komplizierte Sachverhalte zu durchdringen und Standpunkte herauszufiltern. Wenn eine Auseinandersetzung konstruktiv verläuft, kommt es zu neuen Einsichten auf beiden Seiten. Dazu gehört aber Selbstbewusstsein.

Der Verzicht auf Diskussionen ist objektiv ein Verlust, doch die Vorteile, die der Verzicht bietet, überwiegen:

- Ich kann mich voll auf meinen eigenen Beitrag konzentrieren, da ich mir nicht überlegen muss, wie ich dem anderen antworte.
- Ich brauche keine Angst zu haben, dass mein Beitrag verrissen wird, es ist geschützt, was ich sage.

- Ich muss mich nicht auf die Verteidigung meiner Thesen einstellen und kann dadurch viel konzentrierter zuhören.
- Es geht nicht um die Frage, ob einer Recht oder Unrecht hat, es gibt keine Gewinner oder Verlierer.
- Das, was ich vorbringe, gilt als wertvoll und wird nicht zerredet.
- Ich kann mich äußern, ohne dass es gleich kommentiert wird.
- Es ermuntert auch die Stillen sich einzubringen.
- Am Stammtisch reden alle und keiner hört zu. In der Gruppe redet einer, alle anderen hören zu.

Im Heute leben

Dieser allgemeine Grundsatz gilt auch im Gruppengespräch. Bezugspunkt des Gruppengesprächs ist die Gegenwart, von diesem Standpunkt aus schaue ich zurück oder nach vorn. Nicht die Vergangenheit wird auf die Gegenwart übertragen, sondern im Hier und Jetzt werden Erfahrungen miteinander geteilt. Ich lerne im Gruppengespräch, dass die jetzige Stunde die wichtigste ist.

Hilfsregeln, die die Grundordnung stützen

- Rede über alles, aber sprich von dir.
- Ich unterbreche meinen Gesprächspartner nicht.
- Kümmere ich mich um mich selbst?
- Ich entscheide, ob ich rede oder schweige.
- Ratschläge sind auch Schläge.
- Rede über alles, aber möglichst nicht über zwanzig Minuten.
- Nimm, was du gebrauchen kannst, und vergiss den Rest!
- Erzähl nicht unbedingt das, was du auch deinem Friseur erzählen kannst.

Wie man sieht, erlaubt die Grundordnung nicht alles, was menschliche Kommunikation wertvoll macht. Auf einiges wird verzichtet, der Verzicht aber wird durch viele Vorteile ausgeglichen.

Die Regeln werden in den AA-Gruppen nicht eingepaukt. Neue Mitglieder orientieren sich am Verhalten erfahrener Mitglieder und fügen sich normalerweise problemlos in den Gruppenprozess ein. Die Grundordnung wird auch von den meisten Neuen schon nach kurzer Zeit als wohltuend empfunden und gerne angenommen. Ich vermute, dass es vielen Mitgliedern gar nicht bewusst ist, dass es diese Regeln gibt. Unabhängig davon verkraftet eine Gruppe Verstöße.

Die Grundordnung erweist sich als außerordentlich resistent gegen Veränderungsversuche. Alle Reform- und Neuerungsversuche sind bislang gescheitert.

Dieses Minimum an Regeln garantiert ein Maximum an individuellen Entfaltungsmöglichkeiten und eröffnet den Weg zu einer Kommunikationskultur mit besonderen Qualitäten: Die Verhaltensweisen sind mitfühlend, empathisch, sich stützend, sich öffnend, die Eigenarten des anderen akzeptierend. Gerade auch die freiwilligen Einschränkungen im Gesprächsverlauf bewirken, dass wachstumsfreundliche und heilende Tendenzen im Menschen angeregt werden:

- Es ist keine besitzergreifende Form der Zuwendung. Es ist eine Atmosphäre der Geborgenheit, nicht des Zwangs.
- Moralische Haltungen, denen wir häufig im Alltag begegnen, werden durch eine verstehende Haltung ersetzt.
- In den Gruppen fehlt jede Form von Zynismus. Es wird viel gelacht, aber niemand wird ausgelacht. Es wird nie über eine Person, sondern immer mit der Person gelacht.
- Du wirst für das akzeptiert, was du bist, nicht für das, was du tust.
- Es gibt keine Fragen nach Beruf oder Schulbildung oder nach Höhe des Bankkontos. All das ist unwichtig.
- Es gibt kein Zur-Rede-Stellen, keine Beschimpfungen, keine Vorwürfe.
- Man kann später kommen und früher gehen, sich zu Wort melden oder auch nicht.
- Es gibt keine Bevormundung, keine Rechthaberei, kein Durcheinandergequatsche.
- Niemand wird in seinem Redefluss unterbrochen.
- Es gibt keine erbitterten Streitgespräche mit Verletzungen.
- Niemand drängelt. Das Gruppengespräch ist ein fließender Prozess, der Ausgang ist stets ungewiss.

- Niemand kann sich bei Einhaltung der Regeln als »Guru« aufspielen.
- Es ist eine Bereitstellung von Erfahrungsräumen, in denen Süchtige lernen, sich selbst und die Welt besser zu verstehen.

Das Menschenbild der AA

In der Grundordnung offenbart sich der große Respekt vor der Selbstregulierung der Menschen.

Die Gruppe akzeptiert die Bedingungen, unter denen ein Mitglied bereit ist, neue Erfahrungen zu machen. Das verschafft Mut, über bisher vertraute Grenzen hinauszugehen und Dinge für sich zu entdecken, die das Leben lebenswert machen.

Unsere Gesellschaft handelt nach der Maxime: Vertrauen ist gut, Kontrolle ist besser. AA wendet diesen Spruch: Kontrolle ist nicht gut, sondern Vertrauen ist sehr viel besser. Wenn geeignete Rahmenbedingungen für Wachstum vorhanden sind, dann sind Menschen aus Sicht der Gemeinschaft der AA vertrauenswürdig, schöpferisch, eigenmotiviert, tatkräftig und konstruktiv. Diese Einstellung, auch wenn es nicht offen gesagt wird, gilt in unserer Gesellschaft als blauäugig und naiv. AA hat es mit diesen Grundüberzeugungen allerdings zu einem »Global Player« geschafft.

Weltweit gibt es meines Wissens keine Organisation, die auf Mitgliederlisten und Aufnahmescheine verzichtet, keine Beiträge erhebt, von außen kommende Spenden ablehnt, auf staatliche Subventionen verzichtet, sich ausschließlich aus eigenen Spenden erhält und in der das Programm lediglich den Status von Empfehlungen hat. Ich kann mich noch gut erinnern, wie ein Freund behauptete, er habe kein Vertrauen in die Menschen, auch nicht bei AA, man möge sich dort doch nur die Dienstkonferenzen[4] anschauen, diesen Jahrmarkt der Eitelkeiten, und zur Kenntnis nehmen, wie gewaltig es dort menschelt. Das alles gibt es auch bei AA. Aber das Sensationelle ist gerade, dass die Gemeinschaft in Kenntnis menschlicher Schwächen und Fehler auf Vertrauen und nicht auf Kontrolle setzt und dass die Praxis zeigt, dass dieses Vertrauen gerechtfertigt ist. Es funktioniert, und ich glaube auch, dass es nur so funktioniert.

Woher kommt dieser unerschütterliche Glaube an das Gute im Menschen? Auch AA-Mitglieder wissen, dass der Mensch zu allem fähig ist. Doch im Gruppenprozess erleben sie immer wieder, dass sie wider Erwarten in der Lage sind, Potenziale freizusetzen, die sie nie in sich vermutet hätten. In jedem Meeting erfahren sie, wie empfänglich sie für Herzlichkeit, Natürlichkeit und Offenheit sind, und spüren immer wieder aufs Neue, wie gut es tut, zu teilen und sich über das Wachstum anderer zu freuen.

Ich erlaube mir eine politische Bemerkung: Die Grundüberzeugung, dass wir nur miteinander leben können, wenn das Böse in der menschlichen Natur kontrolliert wird, bringt die Welt an den Rand der Katastrophe. Seit langem treibt mich die Frage um: Wird die Gesellschaft imstande sein, die Wirksamkeit des Glaubens an das Gute im Menschen zu begreifen und noch rechtzeitig umkehren? Es ist meine Überlebenshoffnung. AA hat den axiomatischen Glauben an die Autonomie des Menschen und glaubt an die zwischenmenschliche Gebundenheit: Nur du allein schaffst es, aber du schaffst es nicht allein. Die Menschheit könnte viel davon lernen.

Was die Grundordnung leistet

Wie entsteht Wachstumsklima?

- Wenn ein anderer Mensch bereit ist, mir etwas von sich zu erzählen und seine inneren Gedanken und Gefühle mit mir teilt, so liegt darin ein Wert für mich. Ich profitiere auch dann, wenn sich dabei herausstellt, dass ich ganz andere Ansichten habe.
- Ich erfahre Zug um Zug, wie wertvoll und Gewinn bringend es ist, einen anderen Menschen zu verstehen.
- Geteilte Freude ist doppelte Freude – geteiltes Leid ist halbes Leid. Teilen setzt Energien frei für Veränderungen.

- Ich verabschiede mich von einer stillschweigenden Annahme, die alle Überheblichkeit des alkoholischen Denkens enthält: dass jeder das Gleiche fühlen und denken und glauben muss wie ich.
- Es ist ein gutes Gefühl, wenn es nicht ständig um Gewinnen oder Verlieren geht. Mein Selbstbewusstsein wächst.
- Da ich immer wieder die Erfahrung mache, dass es ein Gewinn ist, den anderen zu verstehen, versuche ich, auch bei mir Verständigungsbarrieren abzubauen. Ich öffne meine Kommunikationskanäle, damit andere zu mir Zugang finden.
- Ich lerne mich nicht nur mit meinen, sondern auch mit den Augen der anderen wahrzunehmen.
- Ich lerne, dem anderen hilfreich zuzuhören. Nur einer, der zuzuhören vermag, ist auch in der Lage zu sprechen.
- Wenn ein Gruppenmitglied Schmerzen oder Kummer hat, erlebe ich, wie die Gruppe mit Mitgefühl, Wärme und Verständnis reagiert. Ich lerne den wichtigen Unterschied zwischen mitleiden und mitfühlen.
- Unsere Zuneigung zueinander wächst, je mehr wir voneinander erfahren.
- Ich kann mich in der Gruppe ganz dem Gefühl überlassen, das mich im Augenblick erfüllt: Glück, Zorn, Verwirrungen, Liebe, Mut, Stolz.
- Jeder Einzelne ist wertvoll, die Ansichten und Gefühle jedes Einzelnen haben ein Recht berücksichtigt zu werden.
- Ich lerne in der Gruppe, Nähe zuzulassen, und ich lerne, Nähe zu ertragen.

Wie entsteht heilsame Akzeptanz?

Grundvoraussetzung für meinen Veränderungsprozess ist, dass ich mich so akzeptiere, wie ich bin. Wenn ich mich so annehmen kann, wie ich bin, stellt sich Veränderung von allein ein. Wenn ich gegen unliebsame Eigenschaften kämpfe, sie unterdrücke und verdränge, verleihe ich diesen Eigenschaften nur noch mehr Macht über mich.

- Im Gruppengespräch lerne ich Schritt für Schritt, mich selbst zu akzeptieren.
- Aus den Lebensberichten in den Gruppen erfahre ich immer wieder, dass es auf lange Sicht keinesfalls hilft, so zu tun, als wäre ich jemand, der ich nicht bin.
- Solange ich mich nicht selbst akzeptieren kann, solange akzeptiert mich stellvertretend die Gruppe.
- Wenn die anderen in der Lage sind, meine Gefühle zu verstehen, dann wird es auch mir eines Tages gelingen, diese Gefühle in mir selbst zu akzeptieren.
- Wenn ich registriere, dass erfahrene Gruppenmitglieder sich erlauben, so zu sein, wie sie sind, dann hat das ansteckende Wirkung. Ich wage dann auch, ich selbst zu sein.
- Ich lerne, mich als unvollkommenen Menschen zu akzeptieren, und entdecke, dass mein Selbstwertgefühl steigt, wenn ich dazu in der Lage bin.
- Ich erreiche mehr, wenn ich ganz ich selbst sein kann. Erst bin ich es in der Gruppe, allmählich schleift es sich unbemerkt in den Alltag ein.
- Ich mache eine für mich großartige Erfahrung, die für viele wohl selbstverständlich ist: Erst dann, wenn ich mich so gebe, wie ich bin, mögen mich die Leute.
- In der Kommunikation mit anderen Betroffenen, vor allem mit Menschen, die schon lange nüchtern sind, formt sich die gesamte Art zu denken und zu fühlen. Nur in der Kommunikation mit Betroffenen ist es mir möglich, das neu gewonnene Leben zu behalten. Der Gruppenbesuch gibt mir etwas, was mir sonst im Leben fehlt.

Warum Selbsthilfe für Alkoholiker besonders geeignet ist

Eine AA-Gruppe ist ein Gemischtwarenladen mit ganz besonderer Verkaufskultur. Im offenen Angebot: jede Menge Hautnähe. Nimm dir mit, was du gebrauchen kannst, und den Rest lässt du dort. AA verwirklicht, was Lernpädagogen und Soziologen wie Oskar Negt seit vielen Jahren vergeblich fordern: Die Gruppe ist ein gesicherter und verlässlicher Ort der Bildung und Orientierung.[5] Sie dient der Realitätserprobung und ermöglicht die selbstbestimmte Entfaltung des gesamten menschlichen Potenzials. Neben kognitiven werden vor allem emotionale und soziale Fähigkeiten gefördert.

Das Gruppengespräch

Kernstück der Genesung ist das Gespräch, das der Süchtige mit anderen Süchtigen führt: im Gruppen-Meeting, im Gespräch unter vier Augen mit dem Sponsor, im »Nachmeeting«[6] oder beim Telefonkontakt. Die Veränderungsarbeit geschieht im Gespräch. Über die Krankheit reden, reden, reden. Das hilft. Es ist eine »Redekur«. Es mag auf den ersten Blick so erscheinen, als ob in den Gruppen eine Ansammlung von Trinkern großspurig Heldentaten aus der Saufzeit austauscht. In Wirklichkeit bildet sich in allen Geschichten und Biografien ein neues Weltbild heraus. Wer gut zuhören kann, wird es schnell erkennen.
Die einzige Möglichkeit, mir meine Erlebisse voll bewusst zu machen, führt über die Sprache im Austausch mit anderen. Allein verfalle ich grübelnder Selbstbeobachtung und fruchtlosem Kreislaufdenken. Wir Süchtigen wissen, wie quälend es ist, etwas zu spüren, etwas zu empfinden, etwas zu ahnen, ohne es auf den Begriff bringen zu können.
Im Gruppengespräch erleben wir, wie erlösend es ist, etwas in Worte fassen zu können, das schon lange in uns bohrt. Wenn ich einen Vorgang sprachlich nicht meistere, so kann ich ihn mir weder vorstellen, noch kann ich ihn richtig verstehen. Nur indem ich etwas auf den Begriff bringe, kann ich es begreifen, ergreifen, anpacken und Lösungen anstreben.
Das Erzählen der eigenen »Saufgeschichte« ist der Anfang aller Genesung.

170

Sponsorschaft

Ich kann mir eine Person meines Vertrauens aus der Gruppe aussuchen, die mich in meinem Genesungsweg begleitet und mit der ich jederzeit reden kann. Sie wird mir nicht etwa zugewiesen, sondern ich bitte jemand darum. Ich lerne, andere um Hilfe zu bitten.

Individueller Genesungsweg

Es kann gar nicht oft genug wiederholt werden: Wenn zwei Alkoholiker den gleichen Genesungsweg einschlagen, wird einer von beiden mit Sicherheit scheitern. Niemand kann uns sagen, was der richtige Weg ist, jeder muss es selbst herausfinden. Die Gemeinschaft kann mir dabei helfen.
Die entsprechende Regel: Ich spreche im Meeting nur von mir. Die Last der Erkenntnis und des Handelns liegt da, wo sie hingehört: beim Individuum. Ich bestimme Inhalt und Tempo des Veränderungsprozesses und ich entscheide, ob ich mich auf neue Gedankengänge, neue Erlebnisse, neue Erfahrungen einlasse und wie weit ich dabei gehe. Die Gruppe verhilft mir zu dem Mut, über bisher vertraute Grenzen hinauszugehen.

Lebendiges Miteinanderlernen

Der Genesungsprozess beruht nicht auf Informationsvermittlung, die Genesung ergibt sich vielmehr aus dem Gespräch von Mensch zu Mensch. Der Mensch ist des Menschen Arznei.[7] Es ist kein Geführtwerden durch einen Lehrer, es ist ein fortschreitendes Erfahren und lernendes Erleben. Meistens registriere ich gar nicht, dass ich etwas lerne.
In erster Linie sind es die Gefühle und Einstellungen, die die Gruppe zum Ausdruck bringt, die mir helfen. Der Heilungsprozess liegt nicht darin, dass ich meinen Alkoholismus analytisch begreife oder ergründe, es ist vielmehr ein verstehendes Wahrnehmen: eine

typische Geste, die alkoholisches Denken illustriert, ein befreiendes Lachen, eine gelungene Rückerinnerung an alte Zeiten aus der Sicht des Hier und Heute. Viele meiner neuen Einstellungen und Handlungen habe ich mir in der Gruppe »angesessen«. Eine AA-Freundin umschreibt es treffend auf ihre herzlich derbe Art: »Was ich an AA so außerordentlich schätze, ist die Tatsache, dass ich dort auch mit meinem Arsch etwas lerne.«

Der Mensch steht im Mittelpunkt

AA stellt die Einmaligkeit des Menschen in den Mittelpunkt aller Hilfsansätze. Selbsthilfe hat ein grundlegend anderes Ziel als Problemberatung. Sie zielt auf die größere Unabhängigkeit und Selbstständigkeit des Individuums ab und macht den Weg frei für lebenslanges Wachstum. Wenn mir ständig jemand bei der Lösung meiner Probleme hilft, besteht die Gefahr, dass ich keine Problemlösungskompetenzen entwickle.

Probierstube

Um Leben leben lernen zu können, benötige ich eine Probierstube, ein Erfahrungsfeld, eine Art Trainingslager, um das Neue in einem geschützten Raum ausprobieren und schließlich im wirklichen Leben wagen zu können. In der Gruppe lerne ich Zugang zu mir selbst zu finden, Beziehungen zu anderen Menschen zu knüpfen, um Hilfe zu bitten. Ich entwickle kommunikative und soziale Kompetenzen. Diese Fähigkeiten werden nicht gezielt trainiert, sondern ergeben sich aus dem Gruppenprozess. Aus welchem Grund auch immer eine Selbsthilfegruppe sich zusammenschließt, es sind immer auch kommunikative und soziale Fähigkeiten, die dort geschult werden. Ich werde dialogfähig, nachdem ich ein Leben lang nur einen Monolog mit meinem süchtigen Ich geführt habe. Ich wüsste nicht, wie ich das in einer Einzeltherapie erlernen könnte. Nur das Wissen, wie es funktioniert und welche Fähigkeiten ich dazu benötige, nützt mir so gut wie nichts. Ich muss es ausprobieren, es muss für mich in einer Gruppe erfahrbar werden, dass ich es kann, wenn ich mich nur traue.

Praxistransfer

Das Hauptproblem nahezu aller Lernprozesse ist der Praxistransfer, das Umsetzen in die Wirklichkeit. Das, was in der Therapie oder in einem Seminar so wunderbar klappt, versandet kurz darauf im Alltag, denn in Stresssituationen greifen wir auf das Gewohnte zurück. Ein alter Irrtum ist immer beliebter als eine neue Wahrheit. Die heterogen zusammengesetzte Gruppe ist kein Mikrokosmos der Gesellschaft, ist aber ein Erfahrungsfeld, das der Wirklichkeit sehr nahe kommt. Das Gruppengespräch wirkt über die Gruppe hinaus, ich muss es nicht willentlich umsetzen, der Praxistransfer ist in den Gruppenprozess eingebaut, das Neue schleicht sich in den Alltag ein.

Manche Gruppenmitglieder realisieren gar nicht, dass sie wertvolle neue Qualifikationen erwerben. Mein Freund Gustl beispielsweise fängt fast jeden Beitrag mit der Formel »Ich bin kein großer Redner« an und dann hält er eine bemerkenswerte Rede, um die ihn jeder Politiker beneiden würde.

Jeder kann es schaffen

Ich bin überzeugt davon, dass alle Menschen die Ressourcen besitzen, die sie für Veränderungen benötigen. Aber nicht alle schaffen es, diese Ressourcen zu nutzen. Gibt es also doch Bedingungen für eine erfolgreiche Teilnahme? Gibt es unverzichtbare individuelle Voraussetzungen, damit Selbsthilfe in der Gruppe funktioniert? Drei Voraussetzungen sind für den Erfolg förderlich: Bereitschaft, Zielbindung und Kontinuität. Diese Voraussetzungen muss man nicht von vornherein erfüllen. Es genügt der aufrichtige Wunsch, sie zu erfüllen. Entwickelt werden sie im Gruppenprozess.

Bei Alkoholikergruppen ist die Zielbindung, der Wunsch mit dem Trinken aufzuhören, klar. Die Bereitschaft, offen zu sein für innere Erfahrungen und Einsichten, ist durch das Tiefpunkterlebnis herbeigeführt worden. Das Hauptproblem ist die mangelnde Kontinuität im Meetingbesuch. Das Projekt »Das lebendige Leben als Alternative zur Sucht« verlangt Geduld und ständiges Bemühen, denn neue Verhaltensweisen müssen mit Energie und Kontinuität eingeschliffen werden, selbst dann, wenn das Neue deutlich besser funktioniert als das Alte. Wenn ich Kopfschmerzen habe, kann ich Aspirin nehmen und es hilft. Die Selbsthilfegruppe hilft vorzubeugen. Der »Saufdruck« darf gar nicht erst aufkommen. Rückfaller haben bei aller Verschiedenheit eines gemeinsam: Sie sind nicht bereit, kontinuierlich Meetings zu besuchen. Es gibt einen unsichtbaren roten Faden im Gruppenprozess, der nicht reißen darf. Gerade wenn ich keine Lust habe, ins Meeting zu gehen, gerade dann habe ich es besonders nötig.

Eine Erfahrung ist für mich sehr lehrreich. Ich lebe im Sommer am Mittelmeer und habe dort eine zweite Heimat gefunden. Wenn es wieder nach München geht, freue ich mich vor allem auf die Gruppen, aber wenn ich dort bin, bin ich regelmäßig enttäuscht: Eigentlich könnten die Freunde doch nach so langer Zeit etwas netter zu mir sein. Selbst die Beiträge scheinen nicht mehr das zu sein, was sie früher einmal waren. Doch das ist nicht die Realität, es ist meine veränderte Wahrnehmung. Der unsichtbare Faden des Gruppenprozesses ist durch die lange Unterbrechung abgerissen. Aber das beunruhigt mich nicht mehr. Ich gehe mehrere Abende hintereinander in ein Meeting und siehe da: Die Freunde sind wieder nett zu mir und die Beiträge sind wertvoller denn je.

Selbsthilfegruppen sind Identitätswerkstätten

Was geschieht in den Selbsthilfegruppen? Wie ist es möglich, dass alte, tief auf der Identitätsebene verankerte Verhaltensweisen zugunsten neuer und anderer Verhaltensmuster aufgegeben werden?

Was bewirkt die Veränderung? Ich vermute, dass die neue Qualität der Beziehungen untereinander die Veränderungen herbeiführt. Die Veränderungen beruhen auf einem neuen Verständnis von mir selbst. Es vollzieht sich eine grundsätzliche Wandlung meines Mich-in-der-Welt-Zurechtfindens. Ich entwickle ein neues Verständnis meiner subjektiven Wirklichkeit. Ich bin nicht mehr Mittelpunkt, sondern Teil der Welt.

Ich entdecke neue Sinnzusammenhänge und mache mich auf die Suche nach dem Sinn im Leben. Die Genesung wird bewirkt durch eine neue Definition der eigenen Identität und Lebenswelt. Das ist für mich spirituelles Wachstum.

Das Wertesystem einer Selbsthilfegruppe

Die veränderten Beziehungen im Gruppenprozess manifestieren sich in einem übergeordneten Wertesystem.[8]

Die einzelnen Werte stehen in einer engen Wechselbeziehung zueinander, die sich nicht nur summieren, sondern aufgrund ihrer Kombination verstärken.

Das Wertesystem ist die übergreifende Steuerung der Gruppe. Die Werte sind Gegengifte gegen Verschwiegenheit und Heuchelei, gegen unsere entfremdeten und verdinglichten Beziehungen. Die Gruppenarbeit sorgt dafür, dass diese Werte kontinuierlich in Beziehung zu den realen Verhältnissen gesetzt werden. Nur dann sind sie nützlich.

Bonding (Verbundenheit) gegen defekte Beziehungen
Bonding beinhaltet Liebe, Intimität, Nähe, Wärme, Glauben, Vertrauen, Geborgenheit, Einssein mit der Welt, sich verbunden fühlen.

Authentizität gegen unangemessene Abwehr
Ich habe den Mut, mich so zu zeigen, wie ich bin. Ich bin echt. Wenn ich authentisch kommuniziere, dann sind meine kommunikativen Beziehungen offen, echt und konfliktfähig.

Hoffnung gegen Angst

Hoffnung ist die emotionale Basis unserer Selbstheilungskräfte. Hoffnung ist der Energiespender für Zeiten, in denen nichts mehr vorangeht. Jeder kann es schaffen, es gibt keine hoffnungslosen Fälle. Wer selbst keine Hoffnung mehr hat, hat immer noch die Hoffnung der Gruppe, dass er es schafft.

Selbstbestimmung gegen Fremdbestimmung

Dieser Wert zeigt sich in den Gruppen in zwei Regeln. Jede Gruppe ist für sich selbst verantwortlich, ist autonom, und jeder in der Gruppe ist verantwortlich für die eigenen Defizite. Für die Anstrengung, sie zu beheben, ist jeder selbst zuständig.

1 Moeller, Michael L.: Selbsthilfegruppen, S. 7 ff

2 Ein Alkoholiker, der bereits Fortschritte im Genesungsprozess gemacht hat, fungiert für ein neues Gruppenmitglied als Sponsor, indem er mit diesem auf einer sehr individuellen Basis – häufig auch in Vier-Augen-Gesprächen – kontinuierlich Erfahrungen austauscht. Sponsoren werden neuen Mitgliedern nicht zugewiesen, sondern von diesen auserwählt.

3 Die Traditionen regeln das Miteinander der AA nach innen und außen. Es sind Regeln für eine Mindestorganisation des Zusammenlebens.

4 Jährlich zusammentretende Konferenz, deren Teilnehmer von den Gruppen gewählt werden. Es handelt sich dabei um eine Art Aufsichtsrat, der jedoch keine Weisungsbefugnis hat. AA ist kein Verband, sondern ein Netz von lokalen, autonomen Gruppen.

5 Negt, Oskar: Kindheit und Schule in einer Welt der Umbrüche

6 Nach dem offiziellen Meeting gehen einige Mitglieder noch gemeinsam Kaffeetrinken oder etwas essen.

7 Der Mensch ist des Menschen Arznei – ein Sprichwort des senegalesischen Stammes der Wolof: Nit nit, ay garabam.

8 Moeller, Michael L.: Selbsthilfegruppen; siehe auch Heckel, Jürgen: Frei sprechen lernen, S. 207 ff

Bausteine für ein nüchternes Leben
Das Zwölf-Schritte-Programm der Anonymen Alkoholiker

Wenn der Alkohol weg ist,
wirst du es mit dir zu tun haben.

Das Programm, mit dem sich die Anonymen Alkoholiker in den Meetings auseinander setzen, besteht aus zwölf Schritten oder Stufen (steps). Sie wurden von Alkoholikern entwickelt, die herausfanden, wie und wodurch es möglich ist, nicht nur trocken zu bleiben, sondern auch zu zufriedener Nüchternheit zu gelangen. Es ist eine Art Betriebsanleitung für ein Leben ohne Alkohol, ein »Nachreifungsprogramm« für Süchtige unter besonderer Berücksichtigung der außerordentlich schwierigen Ausgangslage. Dabei geht es nicht um ein theoretisches Konzept, sondern um erlebte Wirklichkeit, die Zwölf Schritte beruhen auf den Erfahrungen Betroffener. Es ist ein einfaches Programm für komplizierte Leute.

Der Begriff Programm könnte gedanklich zu falschen Vorstellungen führen. Das Zwölf-Schritte-Programm ist nicht vergleichbar mit einem Parteiprogramm. Ein Parteiprogramm ist für Mitglieder verbindlich, Beitrittsgrundlage ist die Zustimmung zum Programm und das Versprechen, es umzusetzen. Der Charakter des AA-Programms zeigt sich eher in der griechischen Bedeutung des Wortes: Neben malen und zeichnen bedeutet es auch Festordnung, ein Programm, mit dem ein Festmahl angekündigt wird. Ich verstehe das Zwölf-Schritte-Programm als eine Art Festordnung fürs Leben, aus dem ich mir etwas auswählen kann. Darüber hinaus sind die Zwölf Schritte für mich eine Landkarte, die mir Orientierung bietet und die Richtung des Veränderungsprozesses weist. Zauberkräfte enthält das Programm nicht.

Bill W. in einem Vortrag vor Fachärzten in New York: »Dabei möchten wir von allem Anfang an doch klarstellen, dass AA ein synthetischer Begriff ist, eine künstliche Zusammenfassung gewissermaßen aus den Hilfsquellen der Medizin, der Psychiatrie, der Religion und aus unserer ureigenen Erfahrung mit dem Trinken und in der Heilung davon. Sie werden vergeblich nach einer einzigen neuen Grundwahrheit suchen. Wir haben nur alte erprobte Grundsätze der Psychiatrie und der Religion solcherart neu- und umgestaltet, dass der Alkoholiker diese akzeptieren kann. Und dann haben wir eine Gesellschaft eigener Prägung damit geschaffen, in der er mit Begeisterung gerade diese Grundsätze an sich selbst und bei anderen Leidenden in Anwendung bringen kann. Sodann haben wir versucht, nach besten Kräften aus unserem einen großen natürlichen Vorteil Kapital zu schlagen. Dieser Vorteil ist unsere persönliche Erfahrung als Trinker, der genesen ist.«[1]

Wer auch immer versucht, mehr Leben in sein Leben zu bringen, für den können die Zwölf Schritte eine Hilfe sein. Nur der erste Schritt des Programms befasst sich mit Alkohol, alle anderen Schritte sind für alle Menschen anwendbar. Zusammengefasst läuft für mich das Programm auf vier Empfehlungen hinaus: Sei ehrlich und gut zu dir. Ändere dich. Suche für dich einen Sinn im Leben. Gib es weiter, hilf anderen, indem du dir selbst hilfst.

Das Zwölf-Schritte-Programm dient auch vielen anderen Gruppen als Leitlinie: Essgestörten, Sexsüchtigen, Mobbing-Betroffenen, Beziehungssüchtigen, Spielsüchtigen, usw. Die AA-Begründer leisteten Pionierarbeit. Sie ebneten den Weg für alle, die mit Süchten oder anderen Störungen zu tun haben. In der New Yorker Zentrale sind 300 unterschiedliche »A-Gruppen« registriert. Diese Gruppen haben sich das Zwölf-Schritte-Programm der AA zu eigen gemacht und für ihre jeweiligen Bedürfnisse leicht abgewandelt, die inhaltliche Substanz bleibt erhalten. In der Literatur werden diese Gruppen deshalb auch als »A-Gruppen« oder »Zwölf-Schritte-Gruppen«

bezeichnet. Sie haben keine organisatorischen Verbindungen zu den Anonymen Alkoholikern.

Orientierung und Denkgeländer

Antworten, wie ich voranzuschreiten habe im neuen Leben, sind in dem Programm nicht vorgesehen. Das Zwölf-Schritte-Programm ist eine Anleitung zur Selbstbeantwortung dieser für Alkoholiker überlebenswichtigen Frage. Es hat eine lenkende Funktion und eröffnet individuelle Lernwege. Es bietet mir Orientierung, dient im Alltag als hilfreiches Denkgeländer und führt aus der Problemverhaftung heraus. Für meinen Genesungsweg war und ist es unverzichtbar.

Die Richtungsangabe des Zwölf-Schritte-Wegweisers: vom Lebensausweicher zum Lebensannehmer. Ich fliehe nicht mehr aus dem Leben, sondern riskiere es mit all seinen Unwägbarkeiten. Dafür enthält das Programm alle notwendigen Bausteine. Es führt und verführt mich gleichermaßen und lockt verschüttete Fähigkeiten in mir hervor.

Ich durfte in der Auseinandersetzung mit dem Programm die Entdeckung machen, dass ich sehr viel mehr weiß, als ich zu wissen glaubte. Darüber hinaus erfahre ich, wie weit ich in meinem Genesungsweg schon vorangeschritten bin oder ob ich in alte Verhaltensweisen zurückfalle. Das Programm hilft mir dabei, mein Leben und seine Bedingungen realistischer wahrzunehmen.

Es hilft mir, sorgsam darauf zu achten, dass alkoholische Gedanken nicht unsortiert in meinem Kopf rotieren.

Die kontinuierliche Auseinandersetzung mit dem Programm im Gruppengespräch bringt denkerische Ordnung in mein Leben, es gelingt mir, mein Kopfkino abzustellen, und der Lärm der Selbstgespräche verschwindet aus meinem Kopf. Zug um Zug verlasse ich das süchtige Kreislaufdenken und meine »Zerdenkmaschine« verwandelt sich in eine »Denkmaschine«. Erst dann wird mein Kopf frei für Stille und Besinnung.

Das Programm ist lösungs-, nicht problemorientiert

Ich kenne Menschen, die druckreif und auf hohem Abstraktionsniveau über die schwierigsten Problemkonstellationen ihres Lebens reden können, aber seit Jahren nichts daran ändern. Selbst auf geringfügige Störungen im Alltag reagieren sie unverhältnismäßig sensibel und setzen umgehend ihre »Problemsuchmaschine« in Gang, handeln aber so gut wie nie. Sie werden dadurch langsam, aber sicher zu einem Teil des Problems, statt sich verantwortungsfähig als Teil der Lösung zu begreifen. Sich einmal pro Woche im Meeting darüber auszuheulen, wie grauenhaft der Saufdruck ist und überhaupt wie schlecht die Menschen sind, mag momentan befreiend wirken, doch die Erleichterung reicht bestenfalls bis zum nächsten Meeting. Den Druck im »Kessel« beseitigen sie nicht. Erfahrene Gruppenmitglieder bezeichnen diese Meetings zu Recht als »Jammermeetings«. Die Zwölf Schritte fordern mich auf, über mein Leben nicht problemorientiert, sondern lösungsorientiert nachzudenken. Dadurch hoffe ich nicht nur auf die guten Dinge im Leben, sondern sorge dafür, dass sie geschehen.

Ist das Programm verbindlich?

Das Programm enthält keine Regeln oder Gebote, sondern Empfehlungen, Werkzeuge zur Genesung. Ich darf auswählen, womit ich mich beschäftigen möchte. Die Zwölf Schritte sind der Rahmen für meinen Veränderungsprozess, sie thematisieren nur die Grundbestandteile eines nüchternen Lebens, die konkrete Ausstattung bleibt jedem selbst überlassen. In der AA-Sprache: Nimm dir, was du brauchen kannst, und vergiss den Rest. Diese Regel ist ein Überlastungsschutz, ein jeder lädt sich nur so viel auf, wie er verarbeiten kann. Der Einzelne und niemand anderes entscheidet sowohl über das Tempo als auch über die Schwerpunkte seines Veränderungsprozesses.

Auch die offizielle AA-Literatur weist darauf hin: »Nur den ersten Schritt, in dem wir aus tiefster Überzeugung unsere Machtlosigkeit dem Alkohol gegenüber zugeben, vollziehen wir vollkommen und bedingungslos. Die übrigen elf Schritte sind Idealvorstellungen. Sie sind erstrebenswerte Ziele und Maßstäbe, an denen wir unseren Fortschritt messen.«[2] Worüber auch immer in der Gruppe gesprochen wird, es stehen sich immer zwei Wirklichkeitsauffassungen gegenüber: einerseits das nasse, alkoholische, zerstörerische Weltbild und andererseits das gelassene Weltbild des Genesenden, wie es sich bei näherem Hinschauen in den Zwölf Schritten zu erkennen gibt.

Muss die Reihenfolge der Schritte eingehalten werden?

Mit Ausnahme von Schritt 1 und 2, die vorbehaltlos zu vollziehen sind (siehe Seite 183), kann ich die Reihenfolge frei wählen. Die Schritte stehen grundsätzlich in keinem Reihenfolge-, sondern in einem wechselseitigen Ergänzungsverhältnis. Das Programm hat zwar eine innere Ordnung – die ersten beiden Schritte bilden die Grundlage, die folgenden befassen sich mit der Auseinandersetzung mit meinem Inneren, und ab dem achten Schritt wende ich mich nach außen –, doch letztlich ist die Reihenfolge egal. Ich habe mich in meinem Genesungsweg zuerst den Schritten zugewandt, die ich zu bewältigen glaubte. Das führte zwar dazu, dass ich mich nicht gleich dem für mich wichtigsten widmete, aber ich konnte Anfangserfolge verzeichnen und die Erfolgserlebnisse verliehen mir die Kraft, mich danach auch anderen, für mich unangenehmeren Veränderungsprozessen zu stellen.
Es ist nicht so wichtig, mit welchem Schritt ich anfange, viel wichtiger ist, dass ich anfange.
Ich kann mich noch gut daran erinnern, wie ich innerlich über Schritte gestöhnt habe, die ich nicht mochte. Heute weiß ich, dass ich diese Schritte besonders dringend nötig gehabt hätte. Die Bereitschaft zur Auseinandersetzung wuchs erst im Laufe der Zeit, weil ich registrierte, dass einzelne Schritte Veränderungen in mir ausgelöst hatten. Irgendwann genügte dann ein kleiner Anlass, ein

winziges Wort, eine ausgefallene Interpretation, und ich konnte die Wichtigkeit und Bedeutung des bislang gemiedenen Schrittes für mich erkennen.

Das Programm entfaltet seine Wirkung nur im Gruppengespräch

Die Zwölf Schritte entfalten ihre Wirkung nur im Gruppengespräch, die Anwendung erfordert persönliche Beteiligung. Gruppe und Programm gehören untrennbar zusammen. Was dort geschieht, kann man kaum beschreiben, das muss man erleben.

Was die Bereitschaft zur Annahme des Programms erheblich erschwert, ist die altmodische Sprache, die für viele Menschen eine nicht zu unterschätzende Hürde bedeutet.

Auch mir ist die Sprache, im Gegensatz zum Inhalt, bis auf den heutigen Tag fremd geblieben. Doch sehe ich nicht den geringsten Grund, das Programm in moderne Sprachformen zu übersetzen, nicht nur aus Hochachtung den Gründern gegenüber, sondern weil sich gerade aus dem Widerstand und den Missverständnissen häufig die fruchtbarsten Gespräche ergeben. Das Gruppengespräch sorgt schon dafür, dass es in die Alltagssprache übersetzt wird. Die Bilder und Worte unserer Sprache verändern sich, unterliegen Moden, neue Worte kommen und gehen, die Inhalte der Bausteine bleiben gleich.

Ihr werdet das Programm nicht verstehen ...

Wie viel Kraft von den Zwölf Schritten ausgehen kann, ist diesen Zeilen nicht einmal andeutungsweise zu entnehmen. Als Meister Shin-t'ou gefragt wurde, was der letzte Inhalt des Buddhismus sei, antwortete er: »Ihr werdet ihn nicht verstehen, solange ihr ihn nicht habt.«[3] Wenn man ihn aber einmal erfasst hat, bedarf er offensichtlich keiner Erklärung mehr. Das könnte auch für das

Die Zwölf Schritte

1. Wir gaben zu, dass wir dem Alkohol gegenüber machtlos sind – und unser Leben nicht mehr meistern konnten.

2. Wir kamen zu dem Glauben, dass eine Macht, größer als wir selbst, uns unsere geistige Gesundheit wiedergeben kann.

3. Wir fassten den Entschluss, unseren Willen und unser Leben der Sorge Gottes – wie wir ihn verstanden – anzuvertrauen.

4. Wir machten eine gründliche und furchtlose Inventur in unserem Inneren.

5. Wir gaben Gott, uns selbst und einem anderen Menschen gegenüber unverhüllt unsere Fehler zu.

6. Wir waren völlig bereit, all diese Charakterfehler von Gott beseitigen zu lassen.

7. Demütig baten wir ihn, unsere Mängel von uns zu nehmen.

8. Wir machten eine Liste aller Personen, denen wir Schaden zugefügt hatten und wurden willig, ihn bei allen wieder gutzumachen.

9. Wir machten bei diesen Menschen alles wieder gut – wo immer es möglich war –, es sei denn, wir hätten dadurch sie oder andere verletzt.

10. Wir setzten die Inventur bei uns fort, und wenn wir Unrecht hatten, gaben wir es sofort zu.

11. Wir suchten durch Gebet und Besinnung die bewusste Verbindung zu Gott – wie wir ihn verstanden – zu verbessern. Wir baten ihn nur, seinen Willen für uns erkennen zu lassen und uns die Kraft zu geben, ihn auszuführen.

12. Nachdem wir durch diese Schritte ein spirituelles Erwachen erlebt hatten, versuchten wir, diese Botschaft an Alkoholiker weiterzugeben und unser tägliches Leben danach auszurichten.

Zwölf-Schritte-Programm gelten. Es geschieht nichts, wenn wir es nur lesen, wir müssen es tun.

Jeder nützt das Programm auf seine Weise. Es gibt keine richtige oder falsche Auslegung, entscheidend ist, dass es zu fruchtbaren Auseinandersetzungen mit diesen zwölf Lebensbausteinen kommt.

Ich war neugierig und bin es immer noch. Nur allzu gern hätte ich herausgefunden, was so erstaunlich wirkt. Ich hatte ein Zitat des berühmten Physikers Albert Einstein entdeckt, das mich elektrisierte: »Ich interessiere mich nicht für ein bestimmtes Lichtspektrum oder dafür, wie viel ein bestimmtes Molekül wiegt, oder dafür, wie diese Atomstruktur exakt beschaffen ist. Ich möchte Gottes Gedanken kennen. Alles andere sind Details.«[4] Das wollte ich auch gern in Bezug auf das Zwölf-Schritte-Programm herausfinden. Mein Sponsor antwortete mir auf die entsprechende Frage: »Warum willst du wissen, wie es funktioniert, sei doch froh, dass es funktioniert. Du weißt doch auch nicht, was deinen kleinen Computer im Inneren zusammenhält und nutzt ihn trotzdem mit Erfolg.« Ein anderer erfahrener Genesender antwortete auf meine insistierende Frage mit Gelassenheit: »Wie die Zwölf Schritte funktionieren, willst du von mir wissen? Einfach hervorragend!«

Ich fühle mich der Aufklärung verpflichtet, doch ab und zu, in letzter Zeit immer häufiger, schleicht sich ein ketzerischer Gedanke ein: Vielleicht lässt sich das alles genausowenig beantworten wie die hochinteressante Kinderfrage: »Was macht eigentlich der Wind, wenn er mal nicht weht?«

Bausteine, die ich vorwiegend nutze

Baustein »Kapitulation«

Kapitulation ist Annahme und Aufgabe zugleich: Kapitulation als Daueraufgabe, eine grundsätzliche Wandlung meines Mich-in-der-Welt-Zurechtfindens, ein anderer Integrationsstil in die Gesellschaft, und als Voraussetzung dafür: ein anderer Zugang zu mir selbst. Ich bin nicht als Person machtlos, ich bin meiner Sucht gegenüber machtlos. Es ist die vollständige Aufgabe meiner Kontrollillusionen und der Verweis auf eine Macht, die größer ist als ich selbst.

Baustein »Inventur«

Der Anfang vom Anfang der Inventur ist das Schwerste, denn dieser Schritt fordert, das zu tun, wovor ich mich ein Leben lang gefürchtet habe: über mich nachdenken, in mich hineinfühlen, mir selbst begegnen, mich sehen, wie ich wirklich bin. Dorthin schauen, wo die Wahrheit wohnt, wie der Heilige Augustinus schrieb. Wer sich die Frage stellt »Wer bin ich?«, muss sich damit abfinden, dass es nicht nur Schätze zu heben gibt, sondern auch Anteile, die man selber an sich nicht mag. Jede Begegnung mit der alkoholischen Vergangenheit ist schmerzhaft.

Früher wäre ich schon beim bloßen Gedanken an Inventur zusammengezuckt. Doch in der Inventurpraxis der Gruppe habe ich erfahren dürfen, dass dieser Schritt mich nicht nur auf Unzulänglichkeiten aufmerksam macht, sondern auch auf Ressourcen: Begabungen, Talente und viele positive Eigenschaften. Wenn ich die negativen Seiten an mir zur Kenntnis nehme und akzeptiere, was ja nicht billigen bedeutet, dann wächst mein Selbstwertgefühl.

Viele Alkoholiker machen nur einmal in ihrem Leben eine große Inventur. Sie sind davon überzeugt, dass sie die Vergangenheit einfach »abhaken« können. Ihre Begründung: »Ich will doch nicht ein Leben lang in meinem Morast wühlen.« Schon die Wortwahl zeigt, dass der Inventurschritt falsch verstanden wird. Es geht dabei um eine Bestandsaufnahme, was gut und was weniger gut war. Gleichzeitig ist jede Inventur immer auch eine aktuelle Standortbestimmung: Wo stehe ich heute? Was ist gelungen, wo sind meine Defizite? Ich fürchte, es sind undurchschaute Ängste, die die Auseinandersetzung mit sich selbst verhindern. Mit dieser Einstellung sind erhebliche Rückfallgefahren verbunden.

Die These »Wenn es nur gelingt, die eigene Vergangenheit abzulegen, dann sind wir frei!« ist ein alkoholischer Traum. Nicht durch Verdrängung, sondern durch Inventur, nicht durch Vergessen, sondern durch die bewusste Konfrontation mit der Vergangenheit schaffe ich es, frei zu werden für die Zukunft. Das neue Leben ist ohne Auseinandersetzung mit dem alten nicht zu haben.

Warum ist die Inventur für mich unverzichtbar?

Ich muss ein Leben lang wachsam bleiben. Inventur sollte wie Kapitulation zur lebenslangen Gewohnheit werden.

Wir Alkoholiker sind Weltmeister im Verdrängen, doch wir können anstellen, was wir wollen, unser Gedächtnis legt eine Sicherungskopie an. Sowohl angenehme als auch unangenehme Erinnerungen an die Saufzeit kommen meist zu den ungelegensten Momenten wieder zum Vorschein. Durch die Inventur lerne ich, damit umzugehen.

Ich achte bei der Inventur auf Risikofaktoren, die den Ausbruch der Krankheit begünstigen, und genauso sorgfältig auf protektive Faktoren, die dem Krankheitsausbruch entgegenwirken. Das Verhältnis beider Faktoren bestimmt, ob die Krankheit wieder zum Ausbruch kommt oder ob ich den Weg in Richtung Genesung weitergehen kann.

Ich prüfe, welchen Belastungen aus der Vergangenheit ich immer noch ausgesetzt bin. Wie viel Macht räume ich den in meiner nassen Zeit erworbenen Gewohnheiten heute noch ein?

Als ich bei fortschreitender Inventur auch den Mut fand, dort hinzuschauen, wo ich viele »Feinde« vermutete, konnte ich mehr als einmal die erfreuliche Entdeckung machen, dass bei näherem Hinschauen gar keine Feinde da waren, wo ich so viele vermutet hatte. Ich habe meine Lektion verstanden: Wir sind genauso krank wie unsere verschwiegenen Geheimnisse.

Genauso sorgfältig achte ich auf »gute« Seiten in mir: auf Begabungen, Talente, Ressourcen.

Für mich ist es unverzichtbar, meine Inventurergebnisse in einer Gruppe mit anderen zu teilen. Als bedeutsame Ergänzung half mir der gezielte Einsatz von Lesen und Schreiben. Es unterstützt uns, klar zu denken und Dinge auf den Begriff zu bringen. Erst dann kann ich sie be- und ergreifen.

Ziel meiner Inventur ist es, Ängste und Erfahrungen aus der Vergangenheit neu zu bewerten. Alles muss auf den Prüfstand. Es ist die Sichtweise des Hier und Heute, von der aus ich die Vergangenheit betrachte und aufarbeite. Von diesem Punkt aus kann ich voraus- und zurückblicken und ich versuche, mit der Vergangenheit so umzugehen, dass sie weder verklärt noch abgewertet wird, noch Wege in die Zukunft verbarrikadiert. Nur so kann ich die Kraft gewinnen, mich von alten Erfahrungen zu trennen.

Solange ich diese Standortverlagerung meines Blickwinkels nicht schaffe, solange setze ich mich einer großen Gefahr aus: An Zurückweisungserfahrungen, die im Alltag immer wieder vorkommen, die unvermeidbar sind, schließen sich regelmäßig Kränkungen aus der Frühgeschichte als mächtige Verstärker an. Sie verleihen den Alltagsverletzungen eine kränkende Dimension, die ihnen überhaupt nicht zusteht. Eine meiner wichtigsten Inventurfragen: Wie vermeide ich, dass Altes an Neues angeschlossen wird?

Da sich meine Sichtweisen im Genesungsprozess fortwährend verändern und erweitern, bin ich gut beraten, Inventur als eine Daueraufgabe zu betrachten.

Baustein »Bereit sein«

Bereit sein bedeutet, für neue Erfahrungen offen zu sein und sich auf Neues einzulassen. Es ist die innere Bereitschaft, sich wirklich verändern zu wollen. Es ist ein Aufgeben der Abwehr, ich trenne mich von inneren Blockaden.

Ich bin bereit, innerlich Abstand zu gewinnen von einengenden Denk- und Verhaltensmustern. Ich habe den Wunsch, auf meine Gefühle zu achten, meine Empfindungen zur Sprache zu bringen und mich selbst und andere zu entdecken. Und ich lasse geschehen, was sowieso geschieht. Wenn ich bereit und offen bin, liegen die Antworten, nach denen ich schon lange gesucht habe, meistens in erreichbarer Nähe.

Baustein »Demut«

Kaum ein Wort hat mich anfangs in den Gruppen so erschreckt wie das Wort Demut. Es gehörte nicht zu meinem Sprachgebrauch. Meine Assoziationen: Unterwürfigkeit, Kriecherei, Gutscheine sammeln, um in den Himmel zu kommen. Heute ist Demut für mich, so wie sie in den Gruppen verstanden wird, zu einem unverzichtbaren Teil meiner Kapitulation geworden. Ich fühle mich nicht mehr als Mittelpunkt, sondern als Teil der Welt. Erst diese Einsicht erlaubte mir die Aufgabe meiner bisherigen Lebenseinstellung.

Mach dich nicht größer als du bist, aber auch nicht kleiner. Tag für Tag und Schritt für Schritt versuche ich, meinen mit großen Minderwertigkeitsgefühlen, aber auch mit sehr viel Überheblichkeit und Größenwahn behafteten Lebensstil in Richtung einer demütigeren, toleranteren Haltung zu verändern. Ich spüre nicht mehr den Zwang und den Drang, mich überall in den Mittelpunkt zu stellen, ich muss nicht mehr auf jeder Hochzeit die Braut und auf jeder Beerdigung die Leiche sein.

In der Gruppe übe ich es bewusst, im Alltag unbewusst. Demut bewahrt mich auch davor, unangemessene, hohe Erwartungen an das Leben zu haben.

Baustein »Wiedergutmachung«

Die Anstrengungen, die dieser Baustein abverlangt, habe ich jahrelang gemieden. Am Anfang meiner Trockenzeit wies mein Freund Horst mich im Gruppengespräch darauf hin, dass dieser Schritt auch beinhaltet, dass ich nicht nur an anderen, sondern auch an mir selbst etwas gut zu machen hätte. Das konnte ich annehmen. Trotz aller erlebten Katastrophen ist das Aufgeben einer Sucht auch mit einem Verlustgefühl verbunden. Ich muss lernen, mir selbst Gutes zu tun. Alkoholiker zeichnet neben vielem anderen auch das Unvermögen aus, nicht »nehmen« zu können. Diesem Vorhaben habe ich mich intensiv gewidmet. Ich fing an, auf mich selbst zu schauen, statt auf andere Leute. Dabei machte ich die Entdeckung, dass es gar nicht so viel gab, was ich wieder gutmachen konnte. Im Wesentlichen ging es darum, es besser und anders zu machen als bisher. Auf diese Aufgaben konzentrierte ich mich in den ersten Jahren meiner Trockenheit.

Jahrelang habe ich die Wiedergutmachung an mir selbst allem anderen vorangestellt, und ich hätte die Wiedergutmachung, die es nach außen zu leisten gilt, wahrscheinlich unterlassen, wenn nicht in den Gruppen regelmäßig der Wiedergutmachungsschritt auf der Tagesordnung gestanden hätte. Prompt meldete sich dann auch mein schlechtes Gewissen. Ich vermute, dass es das mangelnde Selbstbewusstsein war, was mich dazu verführt hat, so lange zu warten. Als ich es dann doch tat, war es wohl zu spät. Doch vielleicht war es auch die ungeschminkte Offenheit in meinen Briefen, die die Menschen erschreckt hat. Sie konnten wohl nichts damit anfangen und ich habe nie wieder etwas von ihnen gehört. Das hat weh getan.

Der Liebe meines Lebens schrieb ich erst nach vielen Jahren und beglich dabei gleichzeitig eine finanzielle Schuld. Es war kein sehr hoher Betrag. Eine Antwort ist nie gekommen. Es war wohl auch das Vernünftigste, nach all dem, was geschehen war. Es ist nicht demütig, sondern hochmütig zu glauben, dass ein Brief alle Katastrophen und Demütigungen vergessen lässt. Ich gebe zu, ich hatte es gehofft. Hätte ich besser gar nichts unternommen? Hatte ich jemanden, obwohl es gut gemeint war, erneut verletzt? Ich weiß es nicht. Ich habe das getan, was ich glaubte, nach bestem Wissen und Gewissen tun zu müssen, und habe dabei gelernt, dass die großen Versäumnisse im Leben nicht wieder gutzumachen sind.

Eine Wiedergutmachung ist mir jedoch gelungen und dadurch eröffnete sich mir eine zweite Chance in einer für mich äußerst wertvollen Beziehung. Ich hatte zu einer nahen Verwandten eine ganz besonders enge Verbindung, die für mich von großer Bedeutung war. Mein Alkoholismus hatte sie zerrüttet. Jahrelang hatte ich nichts von mir hören lassen, war nicht zum ersten Schritt bereit. Fest vorgenommen hatte ich es mir schon in meinem Distraneurinrausch[5] nach meinem Delir. Zehn Jahre hat es dann noch gedauert. Ihren sechzigsten Geburtstag nahm ich zum Anlass, ihr einen langen Brief zu schreiben. Ein Jahr musste ich auf die Antwort warten. Ich bin sehr froh, dass die Verbindung dann doch noch zustande kam und dass es gelang, die alte Freundschaft auf neuer Basis fortzusetzen. Einige Jahre später ist sie an Krebs erkrankt und bald darauf gestorben. Ich denke häufig an sie, vor allem dann, wenn es mir besonders gut geht. Immer noch habe ich den Wunsch, freudige Ereignisse mit ihr zu teilen und ich frage mich dann, was sie wohl dabei empfunden hätte.

Dem AA-Programm bin ich dankbar, dass es mich immer wieder auf die Bedeutung der Wiedergutmachung hingewiesen hat. Wenigstens einige Dinge konnte ich aus der Welt schaffen, die mich sonst ein Leben lang bedrückt und belastet hätten. Darüber hinaus habe ich für mich eine weitere Form der Wiedergutmachung entdeckt, bei der ich mich nicht in Gefahr begebe, andere zu verletzen. Ich versuche, uneigennützig junge Menschen in ihrer persönlichen und beruflichen Weiterbildung zu unterstützen und in Not gekommenen Familien zu helfen.

Baustein »Spiritualität«

Es ist ein Verdienst der Gemeinschaft der Anonymen Alkoholiker, die Bedeutung der Spiritualität für den Heilungsprozess entdeckt zu haben. Spiritum contra spiritus.[6] Neben sozialen und emotionalen Fähigkeiten sind es vor allem die spirituellen Aspekte des Genesungsweges, die sich als überaus bedeutsam und wichtig erweisen. Das Zwölf-Schritte-Programm enthält nicht nur spirituelle Schritte, es ist spirituell.

In der Gemeinschaft AA haben auch Atheisten ihren selbstverständlichen Platz, niemand wird ausgegrenzt. Die Anonymen Alkoholiker sind, wie es in der Präambel heißt, »mit keiner Sekte, Konfession, Partei, Organisation oder Institution verbunden«. Sie haben eine offene Gottesvorstellung. Der Weg zur Spiritualität ist persönlich und individuell. »Bei uns kann sich jeder seinen Herrgott selber schnitzen«, betonen sie in den Gruppen.

Mir hilft auch die klare Unterscheidung zwischen Spiritualität und Religion, wie sie Father Leo Booth getroffen hat: »Religion ist ein Glaubenssystem, das um einen Propheten, einen Lehrer, oder um eine Reihe von Menschen gemachter Grundsätze herum organisiert ist. Spiritualität dagegen ist die Fähigkeit, seine eigene, einzigartige Besonderheit zu entdecken und zu entfalten ...«[7] Über seinen eigenen Genesungsprozess schreibt er: »Ich lernte, dass Spiritualität bedeutet, eine Beziehung mit dem Gott tief in mir selbst zu entwickeln.«[8] Ich war froh über die Entdeckung, dass man spirituell sein kann, ohne religiös zu sein.

In mir hat sich im jahrelangen Gruppenprozess einiges bewegt und verändert. Ich bin zu der Überzeugung gekommen, dass mein Alkoholismus unmittelbar etwas mit meinen spirituellen Defiziten zu tun hat, und vermute, dass die Sucht unter anderem eine Reaktion auf das spirituelle Bedürfnis in mir ist. Auf der Suche nach einem nüchternen Leben regt sich in mir der Wunsch, all jene Wege zu erforschen, auf denen die Menschheit von jeher Werte und Kräfte gefunden hat, die über das Individuum hinausreichen. Meine spirituelle Suche, die aus der Überwindung der Sucht hervorgegangen ist, gewinnt für mich zunehmend an Bedeutung. Eines spüre ich schon jetzt: Ich begebe mich auf die Suche nach etwas, was wirklich wertvoll ist.

Dass sich bei mir grundsätzlich etwas geändert hat, merke ich immer dann, wenn Jugendliche mich in Seminaren fragen, ob ich an Gott glaube. Früher hätte ich bedenkenlos mit Nein geantwortet, heute gerate ich bei dieser Frage in Schwierigkeiten.

Wenn ich mich selbst frage, wo ich heute stehe, greife ich auf eine Antwort zurück, die der renommierte Naturwissenschaftler Erwin Chargaff am Ende seines Lebens gegeben hat: »Ich bin kein religionsbesessener Mensch, aber ich finde den Atheismus blöd. Man sollte besser das Maul halten. Es gehört zum Wesen Gottes, dass er nicht beschrieben werden kann.«[9]

Diese Einstellung deckt sich mit meinen gegenwärtigen Empfindungen. Ich verstehe mich nicht mehr als Atheist, ich verstehe mich als Suchender. Der Mensch braucht, um Leben zu können, einen Sinn, die tief empfundene Gewissheit, für etwas da zu sein, was über ihn hinausweist. Ohne Sinn fühle ich mich fremd auf dieser Welt.

Die Gemeinschaft der AA ist kein Verkünder von Glaubensvorstellungen, sondern bietet sich als unterstützende Gemeinschaft an. AA eröffnet die Chance, einen Gott zu finden, den man verstehen kann. Die Höhere Macht, so wie ich sie verstehe, begegnet mir in der Gruppe. Wenn ich aufmerksam und empfindsam in sie hineinhorche, dann entdecke ich etwas, das größer ist als ich selbst: in den Gesichtern und in der Art, wie geredet wird, im Schweigen, in den Gesten, im Lachen, in der Verbundenheit über alle Unterschiede hinweg, in der Zufriedenheit mit dem Leben, die sich dort ausbreitet und ansteckende Wirkung hat. Es tut mir gut, am Wachstum anderer Menschen teilhaben zu dürfen. Es geht Hoffnung davon aus.

Baustein »Weitergabe«

Ausgangspunkt dieses Bausteins ist die praktische Erfahrung aus der Anfangszeit der Gemeinschaft, dass derjenige, der die »Botschaft nicht weitergibt«, Gefahr läuft, sie wieder zu verlieren. Dies wird oft als Fremdhilfe oder Missionierung missverstanden. Doch auch in diesem Schritt ist der Selbsthilfegedanke verankert.

Ich helfe den Trinkenden am Besten, indem ich mir selbst helfe. Je besser es mir gelingt, mein nüchternes Leben zu gestalten, desto attraktiver wirkt es auf die Nassen und desto mehr Hoffnung kommt auf. Wenn ich in der Psychiatrie an einem Informationsmeeting mitwirke, erkläre ich den Teilnehmern als Erstes, warum und weshalb ich das mache: »Ich tue es in erster Linie für mich und wenn das, was ich hier an Erfahrungen vortrage, euch hilft, umso besser.« Auf den ersten Blick mag es lieblos und schroff erscheinen, von den Betroffenen wird es nicht nur verstanden, sondern auch akzeptiert. Mein Beitrag gewinnt an Glaubwürdigkeit.

Wir alle sind Alkoholiker und sind nur um eine Armlänge vom ersten Glas entfernt. Der einzige Unterschied: Ein Teil konnte heute das erste Glas stehen lassen, der andere Teil trinkt noch oder steht unter Trockenspiritus. Alkoholiker teilen miteinander Erfahrung, Kraft und Hoffnung. Sie erteilen keine Ratschläge, sie tauschen sich aus.

Die ständige Begegnung mit Nassen ist wichtig

Nasse halten mir einen Spiegel vor. Ich begegne meinen alkoholischen Verhaltensweisen immer wieder aufs Neue. Der Austausch mit Nassen lässt auch mich immer wieder kapitulieren. Ich mache die Erfahrung, dass ich nicht nur meinem, sondern auch dem Alkoholismus anderer Leute gegenüber machtlos bin. Ich lerne, mich der äußerst bitteren Wahrheit zu beugen, dass einigen von uns auf dieser Welt nicht zu helfen ist.

Ich übe mich in Demut und Bescheidenheit, und erkenne, wie vermessen mein Wunsch in der Anfangseuphorie war, die ganze Welt trockenzulegen, weil ich mir einbildete, den Zauberstab für alle Alkoholiker gefunden zu haben.

Wie an einem Barometer kann ich ablesen, wie ernsthaft ich mich um meine Genesung bemühe. Bin ich der Ansicht, dass ich ein Opfer bringe, wenn ich am Samstag Nachmittag an einer Informationsveranstaltung teilnehme? Fühle ich mich Nassen gegenüber überlegen? Bilde ich mir ein, etwas Besseres zu sein? Versuche ich, den Mitgliedern in der Gemeinschaft, die keinen Dienst im Sinne von Weitergabe leisten, ein schlechtes Gewissen einzureden in der falschen Hoffnung, dass es gut tut, sich anderen gegenüber moralisch überlegen zu fühlen?

Ich vertrete die Gemeinschaft als Ganzes, ich lerne, Verantwortung zu übernehmen.

Dienst in der Gemeinschaft ist ein Emanzipationsschritt

Mein lebenslanges Streben nach Autonomie habe ich keineswegs aufgegeben, sondern nur den monströsen Irrweg, mich mit Hilfe eines Suchtmittels von allem um mich herum unabhängig machen zu wollen. Ich habe die bittere Erfahrung gemacht, dass der Kampf um diese Form von Unabhängigkeit abhängig macht. Ich akzeptiere die zwischenmenschliche Gebundenheit, ich kann nur als Teil des Ganzen meine eigene Identität entwickeln. Friedemann Schulz von Thun[10] verdanke ich die Einsicht, dass ich mich auf zwei Wegen fortzuentwickeln habe:

Ich möchte autonom werden, eine sich selbst verwirklichende Persönlichkeit, und das habe ich zu verbinden mit der Erkenntnis, dass ich nur als Teil eines Ganzen meine Identität entwickeln kann. In diesem Emanzipationsprozess verknüpfen sich zwei Denkschulen miteinander: das humanistische Denken (mit dem Ideal der autonomen und sich verwirklichenden Persönlichkeit) und das systemische Denken (ausgehend von der Erkenntnis, dass der Mensch nur als Teil eines Ganzen seine Identität gewinnt).

Die damit verbundene duale Ethik enthält eine doppelte Pflicht: zum Gelingen des Ganzen beizutragen, von dem der Mensch ein Teil ist, und zum Gelingen des Ganzen beizutragen, das er selbst ist. Selbstverwirklichung und Hingabe sind somit keine Gegensätze, sondern einander bedingende und fördernde Prinzipien.

Ich kann nicht wachsen, wenn ich nur Dienst mache, ich kann nicht wachsen, wenn ich mich nur um mich selbst kümmere

Sich in der Gruppe zu bedienen und in der Gemeinschaft zu dienen sind keine Gegensätze. Doch häufig wird es in den Selbsthilfegruppen als Gegensatz wahrgenommen: einerseits als gesunder Egoismus (im Meeting kümmere ich mich nur um mich), den man sich, wenn auch mit schlechtem Gewissen, zulegen müsse, andererseits als »Dienstleistung«, wo ich etwas zurückgebe und meine Dankbarkeit der Gemeinschaft gegenüber mühevoll abarbeite.

Ich halte es für einen Denkfehler, dieses Sich-vorrangig-um-sich-selbst-Kümmern als Egoismus zu bezeichnen. Egoismus ist immer etwas, was auf Kosten anderer geschieht. Selbstentfaltung ist kein Egoismus, wenn sich diese »Selbsttendenzen« mit Verantwortung für die Mitwelt (Mensch, Gesellschaft und Natur) verbinden. Sich selbst zu entdecken ist eine Grundvoraussetzung für emanzipatorische Entwicklungen. Ohne Identität gibt es auch keine Solidarität. Und wenn ich im »Dienst« etwas für andere tue, tue ich nicht nur etwas für andere, sondern immer auch etwas für mich. Selbstverwirklichung und Hingabe als einander bedingende und fördernde Prinzipien bestimmen unser Menschsein, und die Entwicklung der

Menschheit wird davon abhängen, inwieweit sie sich diese Prinzipien zu eigen macht.

Es ist kein Zufall, dass langfristig Genesende auch noch nach vielen Jahren beides machen: sich bedienen und dienen. Sie wissen, was sie tun, und sie wissen, welchen Aktivitäten sie ihre Genesung verdanken.

Fragen, die immer wieder gestellt werden

Sind die AA im Grunde genommen nicht doch eine Sekte?
Dieses Vorurteil hält viele Menschen davon ab, Hilfe zu suchen.
Die AA stehen in einem fundamentalen Gegensatz zu Sekten oder religiösen Gemeinschaften. Weder ist man einem Guru oder Programm zu bedingungslosem Gehorsam verpflichtet, noch ist man gezwungen, seine Identität abzugeben und eine vorgeschriebene anzunehmen. Bei den AA bleibt es jedem selbst überlassen, seine eigene Identität zu entwickeln. Die Macht über mein Leben bleibt in den eigenen Händen. Die AA bieten nur einen Rahmen und überlassen Richtung und Ziel dem Individuum. AA hat keine autoritäre, sondern eine demokratische Struktur.

Was schützt eine Selbsthilfegruppe davor, in Richtung Kaffeeklatsch zu entgleisen?
Das Einhalten der Grundordnung und die Orientierung am Programm und/oder die Orientierung an der eigenen Erfahrung. Wenn es richtig gehandhabt wird, läuft die Orientierung am Programm der eigenen Erfahrung nicht entgegen. Auch in der Auseinandersetzung mit dem Programm wird immer auf die einzelne Person eingegangen, auf ihre Situation und ihr aktuelles Anliegen.

Sind nicht sehr viele Leute im wirklichen Leben anders als in der Selbsthilfegruppe?
Diese zutreffende Beobachtung wird als Vorwurf gehandelt, als Bruch zwischen Reden und Handeln. Die Gruppe ist eine Probier-

stube. Ich versuche, in der geschützten Atmosphäre neue Verhaltensweisen einzuüben. Wir üben es dort, weil wir es in der Wirklichkeit noch nicht können. Schritt für Schritt schleicht und schleift es sich im Alltag ein.

Bestehen nicht viele Meetings aus reiner Jammerei?
Die Botschaft von den AA lautet: Jammere nicht rum, tu etwas. Das Programm ist nicht problem-, sondern lösungsorientiert. Aber Jammern ist auch erlaubt. Es gibt im Leben unvermeidbare Schmerzen, mit denen wir nicht sofort umgehen können. Es hilft, sie laut bejammern zu dürfen. Wir benötigen auch eine Schulter zum Ausweinen. Archilles tat es, Jeremias wurde damit berühmt, selbst Helden und Rittern war das erlaubt.

Was bringt das Internet?
Die Kommunikation über das Netz kann den Meetingbesuch nicht ersetzen. Sie bietet aber zusätzliche Hilfe: Ich habe Zugang überall auf der Welt, egal wo ich mich gerade aufhalte, zu jeder Tages- und Nachtzeit, und ich zwinge mich, das was ich fühle, in Worte zu fassen. Das erleichtert und setzt Energien für Veränderungen frei!

Ich hätte gerne eine Gruppe nur mit Frauen, warum ist AA ein zusammengewürfelter Haufen?
Die Gruppe ist ein Erfahrungsfeld, das der Wirklichkeit sehr nahe kommt. Ich muss lernen, in der Realität zurechtzukommen. Es gibt aber auch Gruppen, zu denen nur Frauen kommen.

Kann AA nicht auch süchtig machen?
Das ist ein beliebter Vorwurf aus der Fachwelt. Es gibt einfach nichts, auf das Menschen nicht süchtig werden können. Nach AA süchtig zu sein, wäre immerhin besser, als sein Gehalt zu versaufen, seine Frau zu verprügeln und die Kinder zu vernachlässigen.

Wer macht mich auf Rückfallgefahren aufmerksam?
Die Gruppe. In Bezug auf Alkoholismus kann ich mich auf meinen Verstand als Frühwarnsystem nicht verlassen. Mein Kopf ist

durchaus für viele Dinge brauchbar, als Frühwarnsystem für Rück-fallgefahren versagt er.

Kann ich mich nicht genauso gut aus Büchern informieren?
Informationen aus Büchern sind rohe Zutaten, in der Gruppe wer-den sie gekocht. In den Meetings wird Wissen nicht vermittelt, es wird durchlebt, verarbeitet, durchdacht. Es sind aufbereitete, für Alkoholiker zugängliche Informationen. In den Gruppen werden vorwiegend Gefühle und Einstellungen zum Ausdruck gebracht, die den anderen helfen.

Gibt es nicht auch gut gemeinte Ratschläge?
Die AA sind nicht auf der Jagd nach endgültigen Wahrheiten, alles fließt, alles ist offen. Die Gruppe ist Vorschlagslieferant in Rich-tung Selbstbestimmung und Selbstverantwortung.

Ist die Selbsthilfegruppe ein Trainingslager oder ein Schutzraum?
Sie ist beides zugleich.

Kennt die Gruppe die Antwort auf meine Probleme?
Genauso wenig wie ein Therapeut, aber wenn sie funktioniert, fin-de ich mit ihrer Hilfe die Antwort heraus.

Muss ich auf Träume und Utopien verzichten?
Es ist auch für Alkoholiker köstlich, mit dem Kopf in den Wolken zu schweben – wenn nur die Füße fest auf dem Boden bleiben. Wir Alkoholiker haben, wenn wir zum Höhenflug ansetzen, die Grup-pe. Sie holt uns rechtzeitig wieder herunter, vorausgesetzt, wir hor-chen aufmerksam und regelmäßig in sie hinein. Ich leiste mir durchaus den Luxus, Luftschlösser zu bauen, ich weiß aber auch, dass ich dort nicht einziehen werde.

Muss diese schonungslose Offenheit in den Gruppen sein?
Was vielfach als provokativ oder als obszöne Offenheit empfunden wird, ist eine notwendige Ungeschminktheit, die befreiend und reinigend wirkt.

Ist das Konsensverfahren überhaupt in der Praxis anwendbar?
Die Gruppenmitglieder müssen sorgfältig darauf achten, dass das Minderheitenrecht als kostbares Gut aufgefasst wird und nicht als Instrument, um persönliche Interessen durchzusetzen.

Was ist das Besondere am Lernen in der Gruppe?
Die Gruppe bietet Lernen durch eigenes Erleben. Ich wähle aus, was mich interessiert, was ich mir zumuten will. Ich bin es, der am besten auf meine komplexen Bedürfnisse reagieren kann. Wenn es klappt, dann bin ich stolz auf das, was ich mir erarbeitet habe.

Ist Selbsthilfe therapiefeindlich?
Ich bin keinesfalls so vermessen, Selbsthilfegruppen als einzigen möglichen Weg zu sehen, für mich aber war und ist es wohl der einzige Weg. Vielen tut Gruppenbesuch und Therapie zur gleichen Zeit gut. Es ist ein Gerücht, dass Selbsthilfegruppen therapiefeindlich sind. Nahezu alle Gruppenmitglieder, die ich kenne, holen sich, wenn es notwendig ist, professionelle Hilfe.

1 Ausführliches über die Geschichte der Anonymen Alkoholiker: AA-Literatur (Blaues Buch, Gib es weiter, Dr. Bob) und das ausgezeichnete Buch über die AA von Horst Zocker: betrifft: Anonyme Alkoholiker)

2 zit. nach Moeller, Michael L.: Selbsthilfegruppen, S. 7

3 zit. nach Watzlawick, Paul: Wie wirklich ist die Wirklichkeit, S. 237

4 zit. nach Dilts, Robert B.: Die Veränderung von Glaubenssystemen, S. 70

5 Distraneurin ist ein antikonvulsives, stark sedierendes Mittel mit hypnotischer Wirkung, das zur Behandlung von Entzugserscheinungen eingesetzt wird. Der enthaltene Wirkstoff Clomethiazol hat selbst ein hohes Suchtpotential.

6 Geist gegen Weingeist

7 Booth, Leo: Wenn Gott zur Droge wird, S. 16; In Meetings stellt sich Leo Booth folgendermaßen vor: »Ich heiße Leo. Ich bin Alkoholiker, co-abhängig, religiös abhängig und habe mit Religion Missbrauch betrieben. Ich bin ein genesender Priester.«

8 ebd., S. 27

9 zit. nach Süddeutsche Zeitung Nr. 143/2001

10 Schulz von Thun, Friedemann: Miteinander reden Band 1–3

Annahme ohne Bedingungen – ein Beitrag des Alkoholikers Christian S.

Einzeln und frei wie ein Baum
und brüderlich wie ein Wald.
Das ist unsere Sehnsucht.
Nazim Hikmet

Mein Name ist Christian, ich bin Alkoholiker. Wenn heute der erste Schritt dran ist, und es ist kein neuer Neuer da, dann möchte ich einmal nicht von meiner Saufkarriere, sondern von meinem allerersten Meetingbesuch erzählen. Ich hole mir gerne in Erinnerung zurück, was ich damals gefühlt und empfunden habe und wie warmherzig ich von der Gruppe aufgenommen wurde. Ich staune immer noch, wenn ich daran denke, welch tief sitzende Ängste in mir emporwirbelten, als der Gedanke sich einstellte, dass ich es wohl nötig hätte, zu den Anonymen zu gehen. Alles, nur das nicht. Dort könnte mich ja jemand erkennen – ich glaubte tatsächlich an diese lächerliche Ausrede. Dabei wusste in meinem Umfeld schon jeder, der es wissen wollte, dass ich Alkoholiker war, in meinem Bekanntenkreis wurde ich schon als aussichtsloser Fall gehandelt. Nur ich selbst wollte es nicht wahrhaben. Ich ahnte aber: Wenn ich über diese von mir ängstlich gemiedene Schwelle trete, werde ich entdecken, was ich bis dahin hartnäckig geleugnet hatte – die Tatsache, dass ich Alkoholiker bin. Und dass ich es immer bleiben werde. Diese tief in mir verborgene Ahnung war es, die mich davon abhielt, rechtzeitig zu den AA zu gehen. Ich wusste, da sitzen »Experten« am Tisch, die lassen sich nichts vormachen.

Liebe Freunde, da ich dabei bin zu lernen, ehrlich zu sein, möchte ich vorsorglich eine Einschränkung machen. Genau genommen war es nicht meine erste Begegnung mit AA, sondern meine zweite. Nach meinem Delir wurde ich in die Psychiatrie eingeliefert und die Ärzte trugen mir auf, an einer Informationsveranstaltung der Anonymen Alkoholiker teilzunehmen. Das Einzige, was ich damals von unserer Gemeinschaft kannte, war der Spruch, den anscheinend jeder über die AA kennt: »Lieber ein stadtbekannter Säufer als ein Anonymer Alkoholiker.« Zusätzlich bereichert wurde mein »Wissen« über die Gemeinschaft noch durch einen Mitpatienten: »Da kannst du lernen, wie man heimlich säuft, sich geschickt Kohle besorgt und die Alte hintergeht.« So ganz nebenbei: Es war der dreizehnte Psychiatrieaufenthalt dieses »AA-Experten«. Diagnose: Chronischer Alkoholismus.

Die Freunde haben mich im damaligen Informationsmeeting nicht erreicht. Sie konnten es wohl auch nicht. Die Pulle stand schon in der Ecke, aber die Pille war noch da. Das Wundermittel »Distra« sorgte dafür, dass nichts in mich hinein-, aber auch nichts aus mir herauskam. Außerdem hegte ich von Anfang an den Verdacht, in eine Sekte geraten zu sein, und ich schäme mich heute noch dafür, welche Frage mich hauptsächlich während des Meetings beschäftigte: »Was die wohl an Prämie bekommen, wenn sie einen von uns einfangen?« Doch es gab auch etwas, was mir imponierte: Die Anonymen weigerten sich standhaft, unsere Anwesenheitszettel, großspurig Therapiebücher genannt, zu unterschreiben, worüber die Pfleger, zur Freude von uns Patienten, lauthals meckerten.

Doch zurück zu dem wirklich ersten Meeting, bei dem ich nicht nur körperlich, sondern auch geistig anwesend war. Diesmal hatte ich mich nicht unter Zwang, sondern freiwillig zu AA begeben. Ich war neugierig und bereit, mich darauf einzulassen. Der Eintrittspreis in die Gruppe war hoch, ich musste mich fast zu Tode saufen, von den sprichwörtlichen drei Eckhäusern, die ich bei diesem Selbstmordversuch auf Raten versoffen hatte, ganz zu schweigen. Heute ist AA für mich zum Nulltarif zu haben. Dass ich am Ende des Meetings etwas in den Hut werfe, ist ja keine Verpflichtung, sondern freiwillig, für mich aber eine mein Leben rettende Selbstverständlichkeit. Ich säge doch nicht den Ast ab, auf dem ich seit vielen Jahren gut beschützt sitze. Wie froh wären andere Kranke, wenn sie nur ein- oder zweimal pro Woche in ein Meeting gehen müssten und sie dann mit ihrer Krankheit gut leben könnten. Häufig sogar besser als gut!

Für mich ist die AA-Gruppe ein Ort, an dem Wunder geschehen und ich rege mich grundsätzlich nicht mehr darüber auf, wenn hier und da in den Gruppen mal etwas schief läuft. Nichts Menschliches sei der Gruppe fern. Nichts wäre schrecklicher als eine Gemeinschaft aus lauter Heiligen. Wir wären alle dem Rückfall näher als der Genesung. Vielmehr staune ich wie am ersten Tag darüber, wie reibungslos AA ohne jegliche professionelle Unterstützung funktioniert und wie erfolgreich wir in 160 Ländern der Erde wirken. Vergessen wir nicht, liebe Freunde, wer und was bei uns an den Tischen zusammenkommt: tausendfacher Führerscheinentzug, unzählige Selbstmordversuche, Jahrzehnte Irrenhaus und etliche Jahre Gefängnis. Kein Mensch wäre zu uns gekommen, wenn er es hätte vermeiden können. Und überhaupt: Wer von uns hat nicht schon mal in die Kiste geguckt? Ich spreche jetzt ausnahmsweise einmal nicht von mir, ich weiß, es ist ein Regelverstoß, aber eine tolerante Gruppe verkraftet Fehler: Jeder von uns hat einen Riss in der Schüssel, und wer behauptet, er hätte keinen, der hat mit Sicherheit den größten!

Ich merke, ich verliere den roten Faden, ich schweife ab, doch auch das ist bei AA erlaubt. Zurück zu meiner ersten Begegnung mit AA. Ich hatte eine Langzeittherapie hinter mir und war schon ein Jahr trocken. Unauslöschbar im Gedächtnis geblieben ist mir die mitfühlende Wärme, mit der ich empfangen wurde, Wärme für meine vereiste Seele. Dieses warmherzige Klima hatte ich in der Langzeittherapie nicht erlebt. Das soll keine Abwertung sein, auch dort habe ich wertvolle Menschen gefunden, nur war ich wohl noch nicht aufnahmebereit.

Ich erinnere mich noch gut an mein kindliches Staunen, dass die Gruppenmitglieder einen Menschen wie mich, den Fremden, der einfach nur mal so vorbeigekommen war, vorbehaltlos annahmen und ihm ihre intimsten Geschichten anvertrauten. So etwas hatte ich noch nicht erlebt. Niemand hatte Bedenken, Gefühle zu zeigen. Niemand hatte Bedenken, sich offen über Unzulänglichkeiten, Ängste, Selbstmitleid, Selbstüberschätzung auszutauschen. Sie erzählten beeindruckende Geschichten, die Geschichten unserer Einsamkeit.

Einer sagte: »Auch ich habe alles verloren, mein Haus, meine Frau, meine Kinder, meinen Beruf. Ich bin hier, weil ich nicht noch mehr verlieren will. Ich will mich nicht auch noch selbst verlieren. Deshalb bin ich hier, es gibt für mich keine andere Möglichkeit.« Aber bei allem Schmerz, immer klang Hoffnung durch. Darüber reden können viele, manche sogar druckreif. Aber an diesem Abend wurde nicht nur über Gefühle geredet, sondern es wurden Gefühle gezeigt. Echtheit, Einfühlung und Wärme, die vom anderen nicht Besitz ergreift. Das war das Neue: Mir gaben sie alles, von mir erwarteten sie nichts. Und zuhören konnten sie. Später ist es mir klar geworden: Leute, die den Tod vor Augen haben, können gut zuhören. In mir kam Hoffnung auf, dass es noch Menschen gibt, die an mich glauben.

Ich hatte das gefunden, wonach ich ein Leben lang gesucht hatte. Ich bewunderte die Freundinnen und Freunde und spontan stellte sich der Wunsch ein: So wollte ich auch werden. Die hatten etwas, was ich haben wollte. Zum ersten Mal in meinem Leben spürte ich ein echtes Zugehörigkeitsgefühl. Was für ein Unterschied zu den Suffkumpaneien in den Stehausschänken.

Die Freunde sprachen immer wieder von Kapitulation und davon, dass sie dem Alkohol gegenüber machtlos seien. Doch machtlos waren sie deshalb nicht. Machtlos sein, bedeutet ja nicht, hilflos zu sein. Im Gegenteil, es waren starke Persönlichkeiten, die so manchen Sturm des Lebens gemeistert hatten. Sie lebten im Heute und riskierten das Leben, im Gegensatz zu mir. Sie nahmen sich nur so viel vor, wie sie an einem Tag bewältigen konnten.

»Ich bin euch doch vollkommen fremd«, warf ich in die Runde – in meinem ersten Meeting hatte ich ja das Privileg, dazwischen reden zu dürfen. »Schön, dass du da bist«, bekam ich zur Antwort.

Das hatte schon lange keiner mehr zu mir gesagt. »Du bist für uns kein Fremder, du bist ein Freund, den wir nur noch nicht kennen.« Eine alte Frau: »Hör auf zu denken und sei einfach hier. Nimm dir, was du brauchen kannst, und vergiss den Rest. Vielleicht bist du im Kreuzbund oder beim Blaukreuz besser aufgehoben. Schau dir mindestens zehn Meetings an, bevor du urteilst. Doch wenn du meinst, du bist richtig bei uns, dann komm wieder. Es funktioniert! Komm auch, wenn du getrunken hast. Niemand wird dich hier für einen Rückfall bestrafen. Das Trinken ist Strafe genug. Es sagt dir keiner, wo es lang geht. Das musst du selbst herausfinden.« Vom ersten Augenblick an war mir klar, dass AA für mich das Richtige war. Mein spontaner Entschluss, ohne Wenn und Aber dabei sein zu wollen, entsprang nicht dem Kopf, sondern dem Bauch: Ich bin nicht mehr allein. Was für eine Erleichterung. Viel zu lange hatte ich dem Angriff der Wirklichkeit standgehalten, mir immer wieder die Birne eingerannt, viel zu lange versucht, so zu trinken wie andere Menschen. Nicht nur gegen einen Baum, gegen einen ganzen Wald musste ich mit meinem Kopf anrennen, bevor ich erkannte, dass ich auf dem Holzweg war. Welch unglaubliche Energieverschwendung!

Was mir beim ersten Mal besonders auffiel, war, dass die Freunde in der Gruppe eine andere Sprache sprachen als ich. Sie redeten über Schmerz, Leid und Tod und verwandelten durch die Art, wie sie davon sprachen, Hoffnungslosigkeit in Hoffnung. Wehleidigkeit und Selbstmitleid kamen gar nicht erst auf. Und sie gebrauchten Worte, die ich bislang nie über die Lippen gebracht hatte, die mir abgenutzt, verbraucht und verkitscht erschienen. In der Gruppe jedoch fanden die Wörter zu ihrer ursprünglichen Bedeutung zurück. Es ist so, wie unser Freund Torsten immer sagt: »Die verstehen mich draußen nicht. Die haben ein Problem. Das sind keine Alkoholiker.«

Es ist mir nie schwer gefallen, mich in großen Versammlungen zu Wort zu melden, in der Gruppe verspürte ich plötzlich Hemmungen. Meine Sprache kam mir leer vor. Welche Worte sollte ich benutzen? Vor allem fiel es mir schwer, von mir zu reden. In der Therapie hatte ich nur über mich, noch lieber über andere geredet.

Nur nicht von mir. Mit einem Mal wurde mir klar, dass ich mit Hilfe eines Wortschwalls das ausgeklammert hatte, was ein Gespräch erst wertvoll macht – meine Gefühle. Doch bei mir waren noch alle Fenster verriegelt, alle Zugbrücken hochgeklappt, alle Burgtore verschlossen.

Es war eine der schwersten Übungen, über mich selbst sprechen zu lernen. Auch heute, nach all den Jahren, ist es nicht selbstverständlich für mich.

Ich orientiere mich ständig an drei Punkten: einem Wegweiser, einem Warnschild und einer Kopfnuss von meinem Sponsor. Der Wegweiser im Meeting: Kümmere ich mich um mich selbst? Mein Warnschild: Fange ich an, mich nicht um mich, sondern um andere zu kümmern? Beginne ich, mich therapeutisch zu betätigen? Die äußerst wirkungsvolle Kopfnuss mit Langzeitwirkung vom Sponsor: Versuche ja nicht, einen anderen Menschen nach deinen Vorstellungen ändern zu wollen, einer von deiner Sorte ist genug! Ich akzeptiere, dass ich das Privileg habe, nur einen einzigen Menschen ändern zu dürfen. Und dieser Mensch bin ich.

Ich musste frei sprechen lernen, mich mitteilen lernen, Wörter lernen wie Demut, die nicht zu meinem Wortschatz gehörten. Der Schriftsteller Heinrich Böll war sein Leben lang auf der Suche nach einer »bewohnbaren Sprache«. Ich habe sie im Laufe der Jahre bei den AA gefunden. Bill nannte es die Sprache des Herzens. Die Azteken nannten diese Form der Kommunikation »ein Gesicht und ein Herz haben«. Es forderte mich im ersten Meeting niemand auf zu reden, was ich als ausgesprochen wohltuend empfand. Die Freundinnen und Freunde in der Gruppe erzählten mir stellvertretend meine Geschichte. Wie sich der Alkohol in ihr Leben geschlichen, wie sich Zug um Zug ihr Leben wie in einem Trichter verengt hatte, wie plötzlich das Leben von der Suchtstruktur bestimmt war und wie sie kurz vor dem Ende wie Ertrinkende im Eismeer ziel- und hilflos von Scholle zu Scholle sprangen. Sie wussten mehr über mich als ich. Die Freundinnen und Freunde hielten mir einen Spiegel vor und das erste Mal in meinem Leben war ich mutig genug, in diesen Spiegel hineinzuschauen. Ich kann mich noch gut daran erinnern, als eines Tages ein nasser Freund in unsere Gruppe kam. Wir sprachen über den ersten Schritt und erzählten unsere Lebensgeschichten. Nach ungefähr zehn Rednern sprang er empört auf und sagte: »Das mit euch hier bringt mir nichts. Ihr redet nur von meinem Leben. Das langweilt. Genau davon will ich nichts mehr hören!« Gott sei Dank war ich in meinem ersten Meeting bereit, mein Leben anzuschauen.

Auch heute noch, nach über tausend Meetingbesuchen, kann ich mich genau an die einzelnen Personen und ihre Schicksale in meinem ersten Meeting erinnern. Meine Dankbarkeit bringe ich dadurch zum Ausdruck, indem ich mithelfe, dass die kommenden Generationen AA so vorfinden können, wie ich sie bei meinem ersten Meeting vorgefunden habe. Hüten wir unsere Gemeinschaft wie unseren Augapfel. Gruppengespräche gedeihen wie Pflanzen, wenn man fürsorglich mit ihnen umgeht und für die lebenswichtigen Elemente sorgt: Luft, Wasser, Licht und Erde. Pflanzen erfordern Geduld, ich lerne, nicht aus Ungeduld einzugreifen, und so lerne ich Gelassenheit. In der Gruppe fühle ich mich häufig wie in einem bunten Garten, in dem ich in Ruhe über mich nachdenken kann.

Ich denke dann immer daran, dass alle, die hier seit vielen Jahren an den Tischen sitzen, tot wären, wenn wir einander nicht hätten. Wir wissen es doch, ein Alkoholiker allein ist immer in schlechter Gesellschaft. Ich weiß, auf Außenstehende wirkt es befremdlich, wenn ich so von AA schwärme. Ich sage dann immer: Überlegt euch doch mal, wie ihr über eine Organisation sprechen würdet, der ihr nachweislich nicht nur euer Leben zu verdanken habt, sondern mit deren Hilfe ihr ein verpfuschtes Leben so umgestaltet habt, dass es euch besser gefällt als je zuvor. AA ist nicht alles in meinem Leben, aber ohne AA wäre alles andere nichts. Aus diesem Grund steht bei mir AA immer an erster Stelle.

Wenn ich mich später hier und da über Gruppenmitglieder geärgert habe, immer hatte es etwas mit mir zu tun. Mir werden Verhaltensweisen unter die Nase gerieben, die ich auch an mir nicht mag. Seitdem mir das bewusst ist, mag ich diese Gruppenmitglieder schon viel lieber. Es ist immer eine gute Gelegenheit, Gelassenheit einzuüben. »Ich habe Schweigen von den Schwätzern gelernt,

Toleranz von den Unduldsamen und Freundlichkeit von den Unfreundlichen. Ich sollte diesen Lehrern nicht undankbar sein«, schreibt der Philosoph Khalil Gibran. In einer konfliktfreien Gruppe gäbe es weniger Gelegenheiten, Lernerfahrungen zu machen.

Was entspannt mich so im Meeting, was baut diesen Druck, den ich wohl nie mehr los werde, so mühelos ab? Es ist das erlösende Gefühl, dass ich es endlich zulasse, mich so zu geben, wie ich bin. Ich genieße es.

Was löste damals diese spontane Begeisterung bei mir aus? Ich erlebte das erste Mal in meinem Leben Menschen, die es geschafft hatten und es auch genossen. Und zum ersten Mal in meinem Leben hatte ich einen Ort gefunden, an dem ich mich anspruchsberechtigt fühlte, wo ich nicht von dem Gefühl beherrscht wurde, mir dieses Recht erst verdienen zu müssen. Mit einem Mal wusste ich, hier kannst du Wurzeln schlagen und wachsen. Es war für mich im ersten Meeting keine Erleuchtung, keine spirituelle Erfahrung wie bei Bill, aber es war das, was ein Zenmeister einmal auf die Frage geantwortet hat, worin denn die Erleuchtung bestehe: im Heimkommen und Ausruhen. Und dieses Grundgefühl hält, Gott sei gedankt, bis auf den heutigen Tag nicht nur an, sondern hat sich verstärkt. Ich bin mehr als froh, dass ich dieses Verbundenheitsgefühl schon im ersten Meeting empfunden habe. Ich weiß, dass viele sich das erst ansitzen müssen.

Das, liebe Freundinnen und Freunde, waren unauslöschliche Eindrücke von meinem ersten Meeting. Seitdem habe ich über tausend besucht und das gute Gefühl hält an. Nicht mehr so überfallartig, nicht mehr so überwältigend, nicht alle Meetings erreichen mich mit gleicher Intensität, doch geschadet hat mir noch keins. Immer habe ich mich danach besser gefühlt als zuvor. Gerade wenn ich mal keine Lust hatte, gerade dann stellte sich heraus, dass ich es besonders nötig hatte. Diese Tankstelle zum Nulltarif, die an sieben Tagen der Woche rund um die Uhr überall auf der Welt durch Meetings, Telefonnetz und Internet geöffnet ist, ist überlebensnotwendig für mich. Ich gehe regelmäßig »Leben tanken«. Selbsthilfe hilft nur vorbeugend. Bei plötzlich auftretenden Kopfschmerzen kann Aspirin schnell wirken, doch wenn der Saufdruck sich anmeldet, käme bei mir ein Meeting zu spät. Ich kenne mich. Niemand und nichts könnte mich mehr aufhalten, selbst in der Sahara würde ich Schnaps auftreiben. Ich darf es gar nicht so weit kommen lassen. Ich entscheide auch nicht jedes Mal neu, ob ich in meine Stammgruppe gehe. Die Entscheidung ist ein für alle Male gefallen. Ich gehe! Ich vermeide in der Regel Dogmen, aber dieses Dogma erspart Energien. Wer nierenkrank ist, muss ein- bis zweimal pro Woche an die Maschine, bei mir muss kontinuierlich die alkoholische Birne durchlüftet werden. Mein Kopf ist für viele Dinge noch brauchbar, aber zur Früherkennung von Rückfallgefahren taugt er nicht. Mein Frühwarnsystem ist die Gruppe.

Wollte ich nicht von meinem ersten Meeting berichten? Wie beflügelt ging ich nach meinem ersten Meeting nach Hause. Ich habe einen milden, nach frischer Erde duftenden Frühlingsabend in Erinnerung, aber es ist durchaus möglich, dass es geregnet oder geschneit hatte. Jedenfalls schwebte ich auf Wolken. Auf dem Heimweg hatte ich nur einen einzigen Wunsch: mehr davon!

Plötzlich schoss es mir durch den Kopf. Ich habe dieses beglückende Gefühl, wie in einem Märchen aus einem tiefen Brunnen aufzutauchen und sich völlig gesund zu fühlen, schon einmal erlebt. In Gedanken war ich wieder sechzehn Jahre alt und ich saß im Gasthof in einer Runde Erwachsener und trank mein erstes Glas Bier. Es dauerte nicht lange und ich hatte den ersten Rausch meines Lebens beisammen. Die Wirkung war phänomenal. Auch damals glaubte ich, einen Ort gefunden zu haben, an dem ich mich anspruchsberechtigt fühlte: die Kneipe. Auch damals hatte ich auf dem Heimweg nur einen einzigen Wunsch: mehr davon!

Die Ähnlichkeit der Gefühle ist erschreckend, doch der Unterschied ist fundamental: War es beim ersten Glas und allen weiteren eine Flucht aus dem Leben in künstliche Paradiese, so war es beim ersten Meeting der Beginn eines neuen Lebens und die Erkenntnis, dass es Hoffnung für mich gab. Glaubte ich mit dem ersten Glas eine Geheimtür gefunden zu haben, um den Anforderungen des Leben auf geniale Weise ausweichen zu können, so fand ich bei meinem ersten Meeting einen äußerst hilfreichen Wegweiser, der mir einen Suchweg in ein lebendiges Leben eröffnete.

Die Gemeinschaft ist meine Lebensversicherung, die für mich eintritt, wenn ich die Tür zu AA nicht zuschlage. Die Tür zu AA hat
nur einen Griff. Und der befindet sich auf meiner Seite. Ich muss
es sein, der bereit ist, die Tür zu öffnen. Ein anderer kann es nicht
für mich tun. An dem Abend nach meinem ersten Meeting lag ich
– wie einst zu Kinderzeiten – noch lange wach. Warum mochte ich
auf Anhieb die Leute so gern? Warum waren mir fast alle uneingeschränkt symphatisch? Plötzlich wusste ich es. Sie waren das, was
ich auch gern gewesen wäre: ehrlich, liebenswert und bewunderns-
wert menschlich.
Eine Freundin hatte mir im Meeting heimlich einen kleinen Zettel
zugesteckt. »Für alle kommenden 24 Stunden«, hatte sie mir zuge-
flüstert. Daheim sah ich, dass es ein Gedicht von Richard Beauvais
war. Ich besitze es noch heute:

Ich bin hier, weil es letztlich kein
Entkommen vor mir selbst gibt.
Ich bleibe so lange auf der Flucht,
bis ich mich Euren Augen und Herzen
zu stellen wage.
Ehe ich es nicht ertrage, mein innerstes
Geheimnis mit Euch zu teilen,
kann ich nicht davon befreit werden.
Ich werde einsam bleiben.
Hier in der Gemeinschaft kann ich mir
selbst begegnen.
Nicht als der Riese meiner Träume und
auch nicht als Zwerg meiner Ängste,
sondern als Mensch,
der als Teil des Ganzen mitarbeitet.
Aus diesem gemeinsamen Grund kann
ich Wurzeln schlagen und wachsen.
Nicht mehr allein wie im Tod,
sondern lebendig
als Mensch unter Menschen.

Kontrolliertes Trinken?

Wir streben nach dem Unerreichbaren
und verhindern so
die Verwirklichung des Möglichen.

Alle paar Jahre geistert eine Meldung durch die Presse, dass an irgendeinem Institut eine – selbstverständlich durch viele Probanden abgesicherte – Therapie entwickelt wurde, die nicht vom alkoholfreien Leben, sondern vom Erlernen des kontrollierten Trinkens ausgeht. Das Neue wird begeistert gefeiert und in den Zeitungen wird ausführlich darüber berichtet. Doch schon bald darauf hört man nichts mehr von diesen sensationellen Erfolgen in der Suchttherapie.

1987 war es zum Beispiel Corinna Jakob vom Zentrum für psychologische Medizin in Göttingen, gestützt auf »weit über 100 Studien«, mit der »über jeden Zweifel hinweg« belegten Mitteilung, »dass nicht wenige ehemalige Alkoholiker den ›Absprung‹ zu einem ganz normalen, kontrollierten Konsum von Spirituosen schaffen«.[1] Wer hat jemals wieder etwas von ihr gehört, wo wurden diese Erkenntnisse in Therapien umgesetzt?

Im Jahre 2000 berichtete Jochen Paulus in der Zeitung »Die Woche« über kontrolliertes Trinken. Der Titel des ganzseitigen Berichtes: »Trinken lässt sich lernen. Ein Tabu der Alkoholismus-Therapie fällt.« Im Text heißt es: »Nicht die totale Abstinenz ist das Ziel, sondern der kontrollierte Umgang mit der Sucht. [...] Einem großen Teil der Therapieverweigerer passt der ganze bisherige Behandlungsansatz nicht. Die Standard-Offerte einschlägiger Kliniken bringt der Psychologe Joachim Körkel spöttisch auf die Formel: ›Du kannst ganztägig zu uns kommen und an deiner Abstinenz arbeiten.‹ Körkel, Professor an der Evangelischen Fachhochschule für Sozialwesen in Nürnberg, macht seit vergangenem Jahr zusammen mit der Caritas ein verlockendes Angebot: eine ambulante Therapie, bei der die Teilnehmer weitertrinken dürfen – allerdings ›kontrolliert‹. Nicht einmal schwere Alkoholiker sind von vornherein ausgeschlossen. Körkel bricht damit das Tabu der deutschen Alkoholismus-Therapeuten. Bislang gilt Abstinenz als einziges legitimes Ziel.«[2]

Und dann erscheint in dem Bericht der in diesem Zusammenhang immer auftauchende Standardsatz: »Die ersten Ergebnisse aus Nürnberg klingen viel versprechend.« Kein einziges Wort darüber, wie die Ergebnisse evaluiert wurden.

Ich bin mir sicher: Sollte doch noch einmal über diese Aktionen berichtet werden, dann lautet das Fazit in etwa folgendermaßen: »Die anfänglich guten Erfolge konnten später leider nicht bestätigt werden.«

Es ist verantwortungslos, mit welch heißer Nadel solche Berichte gestrickt werden, und es ist bedenklich, wie leichtfertig sie recherchiert werden. In besagtem Artikel wird auf eine Studie verwiesen, die 1973 das junge US-Forscherpaar Mark und Linda Sobell veröffentlicht hat. Die Sobells hatten einer Gruppe Alkoholikern kontrolliertes Trinken beigebracht, wobei das richtige Trinken regelrecht in einer so genannten experimentellen Bar geübt wurde. Drei Jahre später bestätigte eine unabhängige Forschergruppe das umstrittene Ergebnis: Wider jede herrschende Meinung waren nur 5 Prozent erneut dem Alkohol verfallen, 29 Prozent tranken weiter kontrolliert und 66 Prozent lebten sogar abstinent.

Es wäre leicht zu recherchieren gewesen, dass es eine Nachuntersuchung gibt, die in der Fachwelt allseits bekannt ist. Im Jahr 1982, also neun Jahre nach der ersten Studie der Sobells, veröffentlichten Pendery, Maltzsman und West die Ergebnisse ihrer Nachuntersuchung[3]: Von den insgesamt 20 Patienten, die angeblich kontrolliertes Trinken gelernt hatten, waren inzwischen 4 an den Folgen des übermäßigen Alkoholkonsums gestorben, einer hatte Selbstmord begangen, 8 hatten ihr exzessives Trinken fortgesetzt und waren sozial abgestiegen, 6 lebten nach wiederholten Rückfällen und Entziehungskuren alkoholabstinent und einer trank kontrolliert. Dieser aber war kein Alkoholabhängiger.

Ich bin nicht grundsätzlich gegen wissenschaftliche Versuche mit kontrolliertem Trinken. Es sollte alles versucht werden, was Alkoholikern helfen könnte. Das Schwerwiegende aber ist, dass diese Forschungsberichte hinausposaunt werden, obwohl keine gesicherten Erkenntnisse vorliegen. Millionen Betroffene und Angehörige schöpfen falsche Hoffnungen. Ich möchte dazu von einer Erfahrung berichten: Eines Tages kam aufgeregt eine junge Frau zu mir in die Bibliothek, die neu bei uns in der Selbsthilfegruppe war: »Ihr habt doch die Zeitschrift ›Psychologie heute‹. Im Gesundheitspark haben sie mir erzählt, dass in der neuesten Ausgabe eine Therapie aus Amerika vorgestellt wird, bei der kontrolliertes Trinken möglich ist.« Wie elektrisiert las sie den Artikel und hielt ihn mir anschließend triumphierend unter die Nase. Ich konnte diese Hypothese so keineswegs herauslesen, im Gegenteil, der Artikel enthielt viele Einschränkungen und Bedenken. Das Ende der Geschichte ist schnell erzählt: Die Frau lebt nicht mehr.

Alkoholtheorien, die kontrolliertes Trinken predigen, verkennen den tief verwurzelten, zwanghaften Drang zum Alkohol, dem ein Betroffener ständig ausgesetzt ist. Unsere Sprache, die von Erfahrungen aus der Alltagswelt lebt, reicht nicht aus, diese Gier und Besessenheit zu beschreiben. Der Drang entzieht sich dem Vorstellungsvermögen und kann weder von Nichtbetroffenen nachempfunden noch von der Wissenschaft durch Wiegen und Messen in medizinischen Kategorien festgemacht werden. Aber das darf nicht als Beweis gewertet werden, dass es ihn nicht gibt. Wir Betroffenen wissen es besser. Ich kann Süchtigen nur empfehlen, solchen Wissenschaftlern, die vorgeben, sich nur von wissenschaftlichen Fakten leiten zu lassen, nicht auf den Leim zu gehen.

Für mich ist es eine Gewissheit: Ich habe von Anfang an niemals die Kontrolle über meine Sucht besessen. Jede Mäßigungsphilosophie in Bezug auf mein Suchtmittel widerspricht meinen Lebenserfahrungen fundamental. Für mich ist es zehntausendmal leichter, alkoholfrei zu leben, als den täglichen Alkoholkonsum mit Hilfe von Trinkregeln einzuschränken. Hautnah habe ich in Erinnerung, wie entwürdigend und erniedrigend es für mich war, wenn ich meine selbst gesetzten Trinkregeln brach.

Alle Wünsche, kontrolliertes Trinken zu erlernen, sind von der stillschweigenden Annahme geleitet, dass das Leben ohne Alkohol nicht lohnt, dass mir ohne die Droge etwas Entscheidendes fehlt. Welch armselige Lebensvision!

1 zit. nach Zocker, Horst: betrifft: Anonyme Alkoholiker, S. 121

2 zit. nach Die Woche vom 21. Juli 2000

3 Schmidt, Lothar: Alkoholkrankheit und Alkoholmissbrauch, S. 35

Soll ich offen bekennen,
dass ich Alkoholiker bin?

Lieber Peter!
Vielen Dank für deinen Brief, ich war sehr erstaunt, dass du dich im Gegensatz zu früher intensiv mit der Frage beschäftigst, ob wir jederzeit offen zu unserer Sucht stehen sollen. Bislang hast du es ja immer verneint. Noch mehr hat mich gewundert, dass du mich zu einer ausführlichen Erörterung aufgefordert hast. Ich kann mich noch gut daran erinnern, wie schnell du aggressiv wurdest, wenn wir in den Therapiestunden darüber diskutiert haben. Ist irgend etwas geschehen, was dich veranlasst hat, dich gerade jetzt so ausführlich mit dieser Frage zu beschäftigen?
Immer noch denke ich gerne an unsere gemeinsame Zeit in der Suchtklinik zurück, wie verschieden wir beide waren und wie gut wir uns verstanden haben. Selbst unsere Therapeutin konnte es nicht verstehen, dass zwei so unterschiedliche Vögel wie wir so gut miteinander auskommen. Erst seitdem ich mich nachhaltig mit Kommunikation beschäftige, ist es mir klar geworden. Es tut unheimlich gut, sich trotz vieler Unterschiede und anderer Meinungen gegenseitig zu akzeptieren. Für mich eine der wichtigsten Erfahrungen meiner Therapiezeit.
Ich habe mich schon seit langem grundsätzlich dazu durchgerungen, offen mit meinem Alkoholismus umzugehen. Ich hebe ihn nicht besonders hervor, verstecke ihn aber auch nicht. Mit Ja oder Nein lässt sich die Frage sowieso nicht beantworten. Es ist immer eine Entscheidung von Fall zu Fall, die jeder für sich zu treffen hat, nicht ein für alle Mal, sondern immer wieder neu, jeden Tag meh-

rere Male, ein Leben lang. Ich gestehe, du hast es mir in deinem Brief zu Recht vorgeworfen, in der ersten Zeit der Euphorie damit »angegeben« zu haben. Das hat sich im Laufe der Zeit entscheidend verändert. Auch in mir erzeugt ungenierte Bekenntnisfreude ein Peinlichkeitsgefühl. Menschen, die mir in der Sauna sofort und unaufgefordert alles erzählen, was ich gar nicht wissen will, gehen mir genauso auf die Nerven wie den meisten anderen Menschen. Ich schneide das Thema Alkohol nur noch an, wenn ich darauf angesprochen werde.

Im Laufe der Zeit ist mein »Alkoholiker-Sein« zu einem ganz wichtigen Aspekt in meinem Leben geworden. Es gehört einfach zu mir. Das bedeutet für mich: ein selbstverständlicher, unbefangener Umgang damit, sowohl im privaten als auch im öffentlichen Bereich. Keine Angst, ich gehöre nicht zu denen, die euphorisch ausrufen: »Ich bin glücklich, Alkoholiker zu sein!« Auch den Ausspruch »Wen Gott liebt, den lässt er Alkoholiker werden« lehne ich ab. Das sind Äußerungen, die auch als Gedankenprovokation völlig daneben sind. Ich kann mir keinen Gott vorstellen, der so gnadenlos ist und mich dreißig Jahre saufen lässt, um mir erst danach Chancen für ein besseres Leben zu eröffnen. Wenn ich diese euphorischen Ausrufe höre, denke ich immer an unseren Mitpatienten Franz Josef, der den lieben Gott wegen unterlassener Hilfeleistung vor den Kadi zerren wollte. Wir Betroffenen dürfen uns nicht besoffen reden, denn die Gefahr ist groß, aus Denkfaulheit und Bequemlichkeit in einen esoterischen Wortrausch zu verfallen, an dessen Ende man sich nicht weiterentwickelt, sondern meistens verstummt. Auf die Gewissenhaftigkeit des Denkens sollten wir nicht verzichten.

Froh bin ich darüber, dass ich weiß, dass ich Alkoholiker bin, früher wussten es nur die anderen. Ich kann es ehrlichen Herzens akzeptieren und mich freut, dass ich die ungeheuren Chancen habe erkennen und ergreifen dürfen, die sich aus der Auseinandersetzung mit meiner Krankheit ergeben. Die überwältigende Mehrheit der Alkoholiker schafft es bedauerlicherweise nicht. Es quält mich und ich kann mich nur schwer damit abfinden, dass vielen Süchtigen nicht zu helfen ist.

Mich bewegen viele Gründe, offen mit meinem Alkoholismus umzugehen. Mein Hauptbeweggrund ist dir, wie ich ja aus vielen Diskussionen mit dir weiß, zu rigoros, aber ich bleibe dabei: Die weit
verbreitete Ansicht, dass erst mit dem ersten Glas Alkohol der
Verlust der geistigen Gesundheit eintritt, halte ich für falsch. Der
Verlust der geistigen Gesundheit setzt sehr viel früher ein. Rückfällig wird man zuerst im Kopf. Jeder Krieg fängt, bevor er anfängt,
mit Lügen an, auch der Krieg gegen uns selbst. Die erste Lüge in
Bezug auf Alkohol ist der Anfang vom Anfang vom Rückfall. Zu
den Lügen zähle ich auch die kleinen Notlügen, die man sich sonst
im Alltag gerne verzeiht. Wer so viel gelogen hat wie ich, der hat die
Menge an Lügen, die vielleicht jedem Menschen zustehen, mehrfach ausgeschöpft. Ich bin froh, dass ich es wenigstens in Bezug auf
Alkohol schaffe, ehrlich zu mir selbst und zu anderen zu sein. Ich
habe übrigens festgestellt, dass es schwerer ist, zu sich selbst ehrlich
zu sein, als zu anderen. In Bezug auf Alkohol, leider vorerst nur da,
schaffe ich es. Ich genieße es. Eine weitere wichtige Erfahrung: Wer
sich anderen mitteilt, kann mit positiven Reaktionen rechnen. Ich
habe mit meiner Offenheit selten schlechte Erfahrungen gemacht,
im Gegenteil, ich treffe eher auf Bewunderung als auf Ablehnung.
Das tut gut, denn im hintersten Stübchen meines Selbst glaubt immer noch ein Teil von mir, dass es keine Krankheit ist, sondern
dass ich persönliche Schuld auf mich geladen habe.
Wen stört unsere Offenheit letztlich? Die meisten Mitmenschen
glauben es sowieso nicht, wenn ich es unverblümt sage. Ein Kellner
fragte mich einmal, als ich bei ihm ein Glas Mineralwasser bestell-
te: »Wie kann man bloß so etwas trinken?« Meine Antwort: »Ich
bin Alkoholiker.« Er: »Den Bären können Sie mir nicht aufbinden,
ich bin vom Fach, diese Typen erkenne ich auf den ersten Blick.«
Es glaubt uns kaum jemand, wenn wir uns offen dazu bekennen,
die meisten Menschen fühlen sich verarscht. Aber das ist dann ausschließlich ihr Problem. Mir tut es gut. Ich habe die Erfahrung gemacht, dass überwiegend nur Alkoholiker etwas gegen Alkoholiker
haben. Sie empfinden meine Offenheit als peinlich, unangebracht,
störend, exhibitionistisch und reagieren sehr schnell aggressiv. Es
ist paradox, bei längerem Nachdenken aber verständlich. Es ist ein

Angriff auf ihr Abwehrsystem. Wir Alkis wissen doch, was Abwehr ist: verleugnen, verharmlosen, rationalisieren, projizieren, schnell aggressiv werden. Und wir wissen, dass Abwehr immer auch etwas mit Angst zu tun hat.

All die Jahre habe ich mich gewissenhaft um eine sorgfältige Güterabwägung zwischen Sagen oder Nichtsagen bemüht, für mich bleibt das Ergebnis gleich: Ich halte die Risiken für erheblich größer, wenn ich es nicht sage. Meine Gedankenkette: Wenn ich mich nicht öffentlich dazu bekenne und es verheimliche, dann lebe ich in verschiedenen Welten: In meiner Berufswelt, in der Freizeit, in meiner Selbsthilfegruppe, im Privatleben, überall gebe ich mich dann anders. Ich halte es für ausgesprochen gefährlich, zwischen Alltagswelt und Urlaubswelt, zwischen Öffentlichkeit und Privatheit hin und her zu pendeln, auch wenn es dem Zeitgeist entsprechen mag, weil viele Menschen glauben, eine Schutzmauer der Unverbindlichkeit aufsuchen zu müssen. Ich kann mir nur schwer vorstellen, dass das über einen längeren Zeitpunkt überhaupt möglich wäre. Auch meine Selbsthilfegruppe ist für mich keine Fluchtburg, sondern eine »Probierstube«, um das lebendige Leben in einem geschützten Raum auszuprobieren, bevor ich mich nach draußen wage.

Mag der versteckte Alkoholismus hier und dort Freunde vor Erniedrigung und Abwertung schützen, die Risiken des Versteckt-Lebens halte ich für sehr viel größer. Hinter jeder Lüge steht auch die Erpressbarkeit. Versteckt lebende Alkoholiker müssen ein gut funktionierendes inneres Überwachungssystem entwickeln, ständig alle Gedanken, Gefühle und Handlungen kontrollieren, immer auf der Hut sein, damit nichts »Verdächtiges« nach außen dringt. Spontanes, unkontrolliertes Leben hört beim Verlassen der Schutzräume auf. Für mich eine grauenhafte Vorstellung. Ich erlebe solche Leute immer wieder bei mir im Kommunikationstraining. Sie können so viel trainieren, wie sie wollen, solange sie bedeutsame Teile ihrer Persönlichkeit verbergen, bleibt ihre Kommunikation inkongruent. Mein türkischer Freund Numan sagt dazu in seiner bildreichen Sprache: Herz und Mund sagen nicht dasselbe. Die Reaktion der Mitwelt: Irgend etwas stimmt bei denen nicht. Der

Preis, den wir dafür bezahlen, ist hoch: emotionale und gedankliche Blockierungen, ein geringes Selbstbewusstsein und die ständige Angst, doch entdeckt zu werden. Diese Gemengelage von Ängsten kann und möchte ich mir nicht mehr leisten. Arno Gruen hat für mich überzeugend aufgezeigt, dass menschliche Entwicklung zwei grundsätzlich verschiedene Richtungen nehmen kann, und zwar die, die ein mit der Außenwelt verbundenes Inneres ausbildet, und die, die zur Außengelenktheit unter Preisgabe des eigenen Inneren führt. Ich habe mich für die erste Richtung entschlossen.

Ich glaube, dass die Angst vor Zurückweisung, vor Isolation, vor Beschämung, vor beruflichen Nachteilen in den meisten Fällen nicht gerechtfertigt ist. Unser Ruf ist wesentlich besser, als wir Süchtigen annehmen. Dass es Verletzungen gibt, ist unbestritten. Doch eines sollte jeder wissen: Die Verbergerei ist ein ungeheurer und sinnloser Energieverschleiß. Diese Energien fehlen uns dann im Veränderungsprozess.

Darüber hinaus habe ich folgende wertvolle Entdeckung gemacht: Meine innere Selbstzufriedenheit wächst, je mehr ich mich traue, meine geheimen Verstecke zu verlassen und öffentlich zu meinem Defekt zu stehen. Wer das wagt, wird mit einem enormen Zuwachs an Authentizität, Selbstbewusstsein und Autonomie belohnt. Ich bin überzeugt von der Wirksamkeit des Spruches: »Sei du selbst, dann bist du gut.«

Ein weiterer Grund, mich zu meinem Alkoholismus zu bekennen: Ich möchte gerade als Betroffener zur Aufklärung über unser Krankheitsbild beitragen. Ich biete mich durch meine Offenheit als Ansprechpartner für alle an, die es möchten. Die Gesellschaft ist beschämend uninformiert über Süchte, sie geht immer noch mehrheitlich davon aus, dass Alkoholismus ein Zeichen von Schwäche und fehlender Selbstbeherrschung ist. Selbst viele Alkoholiker sind davon überzeugt, schlechte Menschen zu sein, die besser werden müssen, statt sich als Kranke zu begreifen, die gesund werden können. Es hat keinen Zweck, darüber zu lamentieren, die Einzigen, die etwas daran ändern können, sind wir. Wir Süchtigen können dazu beitragen, dass die Vorstellungen, die in den Köpfen der meisten Menschen existieren, durch realistischere Bilder unserer Krankheit ersetzt, zumindest aber ergänzt werden. Die Abwertung von Alkoholikern lässt bei Menschen nach, wenn sie direkten Kontakt zu Genesenden haben.

Lieber Kumpel, halt mich bloß nicht schon wieder für blauäugig, auch ich mache täglich die Erfahrung, dass kaum ein Mensch wirklich ernsthaft etwas über Alkoholismus hören will, obwohl Alkoholismus in nahezu jeder Familie vorkommt.

Ich habe mich schon oft gefragt: Weshalb wird die Droge Alkohol so auffallend konsequent tabuisiert? Wir Süchtigen stellen der Gesellschaft Fragen, die unangenehm sind. Der Arzt Lothar Schmidt, bei dem du ja auch in Berlin in Behandlung warst, hat es in seinem vortrefflichen Buch (du solltest es unbedingt lesen!) auf den Punkt gebracht: Wir Abhängigen zerstören »die Illusion von der Harmlosigkeit und Poesie des Alkoholkonsums«. Wir Süchtigen dokumentieren, dass das Suchtmittel Alkohol keineswegs so harmlos ist, wie landauf und landab behauptet wird, wir sind der lebendige Beweis, dass es jeden treffen kann. Das wird von vielen Menschen – ohne dass es ihnen bewusst wird, aber gerade deshalb umso wirksamer – als Provokation empfunden. Die Gesellschaft »rächt« sich dafür mit abfälligen Bemerkungen, Verurteilungen, Ausgrenzungen und Witzen. Das ist Abwehr. Tief im Innersten spüren viele Menschen ihre Anfälligkeit für Sucht, sie wissen, dass sie leichtfertig und gedankenlos mit der Droge umgehen und sie ahnen zumindest, dass sie sich nur wenig von uns unterscheiden. Nur hören und sehen wollen sie nichts davon. Der Vogel Strauß war schon immer ein beliebter Vogel.

Ich frage mich immer wieder: Ist die Angst vor der gesellschaftlichen oder beruflichen Isolation berechtigt? Ich stimme dir zu, lieber Freund, dass die Achtung, die einem Trockenen entgegengebracht wird, von seinem Platz in der Gesellschaft abhängt. Je niedriger, desto diskriminierter, je höher, desto respektierter. Aber ich beobachte sehr häufig, viel zu häufig, ausgesprochen übertriebene, unverhältnismäßige Ängste. Es sind nicht die realen gesellschaftlichen Verhältnisse, die diese Ängstlichen beunruhigen, es sind die Gedanken, die sie sich darüber machen. Geradezu entsetzt bin ich über die Tatsache, dass laut einer AA-Umfrage 16 Prozent der Mitglieder ihre Sucht dem Arzt verschweigen, also nicht einmal bereit sind, ihr zentrales Problem einem Mann ihres Vertrauens zu eröffnen, der ja auch noch der Schweigepflicht unterliegt. Das ist nicht nur wegen der Medikamente mit Alkohol gefährlich. Was wollen sie eigentlich beim Arzt, was erwarten sie?

Dass Veränderungen der Einstellungen möglich sind, zeigt die Entwicklung in den USA. Prominente Genesende bekennen sich offen dazu, in vielen Kreisen gilt es als selbstverständlich, wenn nicht gar als schick, zu den Anonymen zu gehören. In den USA kursiert dazu folgende Anekdote: Der Vorsitzende eines großen Konzerns stellte auf einem Empfang ein neues Vorstandsmitglied vor. Begleitet von seiner persönlichen Sekretärin wanderte der Neue von Tisch zu Tisch, um sich bekannt zu machen. Bei jeder Bitte, doch ein Gläschen Alkohol mitzutrinken, erwiderte er: »Nein danke, ich bin bei den Anonymen Alkoholikern.« Als der Empfang zu Ende war, sagte seine Sekretärin beeindruckt: »Ganz schön mutig von Ihnen, allen gleich am ersten Tag zu sagen, dass Sie bei AA sind.« »Ich war gar nicht mutig«, antwortete er, »ich bin gar nicht bei AA, ich habe ein Magengeschwür, das geht hier keinen etwas an.«

Auch die Betroffenen gehen in Amerika ganz anders mit ihrer Krankheit um. Ich war als Gast auf dem Welttreffen der AA in Minneapolis. Die Europäer liefen mit ihren kleinen offiziellen Namensschildern herum, die meisten Amerikaner nicht nur mit einem sehr viel größeren Schild – so um die DIN A5 –, nein, die Schilder waren auch noch zusätzlich beleuchtet. Doch selbst das genügte nicht. Wie bei einem Nachtclub auf der Reeperbahn ging die Beleuchtung auch noch regelmäßig an und aus. Niemand hatte auch nur die geringste Chance, den amerikanischen AA zu entkommen. Ja, lieber Peter, so machen es die Amis. Mein Stil ist es nicht, doch verurteilenswert finde ich es auch nicht. AA entwickelt sich überall auf der Welt entsprechend der jeweiligen Kultur so, wie die Menschen es benötigen. Die sich im Laufe der Zeit herausgebildeten Grundwerte und die Grundordnung der Gruppe bleiben davon unberührt. Alle Experimente, das Programm zu erneuern oder neue Therapieformen in den Gruppenprozess einzubauen, sind kläglich gescheitert.

Je schneller wir lernen, als Minderheit in einer alkoholischen Gesellschaft zu leben, umso besser für uns. Alkoholfrei zu leben ist eine Art zu leben wie viele andere alternative Lebensentwürfe auch. Dieses Anderssein als die anderen ist für viele Menschen eine Horrorvorstellung. Doch zu lernen, den eigenen Erfahrungen zu trauen und sich im Anderssein wohl zu fühlen, ist die beste Lebensübung, die ich mir vorstellen kann. Es lebt sich keineswegs schlecht als Minderheit, auch wenn wir uns ständig dafür rechtfertigen müssen, dass wir keinen Alkohol trinken. Das stinkt nicht nur dir, sondern auch mir, das kannst du mir glauben. Wie oft bin ich nicht schon gefragt worden, ob ich nicht doch einen mittrinken möchte, selbstverständlich nur einen kleinen. Wenn es mir zu bunt wird, antworte ich schon mal: »Nein danke, ich wollte mich heute Früh noch nicht betrinken.« Ich sollte es lieber nicht tun, es bringt nichts, es hat keinen Zweck, sich zu ärgern, wir müssen lernen, uns gegen Ausgrenzungen zu wappnen.

Lieber Freund, was kann es uns interessieren, was kann uns schon passieren, wenn uns weltweit ein paar Deppen für Weicheier halten? Mich stört es schon lange nicht mehr. Wenn es anfängt, mich zu stören, dann hätte ich für mich den begründeten Verdacht, dass ich erneut einer Sucht verfalle: der prozessgebundenen Sucht, von allen geliebt und gebraucht zu werden. Und überhaupt: Wer mit einem Finger seiner Hand auf andere zeigt, auf den weisen zumindest drei zurück.

So, das reicht nun aber auch, alter Schluckspecht, eine so lange Antwort war eigentlich gar nicht vorgesehen, es ist schon weit nach Mitternacht. Ja, du hast Recht, ich kann es einfach nicht lassen, Vorträge zu halten. Ich finde es eben immer wieder faszinierend, über die menschliche Grunderfahrung Sucht zu spekulieren. Auch empfinde ich es immer noch als Wunder, dass wir beide als Einzige ohne Rückfälle aus unserer Therapiegruppe übrig geblieben sind, wo doch keiner mehr an uns geglaubt hat, ich übrigens auch nicht. Ich sehe es nicht als Verdienst, sondern als ein Geschenk des Lebens. Du nennst es Glück. Wenn es in unserer beider Ohren nicht so geschwollen klingen würde, dann würde ich es Gnade nennen. Dazu beigetragen haben wir auch etwas, vergiss es nicht. Vergiss auch nicht, dass uns dieser Eigenbeitrag auch in Zukunft abverlangt wird. Geschenkt bekommen wir nichts. Wer mit dem Rad den steilen Berg hinaufstrampelt, der muss wissen, dass er, wenn er anhält, wieder zurückrollt.

Trockenheit ist eine auf den Tag bemessene Bewährungsfrist: Rasend schnell kommt das Vergangene wieder nach oben, eilig kehrt das Verdrängte zurück, die alten Ängste stellen sich ein und wir erliegen erneut der gefährlichen Griffnähe der Droge Alkohol. Nein, nein, nein, ich möchte es nicht noch einmal erleben. Mein Guter, denk daran, was wir uns vorgenommen und versprochen haben: Die Vervielfältigung des Lebens im verbleibenden Rest. Was an Lebenszeit verramscht ist, ist verramscht. Mehr Tage können wir nicht ins Leben bringen, aber sehr viel mehr Leben in die Tage. Und lass uns unsere tiefe, sehr ungewöhnliche Freundschaft, die auf gemeinsamer Erfahrung beruht, hüten wie unseren Augapfel.

Ich hoffe, wir sehen uns noch in diesem Jahr.
Gute vierundzwanzig Stunden wünscht dir von Herzen
dein
Jürgen

P. S.: Haben wir letzten Endes nicht doch die bessere Hälfte vom Leben gepackt?

Verzicht? Absage an einen Lebenstraum

Lieber Dietmar!

Es ist mir schwer gefallen, dir diesen Brief zu schreiben. Ich danke dir für dein Vertrauen und vor allem danke ich dir für dein Angebot. Doch ich habe mich – nach sorgfältigen Überlegungen – entschlossen, dein Angebot, das mich tagelang in einen anhaltenden Zustand schöpferischer Unruhe versetzt hat, nicht anzunehmen. Es ist mir sehr wichtig, diesen Entschluss inhaltlich zu begründen.

Für mich wäre die Stelle bei dir die Erfüllung eines Lebenstraumes gewesen, es ist ein Traumjob, den du mir angeboten hast. Vielleicht wird es dich erstaunen: Die erste Reihe in der Politik war nie mein Wunschplatz, obwohl mich viele politische Freunde sicherlich anders wahrgenommen haben. Ich weiß, wie wichtig für einen Spitzenpolitiker eine gleichermaßen vertrauensvolle wie vertrauliche Zusammenarbeit ist. Es ist unverzichtbar, einen Mitarbeiter um sich zu wissen, der uneigennützig Zu- und Widerspruch gibt.

Meine jetzige Entscheidungssituation erinnert mich an einen Film, den ich schon vor Jahrzehnten als Junge im Internat gesehen habe, ich erinnere mich nur noch an das Grundmuster. Ein unsportlicher Außenseiter beginnt, erfolgreich den 1.000-Meter-Lauf zu trainieren, ist im entscheidenden Wettkampf unter dem Beifalljubel seiner Mitschüler dem Feld weit voraus, doch kurz vor dem Ziel gibt er auf, verbeugt sich noch vor seinen Konkurrenten und lässt sie an sich vorbeiziehen. Alle meine Mitschüler hielten ihn für einen Wirrkopf. Doch ich hatte schon damals das Gefühl: Der hat etwas, was ich nicht habe, was ich nie fertigbringen würde.

Was hindert mich daran, den Posten bei dir anzunehmen, der nicht nur hochinteressant ist, sondern den ich mir ein Leben lang gewünscht habe und zu dem ich früher, ohne auch nur eine einzige Sekunde zu zögern, begeistert und vorbehaltlos ja gesagt hätte. Was bringt mich zu der Entscheidung, die persönliche Zusammenarbeit mit dir auszuschlagen und jemand anderen wie in dem Film an mir vorbeiziehen zu lassen, obwohl ich gute Voraussetzungen für diesen Posten mitbringe?

Ein so bedeutsames und sensibles Arbeitsverhältnis ist nicht nur auf Freundschaft begründbar, sondern setzt entsprechende Fähigkeiten und Leistungsvermögen voraus. Körperlich fühle ich mich fit, war in fünfzehn Jahren nur einen Tag krank, obwohl auch ich wie du in der Regel siebzig Stunden pro Woche arbeite. Auch inhaltlich habe ich zugelegt, es gibt vieles, was du an mir noch nicht kennst. Durch die Auseinandersetzung mit meiner Krankheit in den Selbsthilfegruppen ist auch mein gesellschaftspolitischer Blick auf die Welt durch diese Selbsterfahrungen geprägt. Dieser für mich neue Blickwinkel hat – ohne dass ich es so richtig bemerkt habe – auch meinen Politikstil verändert. Ich hätte mich auch auf dich und die damit verbundenen Tätigkeiten voll konzentrieren können, denn in vier Jahren wäre ich vom Alter her »reif« für die Rente, müsste also nicht auf die Zeit danach schauen, was bei einem Jüngeren menschlich verständlich, aber in der politischen Arbeit wenig hilfreich ist. Doch so sehr mich die politische Tätigkeit bei dir reizen würde, auch die Arbeit in unserer kleinen Bibliothek gefällt mir, viele meiner Fähigkeiten sind vor Ort gut aufgehoben, vielleicht sogar am besten. Bei meinem kollegialen Umfeld handelt es sich wirklich um ein »Dreamteam«, das ich nur schwer verlassen könnte. Ich bilde mir nicht ein, dass die ohne mich nicht können, sondern ein erfolgreiches Team zu moderieren beschert mir eine Lebensqualität, von der eine für mich bislang nicht gekannte Zufriedenheit ausgeht. Darüber hinaus möchte ich noch ein gut lesbares Buch über Populismus schreiben. Mein Kommunikationsbuch ist bereits in der 2. Auflage erschienen, und die Freude, die ich dabei empfinde, sagt mir, wie gut mir das tut und wie wichtig es für mich ist. Für die Schreiberei und meine Seminararbeit bliebe kein Platz, denn wenn ich bei dir anfange, würde ich mich ohne Wenn und Aber erneut ins politische Getümmel stürzen, wie du es selbst genannt hast. Alles andere wäre unrealistisch. Ich könnte es auch gar nicht. Politik kann man, ich verbessere mich, kann ich mit Sicherheit nur ganz oder gar nicht machen. Eine meiner wichtigsten Lernerfahrungen aus den Brüchen in meinem politischen Leben: Der wichtigste Schritt zu einem glaubwürdigen und erfolgreichen politischen Engagement ist für mich heute die Bewusstwerdung und Handlungsfähigkeit der eigenen Person. Lebe ich so, dass ich stets Wahlmöglichkeiten habe, kann ich, wenn ein Lebensweg nicht funktioniert, einen anderen wählen? Habe ich die Option, außer Politik jederzeit etwas anderes machen zu können?

Das sind alles rationale Gründe, mit denen ich Vor- und Nachteile abgewogen habe. Ich möchte dir gegenüber offen und ehrlich sein, will keine rationale Güterabwägung vorschieben, weil bei mir letztlich ein einziger Grund ausschlaggebend war, dein Angebot nicht anzunehmen: Es ist mein Alkoholismus, der nun mal ein fester Bestandteil meines Lebens ist, denn es ist nicht »vorbei«, wie du es in unserem letzten Gespräch formuliert hast. Das ist völlig unmöglich. Diese Krankheit ist nur zum Stillstand zu bringen. Selbst viele Jahre zufriedener Trockenheit sind kein Garantieschein. Es bleibt immer das Restrisiko. Und die für mich schwer zu akzeptierende, aber inzwischen wichtigste Erfahrung meines Lebens ist, dass ich mich dabei auf meinen Willen allein nicht verlassen kann.

Ich habe mit guten Freunden meine Entscheidung erörtert und auch in meine Selbsthilfegruppe hineingehorcht. Das Wichtigste im Leben sagt man sich bekanntlich ja nicht selbst, es wird einem gesagt und diese wichtige Lebensentscheidung wollte ich nicht treffen, sondern ausfindig machen, entdecken. Mein Freund Karl von der Evangelischen Akademie Bad Boll bezeichnete spontan dein Angebot als »Versuchung«. Seine Intuition war richtig. Er kennt mich und spürte intuitiv die Gefahren, die für mich in diesem so verlockenden Angebot verborgen sind.

Meine Selbsthilfegruppe spiegelte mir folgenden Beweggrund zurück: Du willst doch nur aller Welt beweisen, dass trotz deiner Sauferei noch etwas aus dir geworden ist. Du willst nicht dir, sondern anderen etwas beweisen. Zuerst habe ich mich darüber geärgert, um wenig später einzusehen, dass sie Recht haben.

Lieber Dietmar, so wie ich jetzt lebe, ist es viele Jahre nicht nur gut gegangen, sondern langsam, aber stetig besser geworden. Es war die mit Abstand schönste Zeit meines Lebens. Auch in meinem Zweitberuf als Kommunikationstrainer habe ich mich in Richtung »Bundesliga« hochgearbeitet. Es ist, so wie ich es betreibe, von der Anstrengung und den Stunden her auch »Hochleistung«, aber mit einem wesentlichen Unterschied zu der Tätigkeit bei dir: Ich kann es von heute auf morgen lassen, wenn es sich als notwendig erweisen sollte – ein beruhigendes Lebensgefühl. Bei dir hätte ich diese Wahlmöglichkeit nicht.

Ja, mein Alkoholismus ist der entscheidende Grund, warum ich eine Stelle absage, die ich mir ein Leben lang gewünscht habe. Ich kann noch vieles, nur nicht alles. In Bezug auf meine Krankheit gehe ich kein Restrisiko ein. Ich möchte das alles nicht noch einmal erleben. Eine Nummer kleiner reicht auch. Es fällt mir keineswegs leicht, dein Angebot auszuschlagen, aber ich bin, seitdem ich mich entschieden habe, auch erleichtert. Ich erlebe es nicht als Verzicht. Mich erfüllt das wohltuende Gefühl, dass es für mich und auch für dich besser ist.

Lieber Dietmar, ich hoffe auf bleibende Freundschaft, gezwungenermaßen aus der Ferne, vielleicht ergibt sich hier und dort eine Chance zu punktueller Zusammenarbeit. Darüber würde ich mich sehr freuen. Vor allem aber wünsche ich dir Erfolg und dass bei deinem aufreibenden Engagement nicht nur für dein Amt, sondern auch für dich persönlich etwas übrig bleibt, was von bleibendem Wert ist. Ich weiß, wie dünn die Luft da oben ist und wie groß die Gefahr der »deformation professionelle«.

Ich grüße dich in Freundschaft und wünsche dir Zufriedenheit. Und mir wünsche ich, dass du meine Beweggründe verstehst.

Sehr herzlich
dein
Jürgen

Persönliche Standortbestimmung

In der Auseinandersetzung mit dem Alkoholismus versagt unsere logisch-analytisch-rationale Welterfassung. Die Einteilung der Welt in Gegensatzpaare, vor allem der aristotelischen Dichotomie von wahr und falsch, erweist sich als unzulänglich. Ich versuche eine Wirklichkeitskonstruktion, die mir hilft, mit meinem Alkoholismus zu leben, und suche mir aus Wirklichkeitsauffassungen das heraus, was für mich nützlich ist.

Die Lebensberichte der Gruppenmitglieder sind nicht ein Abbild der alkoholischen Wirklichkeit, wie viele glauben, sondern das Ergebnis zwischenmenschlicher Kommunikation. Mir ist bewusst, dass meine Standortbestimmung mein Bild der Wirklichkeit ist und nicht die Wirklichkeit anderer Betroffener oder gar die Wirklichkeit des Alkoholismus. Sie gilt nur für mich. Ob einiges davon auch für andere zutrifft, muss jeder selbst herausfinden.

Ich nenne meine Standortbestimmung Axiom.

Axiome sind feststehende Grundsätze, die keiner Beweise bedürfen. Meine Gewissheit, an mein Axiom zu glauben, beruht auf eigenen Lernerfahrungen und deren Widerspiegelung in den Selbsthilfegruppen. Mein Axiom ist für mich Denkgeländer und Orientierungsrahmen, mein Kompass in ein neues Leben. Es lässt kein Schlupfloch für Ausreden.

Mein Axiom ist hilfreich

Es gibt keine definitive Antwort auf die Ursachen der Alkoholabhängigkeit. Die Gründe meiner Sucht liegen außerhalb der Grenzen meiner Erfahrung. Sie bleiben für mich ein unlösbares Rätsel. Mit dieser Lösungslosigkeit muss ich leben. Als Grundlage konstruiere ich mir ein eigenes Bild meines Alkoholismus. Das ermöglicht mir, mein Fühlen, Denken und Verhalten zu ändern. Ich behaupte nicht, dass mein Axiom wahr ist, es ist für mich nützlich.

Akzeptanz

Alkoholismus hat man nicht, Alkoholiker ist man. Ich akzeptiere die Tatsache, dass meine Gesamtpersönlichkeit eine alkoholische ist, und ich integriere meine Suchtstruktur mit all ihren Widersprüchen in meine Identität als unangenehmen, aber selbstverständlichen Teil meines Lebens, ohne diese Anteile je zu vergessen. Ich lebe nicht frei von Sucht, ich lebe mit meiner Sucht.
Durch die Akzeptanz dieser Tatsache erschließt sich mir ein neues Feld. Ich entdecke, wie wertvoll das Leben in seiner Vielfalt und Fülle ist.

Mangel

Ein Leben mit Alkohol ist für mich kein möglicher Lebensentwurf, sondern fehlgesteuertes Leben. Alkoholismus ist eine Mangelkrankheit. Mir fehlte etwas von Anfang an, eine Art lebendige Hoffnung als Grundausstattung. Ich nenne es Urvertrauen. Urvertrauen ist der Glaube, dass die Welt es gut mit uns meint und wir von hoffnungsvollen Grundannahmen ausgehen dürfen. Dieses Defizit, das sich weder definieren noch messen lässt, erzeugte in mir einen Mangel an inneren Kräften, die es mir sehr schwierig machten, Krisen zu überstehen und Probleme zu lösen. Ich war dem Leben gegenüber verantwortungsunfähig.

Die Alternative

Die einzige Alternative zur Sucht ist für mich das lebendige Leben. Ich stopfe die Löcher in meiner Persönlichkeit nicht mehr mit Ersatzstoff, sondern stelle mich den Anforderungen des Lebens und riskiere es. Meine Kapitulation vor dem Suchtmittel ist kein Verlust. Ich gebe nichts Wertvolles auf. Ich verzichte nicht. Ich verlasse mein Suchtgefängnis und eröffne mir die Chance, das Leben zu gewinnen.

Verantwortlichkeit

Das, was mir von Anfang an fehlte, hat mir niemand geben können. Ich mache weder meine Eltern oder Großeltern noch gelungene oder misslungene Beziehungen und schon gar nicht die Gesellschaft für meinen Alkoholismus verantwortlich. Ich übernehme die alleinige Verantwortung dafür, dass meine Sucht nicht wieder aktiv wird. Der Kern der Genesung liegt in mir.

Weg

Die größte Leerstelle aus der Vergangenheit, die am mächtigsten in die Gegenwart drückt, ist das ungelebte Leben. Es bedrückt mich, was ich getan und anderen angetan habe, aber es bedrückt mich noch mehr, was ich nicht getan, was ich unterlassen, was ich versäumt habe. Meine Trauer um dreißig Jahre verramschtes Leben ist unaufhebbar. Es ist der Schmerz über den Verrat, den ich an mir selbst begangen habe. Ich kann meinem Leben nicht mehr Tage geben, aber dem Tag mehr Leben. Ich nehme mir das Leben. Ich bin lebensdankbar. Priorität hat bei mir das Aufgreifen von versäumten Chancen und ich wende mich im zweiten Leben den Dingen zu, die ich im ersten nicht in Angriff genommen habe. Jetzt! Gleich! Denn heute, nicht erst morgen, beginnt der Rest meines Lebens.

Veränderung

Meine Defizite werde ich durch Leben-Lernen los, nicht durch Therapie. Tröstlich empfinde ich es, dass ich nicht etwas an und in mir verändern muss im Sinne von »abschaffen«, sondern dass es ein Veränderungsprozess durch Bereicherungen ist. Ich füge dem Bestehenden etwas hinzu. Meine alkoholischen Verhaltensweisen kann ich nicht löschen, sie bleiben mir ein Leben lang. Aber durch Einbettung in eine Vielzahl neu erworbener Verhaltensweisen verlieren sie ihre Macht über mich. Mein Verhalten ist nicht mehr regelgeleitet durch die Sucht. Ich habe meine Freiheit zurückgewonnen und habe Wahlmöglichkeiten. Wenn ein Weg nicht funktioniert, wähle ich einen anderen.

Sinn

Ich habe den Wunsch, zu etwas zu gehören und Teil von etwas zu sein. Ich benötige das Gefühl, einen Platz in der Ordnung der Dinge zu haben, und ich sehne mich nach einer Verortung und Orientierung, die mir für die noch vor mir liegenden Entdeckungsreisen Proviant bereitstellt. Ich bin auf der Suche nach einem größeren und umfassenderen Sein. Ein Mensch, dessen Lebenssinn abhanden kommt, erstarrt in tödlicher Einsamkeit. Er stirbt. Ich habe noch nicht gefunden, was ich suche. Das sind meine Defizite. Ich bin froh und dankbar, dass ich das, was mir noch im Leben fehlt, vorerst in der Selbsthilfegruppe finde. Dort habe ich gefunden, was ich in der Flasche vergeblich suchte: Liebe, Intimität, Nähe, Wärme, Glauben, Vertrauen, Geborgenheit, sich verbunden fühlen, Einssein mit der Welt. Die Gruppe gibt mir, was mir bislang keiner hat geben können. Mein Leben gehört wieder mir.

Epilog: sich das Leben nehmen

Ich habe Glück gehabt. Nach dem dreißigjährigen Krieg gegen mich selbst war noch genügend Unverletztes in mir vorhanden, um mein Leben neu gestalten zu können.

Im Genesungsprozess durfte ich eine faszinierende Entdeckung machen: Je nachhaltiger ich meine Abhängigkeit akzeptiere, umso größer ist mein Maß an Freiheit, und je bewusster ich sie akzeptiere, desto größer sind meine individuellen Entwicklungsmöglichkeiten. Die Aufgabe der Illusion, meine Abhängigkeit kontrollieren zu können, setzt Energien in mir frei, die ich für meinen Wachstumsprozess nutze. Ich habe meine Freiheit zurückerobert.

Am Anfang meiner Trockenheit war ich besessen von der Frage »Warum ausgerechnet ich?« Alle Fragen nach den Ursachen meiner Sucht blieben jedoch unbeantwortet. Ich sehe heute keinen Sinn mehr darin, Fragen zu stellen, auf die es keine Antworten gibt. Sie haben ihre Bedeutung verloren. Ich frage nicht mehr nach dem Warum, sondern »Was kann ich aus meiner Krankheit lernen?«. Ins Zentrum ist die Frage gerückt: »Lebe ich mein eigenes Leben?« Tausend gute Dinge hält das Leben für uns bereit. Für die, die es genießen können, gehört Alkohol dazu. Doch auch wenn ich mit den übrigen 999 guten Dingen zufrieden bin, verzichte ich auf nichts. Ich gewinne. Nichts wird schöner durch Alkohol: keine Rose duftet köstlicher, kein Klang ertönt voller, kein Gespräch gewinnt an Tiefe. Alkoholismus ist »Unbehaustheit« und Fremdheit. Ein Alkoholiker verfügt über keinen sicheren Ort. Erst in den Selbsthilfegruppen habe ich einen Platz gefunden, an dem ich mich anspruchsberechtigt fühle. Vom ersten Tag an fühlte ich mich dort zu Hause. Seit

Jahrhunderten wird darüber philosophiert, was Heimat bedeutet. Heimat ist bei mir nicht an meine Eltern gebunden, nicht an das Haus meiner Kindheit, nicht an mein Dorf und nicht an meine Sprache. Es ist nicht »jenes Gefühl von Heimat als Sehnsucht nach dem Glück«, das es, wie Walter Benjamin einmal formuliert hat, »nur in der Luft gibt, die wir schon einmal geatmet haben«. Diese »Luft« in den Gruppen hatte ich noch nie geatmet, ich habe nichts wiedergefunden, was ich einmal besessen habe. Es ist etwas ganz anderes, etwas sensationell Neues, was ich dort erlebe und was Heimatgefühle in mir auslöst. Immer wenn ich mit den Leuten aus der Gruppe beisammen bin, überkommt mich das beglückende Gefühl, dass mir dort nichts passieren kann.

Meine Selbsthilfegemeinschaft weist mir einen spirituellen Weg. Wenn wir spirituell sind, stehen wir in Kontakt mit unserer Einzigartigkeit, und wenn ein Mensch ein Gefühl für seine individuelle Besonderheit hat, ist er in Harmonie mit sich selbst. »Spiritualität ist der Einsatz unseres ganzen empfindsamen und reichen Bewusstseins in Handlungen eines vertrauensvollen Lebens«, schreibt Alan Ecclestone. Auch ich wünsche mir einen hautnahen, innigen Kontakt mit allem, was lebendig ist, und ich möchte mich an der Überlebensfähigkeit alles Lebendigen orientieren. Und doch finde ich zu dieser Form von Spiritualität noch keinen Zugang.

Die Karten, die mir das Leben mitgegeben hat, konnte ich mir nicht aussuchen, aber ich kann sie neu mischen und noch ein verdammt gutes Spiel daraus machen. Meine Trauer über die verworfenen, die versäumten Möglichkeiten, die Scham darüber, die eigenen Begabungen zugeschüttet zu haben, der Schmerz über die verlorenen Jahre ist unaufhebbar. Entscheidend ist, dass meine Wunden nicht eitern, sondern vernarben. Ich denke oft an die alte Dame in der Psychiatrie, die mir vor vielen Jahren das »Nimm dir das Leben« entgegengeschleudert hat. Ob sie noch lebt? Ob sie sich selbst hat helfen können? Mir eröffnete sie die Alternative meines Lebens: sich immer wieder, Tag für Tag, eine flüssige Kugel in den Kopf zu schießen oder sich das Leben zu nehmen in all seiner Fülle. Ich habe mich fürs Leben entschieden, und so nehme ich mir das Leben, solange ich noch am Leben bin.

Anhang

Aus der Schatzkiste
der Selbsthilfegruppen

Gott gebe mir die Gelassenheit,
Dinge hinzunehmen, die ich nicht ändern kann,
den Mut, Dinge zu ändern, die ich ändern kann,
und die Weisheit,
das eine vom anderen zu unterscheiden.

Sprüche und Slogans haben in den Selbsthilfegruppen die Funktion von Regeln, in denen die Mitglieder ihre Erfahrungen konstruieren und aufbewahren. Es sind Symbolworte, Symbolbilder, Kerngedanken, die in den Meetings besprochen werden und sich durch ständiges Wiederholen im Bewusstsein festsetzen. Gute Gedanken sind nur dann etwas wert, wenn sie klug genutzt werden. Und klug genutzt werden können sie nur, wenn wir sie uns in Erinnerung bringen. Gerade in Krisenzeiten sind Sprüche für uns eher verfügbar als allgemeine philosophische Überlegungen. In kritischen Momenten können sie lebensrettend sein.

Außenstehenden mögen diese Sprüche lächerlich, schwülstig oder pseudophilosophisch vorkommen – Kalendersprüche eben. Sie zu veralbern fällt leicht, aber es ist schwer, das eigene Leben danach auszurichten. Wer es versucht, wird folgende Entdeckung machen: Es gibt sehr viel Beachtenswertes an dem Erfahrungsschatz, den die Selbsthilfegruppen angesammelt haben. Wer immer es schafft, sein Leben danach auszurichten, wird entdecken, dass es Perlen der Weisheit sind.

Ich habe überlegt, ob ich die Sprüche nach Themen ordnen soll, doch in alphabetischer Abfolge, thematisch aber bunt gemischt, gefällt es mir besser. Wenn mir danach ist, beginne ich am Morgen zu lesen und bleibe an dem Spruch hängen, der für mich in diesem Augenblick wichtig ist und in den Tag passt. Ich empfehle jedem, der damit arbeiten möchte, die Sammlung ständig zu ergänzen.

A

AA ist kein Luxusdampfer, sondern ein Rettungsboot, rudern musst du selber – Alkoholiker haben keine Partner, sie haben Geiseln – Alles fließt, Wandel ist die einzige Konstante, ich trete niemals zwei Mal in denselben Fluss – Achte auf deine Gedanken, sie sind der Anfang deiner Taten – Alkoholiker und Piloten müssen pingelig sein – Alkohol ist ein ideales Lösungsmittel: Erst löst er das Bankkonto, dann die Beziehung, dann den Arbeitsvertrag – Alkoholismus ist eine Krankheit, die dir ständig vorgaukelt, keine Krankheit zu sein – Alkoholismus hat man nicht, Alkoholiker ist man – Alkohol macht alles besser, bis er alles schlechter macht – AA verbreitet ansteckende Gesundheit – Alkoholismus kommt nicht von Alkohol – AA ist nicht der Eingang zum Paradies, sondern der Ausgang aus der Hölle – Alkoholiker haben einen Sprachfehler, sie bringen das Wort »Nein« nicht über die Lippen – Am Stammtisch sprechen alle und keiner hört zu, in der Gruppe spricht einer und alle hören zu

B

Begehe möglichst viele Fehler und begehe sie schnell. Wie sonst willst du lernen? – Bevor du wieder das Glas hebst, ruf an – Bei AA gibt es Millionen Häuptlinge an der Basis und einige wenige hauptamtliche Indianer an der Spitze – Bitte Gott um den Segen für deine Arbeit, erwarte aber nicht auch noch, dass er deine Arbeit erledigt – Bleib nüchtern

D

Durch Inventur den Mist von gestern in den Humus für morgen verwandeln, damit das Neue gut wachsen kann – Die meiste Zeit meines Lebens gab es mich gar nicht, endlich komme ich in meinem Leben wieder selber vor – Dass wir miteinander reden, macht uns erst zu Menschen – Du hast es nicht verursacht, du kannst es nicht kontrollieren, und du kannst es nicht heilen – Der Selbsterforscher wird zum Erforscher alles anderen, ob er will oder nicht – Du bist verantwortlich – Der Alkoholiker umarmt die Flasche, die Familie umarmt den Alkoholiker – Du hast keine Probleme, du hast eine Krankheit – Das Wichtigste zuerst – Da wo es weh tut, da geht es lang – Demut ist eine Sache, mit der die meisten von uns nicht gerade gesegnet sind – Du kannst deinen Alkoholismus kontrollieren? Du kannst einen Versuch starten: Wenn du das nächste Mal Durchfall hast, versuch doch mal, ihn zu kontrollieren – Die Sauferei ist nur die Spitze des Eisberges, die Störung, die zum Saufen führt, liegt darunter – Dieser Krankheit ist eigen, dass sie dir vorgaukelt, keine Krankheit zu sein – Du bist nicht der Kapitän deiner Seele – Der größte Fehler, den ein Alkoholiker machen kann: sich selbst belügen – Das größte Vermögen, das ein Alkoholiker besitzt: bereit sein, sich kontinuierlich mit seiner Krankheit auseinander zu setzen und das als einen spannenden Prozess begreifen – Dankbarkeit: mein Verhältnis zu AA – Die Gruppe gibt dir nicht das, was du willst, sondern das, was du brauchst – Du hast das Privileg, nur einen einzigen Menschen zu ändern, und das bist du – Der Weg ist das Ziel – Die Zwölf Schritte schützen mich vor dem Alkohol, mit den Traditionen schützt sich AA vor mir – Du kannst alles planen, nur nicht den Ausgang

E

Es ist nichts so schlimm, als dass es nicht durch Saufen noch schlimmer würde – Eile mit Weile – Eine Nummer kleiner bitte – Es ist immer das erste Glas, mit dem das Saufen beginnt – Es lohnt sich nicht, immer Recht zu haben – Es ist keine Schande, ein Alkoholiker zu sein, aber es ist eine Schande, nichts dagegen zu unternehmen – Es muss weh tun, bevor es besser wird – Einmal Alkoholiker, immer Alkoholiker – Es gibt keine hoffnungslosen Fälle, jeder kann es schaffen – Es ist tausendmal besser, ein Licht anzuzünden, als ewig über die Dunkelheit zu schimpfen – Es kann jeden treffen – Ein Alkoholiker allein ist immer in schlechter Gesellschaft – Ein einfaches Programm für komplizierte Leute – Es gibt Gott, ich bin es nicht – Ein alter Irrtum ist immer beliebter als eine neue Wahrheit – Ein Glas ist zu viel, aber zwanzig sind nicht genug – Ein Tag nach dem anderen

F

Fang bei dir selber an – Für einen Alkoholiker gibt es sieben Gründe zu trinken: Montag, Dienstag, Mittwoch, Donnerstag, Freitag, Samstag, Sonntag, alles andere sind Ausreden – Für einen nüchternen Alkoholiker ist jeder Tag Weihnachten

G

Gestern und Morgen kann ich Gott überlassen, für das Heute bin ich selbst verantwortlich – Geduld – Gib es weiter – Gebrauche deinen Verstand – Geist gegen Weingeist – Geteilte Freude ist doppelte Freude – Geteiltes Leid ist halbes Leid

H

Hör auf zu denken und sei einfach hier – Heb den Telefonhörer ab, bevor du das erste Glas hebst – Hinfallen ist keine Schande, du kannst wieder aufstehen – Halte dich an die Gewinner, lerne von den Verlierern – Hilfe durch Nichthilfe – Hast du mal keine Hoffnung mehr, dann hast du immer noch die Hoffnung der Gruppe – Hier darfst du über alles reden außer über zwanzig Minuten

I

Ich kann noch vieles, aber nicht alles – Ich darf alles, nur nicht saufen – Immer mit der Ruhe – Ich habe kein Problem mit dem Trinken, ich habe ein Problem, wenn ich nicht trinke – Ich baue auch heute noch meine Luftschlösser, aber ich weiß, dass ich dort nicht einziehen werde – Ich kenne viele Leute, die ihre Gedanken im Kopf bereits für die Wirklichkeit halten – Immer für einen Tag – Ich lebe nicht, um trocken zu sein, sondern ich bin trocken, um zu leben – Ich bin froh, dass ich trocken bin – Im Meeting lieben wir einander, glauben aneinander, hoffen aufeinander – Ich wusste nicht, dass wir so viele sind – Ich bin rundum süchtig – Ich habe immer mehr bekommen, als ich zurückgeben konnte – Ich bin verantwortlich, dass die Hand von AA ausgestreckt ist, wenn irgendjemand um Hilfe ruft – Immer mit der Ruhe – Ich war nicht nur süchtig nach Alkohol, ich war süchtig nach Bestätigung, Anerkennung, Zuwendung und Erfolg

J

Jetzt gehe ich erst zehn Jahre zu AA, und schon beginnt sich hier und da ein klein wenig bei mir zu verändern – Jede Gruppe hat das Recht auf Fehler – Jeder sollte die Chance bekommen, AA kennen zu lernen, was er dann daraus macht, bleibt ihm überlassen – Jeder Tag ist der erste vom Rest deines Lebens – Jeder Tag ein neuer Anfang – Jeder Morgen bringt neue Hoffnung

K

Komm regelmäßig wieder, komm aber auf jeden Fall, wenn du in Schwierigkeiten bist – Kapieren und kapitulieren oder krepieren – Komm wieder, es funktioniert – Kümmere dich um deine eigene Genesung, nicht um die anderer Leute

L

Leben ist ein Lernberuf – Lebe nüchtern

M

Mach es einfach – Mache aus deiner Krankheit eine Gesundheit – Machen wir das Beste aus dem, was wir haben – Mit Alkoholismus ist es wie mit der Schwangerschaft: Ein bisschen Schwangerschaft gibt es nicht – Man muss die Leute so nehmen wie sie sind, es gibt keine anderen – Wir lernen nur von Brüchen, die wir nicht verstehen – Mit Alkohol gelang mir immer nur eine Flucht auf Zeit

N

Neunzig Meetings in neunzig Tagen – Nur das Glas stehen lassen genügt nicht – Nur du allein schaffst es, aber du schaffst es nicht allein – Nur für heute will ich leben – Nur heute trinke ich nicht –

Nur was ich angenommen habe, kann ich auch verändern – Nur
für heute – Nüchternsein ist ein Prozess, und der Rückfall ist immer nah – Nicht die Dinge sind es, die mich beunruhigen, sondern
die Gedanken, die ich mir darüber mache – Nimm es leicht, aber
ernst – Nimm dich nicht so wichtig – Nichts Menschliches sei der
Gruppe fern – Nur einer, der zuhören kann, ist auch in der Lage zu
sprechen

R

Rede über alles, nur nicht über zwanzig Minuten – Ratschläge sind
auch Schläge – Rückfällig wird man zuerst im Kopf

S

Sorgen lösen keine Probleme – So klein die Veränderung auch sein
mag, sie stößt weitere Veränderungen an – Saufen kommt vom
Saufen – Spiritus contra Spiritum – Surrender and win: kapituliere
und gewinne – Stillstand ist Rückschritt – Schicke mir im richti-
gen Augenblick jemand, der mir die Wahrheit in Liebe sagt –
Süchtige sind nicht fähig, mit anderen zu kommunizieren; sie ver-
hören ihre Gesprächspartner – Solange ich noch getrunken habe,
hatte ich keine Ahnung, wie schlecht es mir geht – Sag einfach, was
mit dir ist, das ist ein ungeheurer Trick – So einfach wie möglich

T

Tu, was getan werden muss: selber, gründlich und gleich – Trink
nicht, greif zum Hörer, geh zum AA-Treff – Trocken werden ist
nicht schwer, trocken bleiben und nüchtern werden dagegen sehr –
Tu es für dich, nicht für andere – Trink nicht, nur die nächsten
24 Stunden zählen, geh ins Meeting – Trockenheit wird mir geschenkt, Nüchternheit muss ich mir erarbeiten

V

Versuch ja nicht, einen Menschen nach deinem Bilde zu formen,
denn einer von deiner Sorte ist genug auf der Welt – Verlang von
deiner höheren Macht nicht etwas, was du selbst erledigen kannst
– Von AA bekommt man das zurück, was man einbringt

W

Wenn die Wellen sehr hoch sind, bilden sie gute Schwimmer aus – Wer an die Quelle gelangen will, muss gegen den Strom schwimmen – Wenn du zu uns kommst, gehörst du wahrscheinlich zu uns – Wir können nicht im Zorn leben – Wer sein Leben so einrichtet, dass er niemals auf die Schnauze fallen kann, kann nur auf dem Bauch kriechen – Wir leben nicht, um trocken zu sein, sondern wir sind trocken, um zu leben – Wer redet schon gern mit einer Schnapsflasche, wenn er selbst nicht besoffen ist – Wenn du das erste Glas nicht trinkst, wirst du auch nicht betrunken – Wir Alkoholiker machen alles 100-prozentig, mehr können wir nicht – Wer wissen will, wie es denen geht, die nicht ins Meeting gehen, der muss ins Meeting gehen – Wer aufhört zu kämpfen, hat Chancen zu gewinnen – Wenn der Alkohol weg ist, wirst du es mit dir zu tun haben – Wenn ich ein Alkoholiker bin, sollte ich nicht trinken, wenn ich keiner bin, brauche ich nicht zu trinken – Wenn gar nichts mehr geht: Nichttrinken geht immer – Werde nie zu hungrig, zu durstig, zu müde, zu einsam – Wer nicht ins Meeting will, will saufen – Wer das Paradies auf die Erde zwingen will, macht sie zur Hölle – Wohin du auch gehst, AA ist schon da – Wenn du immer in den Fußstapfen eines anderen Menschen wandelst, wirst du keine Spuren hinterlassen – Wer nicht mehr lernen will, den kann es wieder erwischen – Wenn er voll ist, ist er einfacher, trocken ist er schwieriger – Weniger ist meistens mehr – Wenn Alkohol Probleme macht, dann ist der Alkohol das Problem – Wer glaubt, mit Alkohol Probleme lösen zu können, der hat bereits ein Problem mit Alkohol – Was du hier hörst, was du hier siehst, wenn du gehst, bitte lass es hier

Z

Zufriedenheit ist die höchste Form des Glücks – Zwei Freunde haben ununterbrochen aus der Bibel vorgelesen, ich verdanke ihnen meine Gelassenheit

Über meine Schwierigkeiten, dieses Buch zu schreiben

Liebe Nicole!

Unser letztes Gespräch hat mich motiviert, noch einmal grundsätzlich über meinen Buchentwurf nachzudenken. Seit wann ich das Buch geplant habe, wolltest du von mir wissen? In mir keimte schon sehr früh der Wunsch, das Erlebte und Erlittene, sowohl das Entwürdigende und Erniedrigende als auch das Faszinierende und die großartigen Chancen, die sich in der Alkoholkrankheit verbergen, in einem Buch aufzuarbeiten. Mein Grundgedanke: Mach das Beste aus der Niederlage, schreib ein brauchbares Buch darüber, dann ist die verlorene Zeit, das verramschte und ungelebte Leben, nicht mehr ganz so verloren.

Ermutigt zu meinem Buchprojekt fühle ich mich von dem Tiefenpsychologen C. G. Jung. Er bestand unablässig darauf, dass die Auseinandersetzung mit dem Alkoholismus »nicht den Experten überantwortet werden darf, sondern von den Alkoholikern selbst erstritten werden muss. Ihre Erfahrungen, Wünsche, Träume, Vorstellungen, ihre Leiden müssen artikuliert und in Handlungskonzepte umgesetzt werden«.

Doch aus verschiedenen Gründen habe ich dann viele Jahre gewartet. Ein Buch über die menschliche Grunderfahrung Sucht verlangt nicht nur die Kategorie der Hautnähe, sondern gleichermaßen entsprechende Distanz. Zu meinem großen Erstaunen hat sich meine Einstellung zu meinem Alkoholismus im Schreibprozess gewaltig verändert. Das Schreiben entpuppte sich als ein Prozess zunehmender Selbsterkenntnis und die mühselige Plackerei wurde mit einer faszinierenden Entdeckung belohnt: Es diente weniger dazu, das Erlebte festzuhalten, es brachte vielmehr das Erlebte erst hervor.

Liebend gerne hätte ich meinen Alkoholismus so dargestellt, wie Picasso seine Portraits malte: Die Gesichter zeigen menschliche Züge, ohne viele Details zu benötigen. Doch der Text war keineswegs so einfach und durchsichtig zu strukturieren, wie ich mir das vorgenommen und gewünscht hatte. Sehr häufig ist es unvermeidlich, zu bereits Gesagtem zurückzukehren, die Komplexität des Alkoholismus zwingt zu vielen Wiederholungen. Linear lässt sich das Thema Sucht nicht darstellen. Das macht die Angelegenheit verdammt schwierig.

Wichtig ist mir, dass die Vorläufigkeit meiner Argumentation auch in der Sprache zum Ausdruck kommt. Ich brauche dich als Journalistin nicht darauf hinzuweisen. Der Komplexität des Alkoholismus versuche ich mich in unterschiedlichen Formen zu nähern. Nach wie vor fühle ich mich der Tradition der Aufklärung im Kantschen Sinne als »Ausgang des Menschen aus seiner selbst verschuldeten Unmündigkeit« verpflichtet. Ich versuche aber auch, den Leser an emotionalen Geschichten teilhaben zu lassen, die sich nicht im Kopf, sondern im Herzen abspielen, die er nachfühlen, nacherleben, denen er zustimmen oder die er ablehnen kann. Ohne Emotionen gelingt die Aufklärung nicht.

Die größte Hürde: Wo finde ich unverbrauchte Wörter, Begriffe und Gedanken, die zur Erfassung meiner Krankheit überhaupt taugen, und wenn sie taugen, auch für den Leser verständlich sind? Der Ausspruch »Ich hatte eine Telefonnummer, die niemand kannte« entfaltet nur im Gruppengespräch seine Wirkung. Nichtsüchtigen fehlt, um diese Aussage verstehen zu können, »die tödliche Vorerfahrung einer durch und durch vergifteten Einsamkeit« (Horst Zocker). Sie können nicht nachempfinden, was der Betreffende damit zum Ausdruck bringen wollte. Begriffe, die im Gruppengespräch ihre Wirksamkeit entfalten, sind in der Alltagskommunikation abgeschliffen, abgenutzt und unbrauchbar geworden.

Es ist sehr schwierig, eine Sprache zu finden, die darüber Auskunft gibt, was Alkoholiker im Innersten erleben. Zur Darstellung meines Delirs habe ich überhaupt keine angemessene Sprache gefunden. Alle meine Versuche, diese Grenzerfahrung zu beschreiben, sind gescheitert, so dass ich aus Einsicht darauf verzichtet habe. Die Beschränkung erspart Peinlichkeiten. Es lag sicher nicht nur an meinem Unvermögen, unsere Umgangssprache versagt bei dem Versuch, Grenzerfahrungen aus dem Suchtbereich zu beschreiben. Formulierungen, die ich in Büchern gefunden habe, wie »Fahrt in den Weltraum der Seele«, »Reise in den inneren Raum«, die »komplette Verflüssigung der Alltagswirklichkeit«, die »Auflösung der abendländischen Ich-Welt-Dualität«, empfinde ich als Kunstprodukte, die die Wirklichkeit von Sucht eher verschleiern als erhellen. Aufrichtig habe ich mich bemüht, mich in die Fachliteratur einzulesen. Ich bin enttäuscht. In der Tendenz teile ich den bösen Verdacht des Romanisten und Sprachkritikers Hans Martin Gauger, dass das, »was sich Wissenschaft nennt, zu einer Sprache verkommt«, dass »wissenschaftlich ist, wer auf diese Weise zu reden versteht«, und wenn jemand sich weigert, »auf eine bestimmte Art und Weise zu reden«, so gilt das schon als ausreichendes Argument, dem Autor Mangel an Wissenschaftlichkeit vorzuwerfen.[1]

In den Gruppen ist es die Sprache des Herzens, die es uns ermöglicht, in verborgene Bereiche unseres Erfahrungsschatzes vorzudringen und uns unbewusste Erfahrungen – also Ressourcen, die wir besitzen, aber nicht mobilisieren können – zugänglich macht. Die Sprache des Herzens vermittelt nicht nur Fakten und Kenntnisse über Alkoholismus, sondern sie vermittelt vor allem Zusammenhänge, ganzheitliche Aussagen, Sinn. Eine leidenschaftliche Aufforderung, die Sprache des Herzens in den Alltag zu übertragen, habe ich bei Arno Gruen aus folgendem Text herausgelesen: »Die Sprache des Herzens kommt aus den tiefen Bedürfnissen nach Liebe und Wärme, die man sowohl geben als auch empfangen möchte. Unsere Zivilisation aber hat uns ängstlich gemacht und versetzt uns in Scham, wenn wir uns verwundbar fühlen. Die Sprache der ›Realität‹ verspricht uns Erleichterung von der ›Last‹ unserer Bedürfnisse, was uns bereit macht, unseren eigenen Wahrnehmungen nicht mehr zu trauen. Daher ist unsere einzige Rettung die Sprache des Herzens. Die Spaltung muss überwunden werden, indem man sich nicht der Logik einer vorgeblichen ›Realität‹ anschließt, sondern auf der eigenen Fähigkeit zum Mitgefühl, zum Erleben von Leid und Freude insistiert.«[2]

Zweifelsohne ist die Sprache des Herzens ein wertvolles Werkzeug in unserer verquasselten Welt und wäre eine Bereicherung unserer Kommunikationskultur. Aber ich glaube nicht, dass wir sie in unsere Alltagskommunikation übertragen können, denn unsere Sprache ist eng verknüpft mit den in der Gesellschaft virulenten Wert- und Sinnfragen. Losgelöst aus dem Kontext in den Gruppen, wirkt die Sprache des Herzens auf viele Menschen altmodisch und frömmelnd. Sie erreicht die Menschen im Alltag nicht. Und wenn doch einmal Worte aus den Selbsthilfegruppen in unsere Alltagskommunikation einfließen und dort Karriere machen, wie z. B. die Aussage »Schön, dass du da bist«, dann wird der Inhalt durch modischen Gebrauch in kürzester Zeit entwertet. Du findest die Begrüßung inzwischen bei Tengelmann plakatiert.

Wenn in einer Gruppe gesagt wird: »Ich verstehe dich, es macht mich betroffen, ich weiß, was du fühlst, ich habe es auch durchlitten, ich weiß, was so schrecklich weh tut«, dann wirken dort weniger die Worte als die Art und Weise, wie es gesagt wird. Es ist der Gesamtzusammenhang, das gleichberechtigte Nebeneinander von Gedanken und Gefühlen, von Wissen und Träumen, das die besondere Qualität dieser Sprechsituation ausmacht. Vor allem den nonverbalen Anteilen in der Kommunikation kommt dabei eine überragende Bedeutung zu.

In einem Buch, das auf eine breite Leserschaft hofft und einen Diskurs über Alkoholismus zwischen Süchtigen und Nichtsüchtigen anstiften möchte, ist die Sprache des Herzens, wie sie in den Selbsthilfegruppen gesprochen wird, nur sehr eingeschränkt verwendbar. Die Art und Weise, wie dort miteinander gesprochen wird, kann man nicht aufschreiben, sie muss erlebt werden. Und wer gut zuhören und beobachten kann, wird darüber hinaus noch den spannenden Unterschied zwischen schriftlich und mündlich überlieferten Geschichten entdecken.

Ich habe mich bemüht, eigenes Erleben in einer lebendigen, gefühlsnahen und bildreichen Sprache mitzuteilen, eine Mitteilungsform, die Ruth Cohn »Erlebendes Schreiben« nennt, ich hoffe, sie ist kompatibel für Süchtige und Nichsüchtige.

Liebe Nicole, gerne wäre ich ein Zusammenfüger, aber ich habe es in diesem Buch nicht weiter gebracht als zum Sammler. So sehr ich mich auch bemühte, es war bei meinen Recherchen und Nachforschungen kein theoretisch oder institutionell ausreichender Rahmen zu entdecken, den ich hätte nutzen können, um eine ganzheitliche Sichtweise des Alkoholismus auszuformulieren. Bin ich der Wahrheit über diese teuflische Krankheit ein klein wenig näher gekommen, wie du vermutest? Vielleicht habe ich ein paar Wegweiser aufgestellt, einige falsche Vorstellungen korrigiert, ein paar Thesen aufgestellt, die provozieren und dadurch neue Gedankenräume aufschließen. Mein Buch soll zum Nachdenken anregen. Dass du mich in meinem Schreibprozess begleitet hast, hat mir Mut gemacht. Dein Feedback zu meinen Texten hat mir weitergeholfen und gut getan. Dafür danke ich dir von Herzen.

Liebe Grüße
dein
Jürgen

1   zit. nach Eppler, Erhard: Kavalleriepferde beim Hornsignal, S. 8
2   Gruen, Arno: Der Wahnsinn der Normalität, S. 13

Wer Bücher schreibt, braucht Hilfe

Als Erstes danke ich den Freundinnen und Freunden in den Selbsthilfegruppen, von denen ich nahezu alles, was ich über Alkoholismus weiß, gelernt habe. Ihr umfangreiches Wissen und vor allem ihre Erfahrungen sind in das Buch eingeflossen. Dank auch allen Buchautoren, die ich sorgsam zitiert habe. Für mich ist geistiges Eigentum eines der ganz wenigen Gebiete, wo ich uneingeschränkt für Privateigentum bin. Für etwaige Fehler bitte ich vorab um Nachsicht. In den Gruppen zirkuliert vagabundierendes Wissen, von dem kaum noch einer weiß, wo es herkommt.

Freund Johano Strasser hat mich nach einigen missglückten Entwürfen aufs richtige Gleis gesetzt und Adi Trumpf und Sabine Menk haben den gesamten Schreibprozess einfühlsam begleitet. Fürs »Vorablesen« meiner Texte und die vielen Anregungen danke ich Gina Atzeni, Dr. Manfred Böhning, Nicole Graner, Gabriele Malek, Gertraud Nowottny, Thomas Purucker, Horst Schmidt und Florian Wenzel. Den größten Teil des Buches habe ich in meinem kleinen Häuschen an der Ägäis geschrieben. Kadir und Semra ein herzliches Dankeschön für das köstliche Essen und die liebevolle Rücksichtnahme.

Zu großem Dank bin ich auch dem A1 Verlag verpflichtet. Frank Berninger, Inge Holzheimer, Ulrike Völkmann und Herbert Woyke haben aus meinem Manuskript – eine Art bizarrer alkoholischer Dschungel – einen wohlgeordneten Park gemacht und durch ihr Engagement und Einfühlungsvermögen in erheblichem Maße zur besseren Vermittlung meines Anliegens beigetragen. Es bedeutet mir viel, mit ihnen zusammenarbeiten zu dürfen.

Hilfsorganisationen

Es gibt ein breit gefächertes Angebot an Hilfsorganisationen: Psychosoziale Beratungsstellen, Suchthelfer in den Betrieben, Selbsthilfegruppen, Fachkliniken. Kontakt können Sie mühelos herstellen über das örtliche Telefonbuch, über die Serviceseiten der Tageszeitungen, im Internet und bei Ihrem Hausarzt.

Anonyme Alkoholiker im deutschsprachigen Raum
Die Anonymen Alkoholiker sind die größte Selbthilfeorganisation in 160 Ländern der Erde. Die AA verfolgen in ihren Beziehungen zur Öffentlichkeit nur einen einzigen Zweck: dem noch leidenden Alkoholiker zu helfen.

Deutschland
Anonyme Alkoholiker, Gemeinsames Dienstbüro,
Postfach 1151, 84122 Dingolfing, ✆ 0 87 31/3 25 73-0,
aa-kontakt@anonyme-alkoholiker.de, www.anonyme-alkoholiker.de

Österreich
Anonyme Alkoholiker, Zentrale Kontaktstelle,
Barthgasse 5, 1030 Wien, wien@anonyme-alkoholiker.at
www.anonyme-alkoholiker.at

Schweiz
Anonyme Alkoholiker, Zentrale Dienststelle,
Wehntaler Straße 560, 8046 Zürich-Affoltern
www.anonyme-alkoholiker.ch

Südtirol
Kontaktstelle der AA, Pfarrhaus, Dorfzentrum 27,
39040 Feldthurns, info@aa-suedtirol.com

Blaues Kreuz
Das Blaue Kreuz ist ein sozial-diakonisches Werk mit christlichen Grundwerten, das Prävention leistet und Alkohol- und Suchtmittel-abhängigen und ihren Angehörigen Hilfe anbietet.

Blaues Kreuz in Deutschland e. V.,
Schubertstraße 41, 42289 Wuppertal, ℂ 02 02/6 20 03-0,
www.blaues-kreuz.de

Blaues Kreuz der deutschen Schweiz,
Lindenrain 3, 3012 Bern, ℂ 0 31/3 00 58 75,
www.croix-bleue.ch

Deutsche Hauptstelle gegen die Suchtgefahren e. V.
Westenwall 4, 59065 Hamm/Westfalen, ℂ 0 23 81/90 15-0,
www.dhs.de

Guttempler in Deutschland
Die Guttempler sind eine überkonfessionelle Abstinenz- und Friedens-organisation. Sie engagieren sich in über 60 Ländern für das Recht auf ein Leben in Freiheit, Menschenwürde, Frieden, Gerechtigkeit und selbstbestimmter Entwicklung.

Adenauerallee 45, 20097 Hamburg, ℂ 0 40/24 58 80,
www.guttempler.net

Kreuzbund
Suchtkranke und Angehörige treffen sich wöchentlich in Gruppen. Gespräche und alkoholfreie Geselligkeit helfen den Teilnehmerinnen und Teilnehmern, ihre Probleme zu lösen und eine zufriedene Abstinenz zu erreichen.

Münsterstraße 25, 59065 Hamm/Westfalen, ℂ 0 23 81/67 27 20,
www.kreuzbund.de

Literatur

Adler, Alfred: *Studie über die Minderwertigkeit von Organen.*
Wissenschaftliche Buchgesellschaft, 1965

Anders, Günther: *Die Antiquiertheit des Menschen.* C.H. Beck, o.J.
Hiroshima ist überall. C.H. Beck, 1982
Die atomare Drohung. C.H. Beck, 1993

Angerstorfer, Andreas & Dengg, Annemarie: *Sterilisationspolitik unterm Hakenkreuz.* Hrsg. v. Ev. Bildungswerk Regensburg e.V., o.J.

Anonyme Alkoholiker: *Das »Blaue Buch«*
Wie Bill es sieht
Zwölf Schritte und Zwölf Traditionen
AA wird mündig
Gib es weiter
Wir kamen zu dem Glauben
Herausgeber und © Anonyme Alkoholiker.
Die AA-Literatur ist nur über den Literaturversand zu beziehen:
Anonyme Alkoholiker, Postfach 1151, 84122 Dingolfing.

Bateson, Gregory: *Die Ökologie des Geistes.* Suhrkamp, 1985

Battegay, Raymond: *Vom Hintergrund der Süchte.* Blaukreuz, 1993

Baudis, Rainer: *Psychotherapie von Sucht und Drogenabhängigkeit.*
Verlag für Psychologie, 1974

Bauriedl, Thea: *Die Wiederkehr des Verdrängten.* Piper, 1986
Das Leben riskieren. Piper, 1988
Wege aus der Gewalt. Herder, 1995

Beattie, Melody: *Die Sucht gebraucht zu werden.* Heyne, 1990

Beck, Ulrich: *Die Risikogesellschaft.* Suhrkamp, 1986
Kinder der Freiheit. Suhrkamp, 1997

Booth, Leo: *Wenn Gott zur Droge wird.* Kösel, 1999

Buber, Martin: *Das dialogische Prinzip.* Bleicher, 1992

Camus, Albert: *Der Mensch in der Revolte.* Rowohlt, o. J.
Der Mythos von Sisyphos. Rowohlt, o. J.

Carnes, Patrick: *Wenn Sex zur Sucht wird.* Kösel, 1992

Casriel, Dan: *Wiederentdeckung der Gefühle.* Zwölf & Zwölf, 1995

Chuck »C«: *Eine neue Brille.* FABA-Verlags GmbH, 2001

Cohn, Ruth: *Von der Psychoanalyse zu den themenzentrierten Interaktionen.* Klett-Cotta, 1991

Dilts, Robert B.: *Die Veränderung von Glaubenssystemen.* Junfermann, 1993

Dirnberger, Susanne: *Wie das Programm der Anonymen Alkoholiker funktioniert – die Sicht der Betroffenen.* Wissenschaftliche Arbeit an der Fakultät für Psychologie als Teil der Diplomprüfung. LMU München, 2002

Dürr, Hans-Peter: *Das Netz des Physikers.* Hanser, 1988
Die Zukunft ist ein unbetretener Pfad. Herder, 1995
Für eine zivile Gesellschaft. dtv, 2000

Dürr, Hans-Peter & Oesterreicher, Marianne: *Wir erleben mehr als wir begreifen.* Herder, 2001

Dürr, Hans-Peter & Zimmerli, Walter Ch.: *Geist und Natur.* Scherz, 1991

Duhm, Dieter: *Ängste im Kapitalismus.* Kübler, 1972

Elias, Norbert: *Über den Prozess der Zivilisation.* Suhrkamp, 1976

Eppler, Erhard: *Wege aus der Gefahr.* Rowohlt, 1981
Kavalleriepferde beim Hornsignal. Suhrkamp, 1992
Komplettes Stückwerk. Insel, 1996

Ernst, Andrea & Füller, Ingrid: *Schlucken und schweigen.* Kiepenheuer & Witsch, 1988

Feuerlein, Wilhelm: *Alkoholismus.* C. H. Beck, 1999

Frankl, Viktor E.: *Der Wille zum Sinn.* Piper, 1991
Trotzdem Ja zum Leben sagen. dtv, 2002

Fromm, Erich: *Haben oder Sein.* dtv, 1979
Die Kunst des Liebens. Ullstein, 1996

Gibran, Khalil: *Der Prophet.* Walter/CVK, 1994

Gruen, Arno: *Der Wahnsinn der Normalität.* Kösel, 1987

Habel, Luise: *Umarmen möcht ich dich.* Fischer, 1986
Habermas, Jürgen: *Theorie des kommunikativen Handelns.*
    Suhrkamp, 1981
    Die neue Unübersichtlichkeit. Suhrkamp, 1988
    Die nachholende Revolution. Suhrkamp, 1990
    Zeit der Übergänge. Suhrkamp, 2001
Harsch, Helmut: *Alkoholismus.* Kaiser Verlag, 1980
Heckel, Jürgen: *Frei sprechen lernen.* A1, 1997
    Achtung und Toleranz in Zusammenarbeit mit Eva Oswald,
    Stefan Rappenglück, Susanne Ulrich (Hrsg.) und Florian Wenzel.
    Verlag Bertelsmann Stiftung, 2000
    Dokumente zur Friedenspolitik. SPD-Südbayern, 1984
Helwig, Paul: *Charakterologie.* Herder, 1967
Hemminger, Hansjörg & Becker, Vera: *Wenn Therapien schaden.*
    rororo, 1991
Illich, Ivan: *Selbstbegrenzung.* rororo, 1975
    Entmündigt durch Experten. rororo, 1979
    Die Nemesis der Medizin. C. H. Beck, 1995
Juhnke, Harald: *Alkohol ist keine Lösung.* Schulz, 1982
Huxley, Aldous: *Die Pforten der Wahrnehmung.* Piper, 1996
Kappes, Heinz: *AA- und EA-Texte,* Gesamtausgabe, Zwölf & Zwölf, o. J.
Keil, Annelie: *Gezeiten.* Prolog, 1988
    Wird Zeit, dass wir leben. Ariston, 1999
Kessel, Joseph: *Alkoholiker.* Heyne, 1982
Kluge, Alexander: *Chronik der Gefühle.* Suhrkamp, 2000
Kluge, Alexander & Negt, Oskar: *Geschichte und Eigensinn.*
    Suhrkamp, 1993
Küng, Hans: *Projekt Weltethos.* Piper, 1991
Küpper, Heinz: *Seelenämter.* Landpresse, 2000
Kupfer, Alexander: *Die künstlichen Paradiese.* Metzler, 1996
    Göttliche Gifte. Metzler, 1996
Lattmann, Dieter: *Fernwanderweg.* Zenit Verlag, 2003
Lechler, Walther H.: *Nicht die Droge ist's.* Verlag Mega Trends, o. J.
    So kann's mit mir nicht weitergehn! Kreuz-Verlag, 1994
Lechler, Walther H. & Lair, Jaqueline C.: *Von mir aus nennt es
    Wahnsinn.* Kreuz-Verlag, 1980

London, Jack: *König Alkohol.* dtv, 1998

Lowry, Malcolm: *Unter dem Vulkan.* Rowohlt, 1963

Lütz, Manfred: *LebensLust.* Pattloch, 2002

Meyer, Else: *Hat ihr Kind Drogenprobleme?* Haug Verlag, 1988

Meyer-Abich, Klaus M.: *Wege zum Frieden mit der Natur.* dtv, 1986

Mitscherlich, Alexander & Mitscherlich, Margarete: *Die Unfähigkeit zu trauern.* Piper, 1967

Moeller, Michael L.: *Anders helfen.* Klett-Cotta, 1981
  Die Wahrheit beginnt zu zweit. Rowohlt, 1988
  Selbsthilfegruppen. Rowohlt, 1996

Müller, Franz B.: *Der Betonspringer.* Frieling, 1999

Mumford, Lewis: *Mythos Maschine.* Fischer, 1986

Negt, Oskar: *Lebendige Arbeit, enteignete Zeit.* Campus, 1987
  Kindheit und Schule in einer Welt der Umbrüche. Steidl, 1997

Norwood, Robin: *Wenn Frauen zu sehr lieben.* Rowohlt, 1986

Palmen, Connie: *Die Freundschaft.* Diogenes, 1996

Perls, Frederick S.: *Grundlagen der Gestalttherapie.* Pfeiffer, 1980
  Gestalt-Wahrnehmung. Verlag für humanistische Psychologie, 1981
  Gestalttherapie in Aktion. Klett-Cotta, 1996

Randall, Thomas: *Falle Alkohol.* Limes, 1982

Rattner, Josef: *Alfred Adler.* rororo bildmonographien, 1972

Richter, Horst E.: *Die Gruppe.* Rowohlt, 1972
  Der Gotteskomplex. Rowohlt, 1986
  Leben statt machen. Hoffmann und Campe, 1987

Riemann, Fritz: *Grundformen der Angst.* Ernst-Reinhardt-Verlag, 1999

Robertson, Nan: *Die anonymen Alkoholiker.* Verlag Mega Trends, 1995

Rogers, Carl R.: *Der neue Mensch.* Klett-Cotta, 1993
  Entwicklung der Persönlichkeit. Klett-Cotta, 1994

Satir, Virginia: *Selbstwert und Kommunikation.* Pfeiffer, 1996

Satir, Virginia & Englander-Golden, Paula: *Sei direkt.* Junfermann, 1994

Scheich, Günter: *Positives Denken macht krank.* Eichborn, 1997

Schmid, Wilhelm: *Philosophie der Lebenskunst.* Suhrkamp, 1998
  Schönes Leben? Suhrkamp, 2000

Schmidbauer, Wolfgang: *Selbsterfahrung in der Gruppe.* List, 1977

Schmidt, Lothar: *Alkoholkrankheit und Alkoholmissbrauch.* Kohlhammer, 1997

Schulz von Thun, Friedemann: *Miteinander reden.* Bd. 1–3. Rowohlt

Schumacher, Ernst F.: *Small is beautiful.* rororo, 1985

Simon, Fritz B.: *Die andere Seite der Gesundheit.*
Carl-Auer-Systeme Verlag, 2001
Tödliche Konflikte. Carl-Auer-Systeme Verlag, 2001

Sinclair, Upton: *Alkohol.* rororo, 1992

Strasser, Johano: *Leben ohne Utopie?* Luchterhand, 1990
Leben oder überleben. Pendo, 2001

Tikkanen, Märta: *Die Liebesgeschichte des Jahrhunderts.* rororo, 1981

Vesper, Bernward: *Die Reise.* rororo, 1983

Vester, Frederic: *Phänomen Stress.* DVA, 1976

Vester, Frederic & Henschel, Gerhard: *Krebs – fehlgesteuertes Leben.*
dtv, 1977

Vilmar, Fritz & Runge, Brigitte: *Auf dem Weg zur Selbsthilfegesellschaft?*
Klartext, 1983

Walker, Wolfgang: *Abenteuer Kommunikation.* Klett-Cotta, 1996

Watzlawick, Paul: *Die Möglichkeit des Anderssein.* Huber, 1977
Die erfundene Wirklichkeit. Piper, 1985
Wie wirklich ist die Wirklichkeit? Piper, 1996

Watzlawick et al: *Menschliche Kommunikation.* Huber, 1969
Interaktion. Piper, 1990
Lösungen. Zur Theorie und Praxis menschlichen Wandels.
Huber, 1992

Wegschneider, Sharon: *Es gibt doch ein Chance – Hoffnung und
Heilung für die Alkoholikerfamilie.* Wildberg, 1988

Weizsäcker, Victor von: *Gesammelte Schriften.* Bd. 1–10, Suhrkamp

Wernicke, Horst: *Albert Camus.* Georg Olms Verlag, 1984

Willke, Helmut: *Systemtheorie.* Gustav Fischer, 1991

Wilson-Schaef, Anne: *Co-Abhängigkeit.* Wildberg, 1986
Im Zeitalter der Sucht. Hoffmann und Campe, 1989
Die Flucht vor der Nähe. dtv, 1990

Wilson-Schaef, Anne & Fassel, Diana: *Suchtsystem Arbeitsplatz.*
dtv, 1994

Zocker, Horst: *betrifft: Anonyme Alkoholiker. Selbsthilfe gegen die Sucht.*
C. H. Beck, 1997

Jürgen Heckel ist seit vielen Jahren als Kommunikationstrainer und Experte für Selbsthilfegruppen tätig. Als Diplom-Bibliothekar war er lange Zeit Leiter der Stadtbücherei in Garching.

Jürgen Heckel ist Alkoholiker, geht offen mit seinem Alkoholismus um und ist seit mehr als 30 Jahren trocken. Er lebt in München und Karaburun (Türkei).

Preise: Preusker Medaille der Deutschen Literaturkonferenz, Tassilo Kulturpreis der Süddeutschen Zeitung

Jürgen Heckel diskutiert mit seinen Leserinnen und Lesern unter www.juergenheckel.de

Vom selben Autor und nur bei ihm erhältlich:
Frei sprechen lernen
Ein Leitfaden zur Selbsthilfe
5. Auflage

Bibliografische Information der Deutschen Nationalbibliothek:

Die Deutsche Nationalbibliothek verzeichnet diese Publikation in der Deutschen Nationalbibliografie; detaillierte bibliografische Daten sind im Internet über dnb.dnb.de abrufbar.

7. überarbeitete Auflage 2019

© by Jürgen Heckel, Fachnerstraße 15, 80686 München

Alle Rechte vorbehalten, www.juergenheckel.de

Satz, Typographie, Umschlagentwurf und Gestaltung: Konturwerk, Herbert Woyke

Gesetzt aus der 11,3/13,5 Punkt Adobe Garamond regular

Titelmotiv: Foto »Seedling in Petri Dish« von Ann Cutting/The Image Bank/getty images

Herstellung und Verlag: BoD – Books on Demand, Norderstedt

ISBN 978-3-7347-0196-2